**처음부터 끝까지
피그마로
림플하기**

처음부터 끝까지 피그마로 팀플하기

ⓒ 2025. 이혜진 All rights reserved

1판 1쇄 발행 2025년 11월 20일

지은이 이혜진
펴낸이 장성두
펴낸곳 주식회사 제이펍

출판신고 2009년 11월 10일 제406-2009-000087호
주소 경기도 파주시 회동길 159 3층 / **전화** 070-8201-9010 / **팩스** 02-6280-0405
홈페이지 www.jpub.kr / **투고** submit@jpub.kr / **독자문의** help@jpub.kr / **교재문의** textbook@jpub.kr

소통기획부 김정준, 이상복, 안수정, 박재인, 박새미, 송영화, 김은미, 나준섭, 권유라
소통지원부 민지환, 이승환, 김정미, 박예은 / **디자인부** 이민숙, 최병찬

진행 및 교정·교열 나준섭 / **표지 및 내지 디자인** 스튜디오 글리
용지 에스에이치페이퍼 / **인쇄** 한길프린테크 / **제본** 일진제책사

ISBN 979-11-94587-88-0 (13000)
책값은 뒤표지에 있습니다.

※ 이 책은 저작권법에 따라 보호를 받는 저작물이므로 무단 전재와 무단 복제를 금지하며,
   이 책 내용의 전부 또는 일부를 이용하려면 반드시 저작권자와 제이펍의 서면 동의를 받아야 합니다.
※ 잘못된 책은 구입하신 서점에서 바꾸어 드립니다.

제이펍은 여러분의 아이디어와 원고를 기다리고 있습니다. 책으로 펴내고자 하는 아이디어나 원고가 있는 분께서는
책의 간단한 개요와 차례, 구성과 지은이/옮긴이 약력 등을 메일(submit@jpub.kr)로 보내 주세요.

이혜진(리온) 지음

기획·디자인·마케팅

팀원 모두가 활용하며 함께 성장하는
피그마 실무 가이드

처음부터 끝까지
피그마로 팀플하기

jpub
제이펍

들어가며

이 책은 피그마가 궁금한 분들, 그리고 피그마를 배우고자 하는 분들을 위한 책입니다. 몇 년 전 제가 피그마를 접했을 때, 툴 하나만으로 모든 디자인 작업을 할 수 있고, 다른 툴들과 달리 직관적인 인터페이스로 진입 장벽이 높지 않다는 사실에 큰 충격을 받았습니다.

처음 피그마를 접한다면 '피그마를 단순한 디자인 툴'이라고 생각할 수 있습니다. 하지만 피그마는 그 이상의 환경을 제공합니다. 기획 - 디자인 - 개발로 이어지는 서비스 제작의 모든 과정을 아우르고, 협업과 소통에 있어 중요한 연결 고리가 되어 주며, 다양한 직군 사이를 이어 줍니다. 회사에서 협업은 필수입니다. 그렇기 때문에 그 사이에서 활약하는 피그마는 '단순한 디자인 툴을 넘어 함께 실무에서 활약하는 업무 파트너'라고 할 수 있습니다.

앞으로도 피그마는 더욱 빠르게 고도화되고 확장될 것입니다. 여러분 역시 이 책을 통해 배운 내용을 바탕으로 자신만의 프로세스를 만들어 가며 업무 환경을 효율적으로 개선해 나가길 바랍니다. 작은 아이콘 하나, 간단한 프로토타입 하나라도 괜찮습니다. 직접 만들고 공유하며 협업하다 보면 어느새 여러분만의 프로세스와 작업 방식이 자리 잡을 것입니다. 이 책이 그러한 시작점이 되고, 피그마가 여러분의 업무와 창작을 더욱 자유롭고 강력하게 만들어 주는 든든한 도구가 되기를 기대합니다.

차례

들어가며 ... 4

Part 01 피그마 알아보기

Lesson 01 피그마 특징 살펴보기
① 클라우드 ... 11
② 실시간 협업 ... 11
③ 파일 관리 ... 12
④ 벡터 이미지 ... 12
⑤ 플러그인 ... 13

Lesson 02 피그마 다운로드하기
① 피그마 웹 ... 14
② 피그마 데스크톱 앱 ... 16
③ 피그마 모바일 앱 ... 17

Lesson 03 피그마 인터페이스 알아보기
① 홈 화면 ... 19
② 디자인 화면 ... 21

Lesson 04 피그마 파일 구조 알아보기
① 프로젝트 ... 23
② 파일 및 페이지 ... 26

Part 02 피그마 시작하기

Lesson 01 툴 바 알아보기
① 이동 도구 ... 30
② 영역 도구 ... 31
③ 도형 도구 ... 32
④ 창작 도구 ... 33
⑤ 텍스트 ... 33
⑥ 댓글 ... 34
⑦ 작업 ... 34

Lesson 02 간단한 예제로 툴 바 익히기
① 프레젠테이션 슬라이드 만들기 ... 35
② 복잡한 도형 만들기 ... 38
③ 이미지 배치·활용하기 ... 41

Lesson 03	레이아웃 가이드 만들기	① 레이아웃 가이드 설정	50
		② 그리드 스타일 등록하기	52
		③ 가이드 활용하기	54
Lesson 04	피그마 드로우 알아보기	① 피그마 드로우 펜	58
		② 피그마 드로우 브러시	60

Part 03 스타일 관리하기

Lesson 01	색상 스타일 관리하기	① 색상 팔레트 설정하기	64
		② 색상 팔레트 활용하기	66
Lesson 02	텍스트 스타일 관리하기	① 텍스트 스타일 설정하기	71
		② 텍스트 스타일 활용하기	73

Part 04 컴포넌트로 동일한 형태 반복 사용하기

Lesson 01	컴포넌트 시작하기	① 인스턴스 만들기	79
		② 오버라이드 적용하기	81
		③ 컴포넌트 활용하기	83
Lesson 02	복잡한 인터페이스, 컴포넌트로 관리하기	① 중첩 컴포넌트 활용하기	86
		② 불리언으로 컴포넌트 더 쉽게 관리하기	91
		③ 알림창 만들기	93

Part 05 오토레이아웃 마스터하기

Lesson 01	오토레이아웃 시작하기	① 흐름	99
		② 크기조정	99
		③ 정렬	100
		④ 패딩	101
Lesson 02	오토레이아웃을 활용한 실무 예제 4가지	① 내비게이션 바 만들기	104
		② 뉴스레터 구독 섹션 만들기	109
		③ 댓글 화면 만들기	115
		④ 뉴스 기사 레이아웃 만들기	124
Lesson 03	그리드를 이용한 레이아웃 구성하기	① 카드형 레이아웃으로 콘텐츠 정리하기	127
		② 대시보드 그리드로 보기 쉽게 정리하기	132

Part 06 프로토타입으로 움직이는 디자인 완성하기

Lesson 01 프로토타입 시작하기
① 프로토타입 살펴보기 … 132
② 프로토타입을 활용한 실무 예제 8가지 … 135

Lesson 02 사용자 입장에서 사용성 테스트하기
① 프로토타입 공유하기 … 161
② 피그마 슬라이드를 이용해 피드백 수집하기 … 163

Part 07 피그마 버즈로 더 쉽게 디자인하기

Lesson 01 피그마 버즈 시작하기
① 피그마 버즈로 브랜드 콘텐츠 제작하기 … 168
② 피그마 버즈에서 콘텐츠 공유하기 … 172

Lesson 02 피그마 버즈로 생산성 끌어올리기
① 스프레드시트로 대량 콘텐츠 제작하기 … 174
② 피그마 AI 시작하기 … 179
③ 템플릿 게시하기 … 182

Part 08 변수로 디자인의 가능성 넓히기

Lesson 01 변수 시작하기
① 라이트·다크 모드 디자인하기 … 186
② 버튼을 이용해 라이트·다크 모드 전환하기 … 190

Lesson 02 변수로 다양한 인터랙션 구성하기
① 펼치고 접히는 메뉴 만들기 … 196
② 조건부 프로토타입으로 토스트 구현하기 … 200

Part 09 팀원 모두와 협업하기

Lesson 01 팀 라이브러리로 협업하기
① 팀 라이브러리 만들기 … 206
② 팀 라이브러리에 포함된 스타일을 문서화하기 … 214
③ 팀 라이브러리 업데이트하기 … 216

Lesson 02 디자인 파일 안전하게 관리하기
① 브랜치 시작하기 … 218
② 파일 복원하기 … 221
③ 데브 모드 시작하기 … 223

부록
자주 사용하는 디자인 실무 플러그인 정리 … 228
마치며 … 234
찾아보기 … 235

드리는 말씀

- 이 책의 집필 시점과 학습 시점에 따른 프로그램 버전 차이에 따라 일부 기능은 지원하지 않거나 책의 내용과 다를 수 있습니다.
- 생성형 인공지능의 특성상 같은 프롬프트를 입력하더라도 결과가 다를 수 있습니다.
- 이 책에 등장하는 각 회사명, 제품명은 일반적으로 각 회사의 등록상표 또는 상표입니다.
  본문 중에서는 ™, ⓒ, ® 등의 기호를 생략했습니다.
- 사용하지 않는 애플리케이션은 꼭 구독을 취소하세요.
  구독을 취소하지 않아 발생한 요금에 대해서 지은이/출판사는 책임을 지지 않습니다.
- 이 책은 외래어 표기법을 따르고 있으나 실무에서 자주 사용되는 외래어는 독자의 편의를 위해 관용적으로 사용하는 용어로 표기하고 있습니다.
- 이 책은 지은이가 조사한 결과를 바탕으로 집필되었습니다.
- 책의 내용과 관련된 문의사항은 지은이나 출판사로 연락해 주시기를 바랍니다.
  지은이 lionfigma@gmail.com | 출판사 help@jpub.kr

Part 01
피그마 알아보기

> 디자인할 때 하나만 수정해도 다시 공유해야 하는 과정이 너무 번거로워.

> 피그마 쓰면 그럴 필요 없어. 클라우드 기반이라 바로 수정되고 항상 최신 상태가 유지돼.

> 정말 편리하다! 근데 무료로도 쓸 수 있어?

> 물론이지, 피그마의 기본 기능은 무료로도 충분히 익힐 수 있어.

Lesson 01

피그마의 특징 살펴보기

> 피그마는 디자이너, 프로젝트 관리자, 제품 관리자, 엔지니어를 한곳으로 모이게 해요.
> 피그마에서는 10배 더 나은 피드백을 공유할 수 있죠.
> — Shawn Lan, Head of Design at Zoom

피그마는 도대체 어떤 특별한 점이 있길래 이토록 다양한 직군의 사용자를 끌어들일 수 있었을까요? 전통적으로 우리는 '디자인 툴'이라고 하면 그래픽을 만드는 소프트웨어를 떠올렸습니다. 그러나 피그마는 단순히 그래픽을 만드는 도구가 아닌 **디자인 프로세스 전반을 관리하고 협업할 수 있는 플랫폼**으로 이해하는 것이 더 적절합니다.

피그마에서 '디자인'은 더 이상 디자이너만의 영역이 아닙니다. 피그마는 제품 개발에 관여하는 모든 이들이 함께 아이디어를 구체화하고 설계해 나가는 공간입니다. 이는 피그마가 지향하는 협업의 핵심이며, 다양한 직군의 사용자를 만들어 낼 수 있는 가장 큰 이유입니다.

이 책은 피그마의 이러한 포괄적인 특성을 염두에 두고 작성하였습니다. 우리는 앞으로 피그마의 주요 특징과 기능을 상세히 살펴보며, 이를 어떻게 디자인 프로세스에 효과적으로 활용할 수 있는지 알아보겠습니다. 먼저 피그마를 본격적으로 시작하기에 앞서 주요 특징들을 살펴보도록 하겠습니다.

1. 클라우드

보편적으로 우리가 아는 프로그램은 컴퓨터에 설치하고, 작업한 파일도 내 컴퓨터 안에 저장됩니다. 하지만 피그마는 별도의 설치 과정 없이 브라우저에서 즉시 작업이 가능하고, 인터넷이 된다면 어디에서든 구애받지 않고 빠르게 작업할 수 있습니다. 게다가 파일도 기기가 아닌 클라우드에 자동 저장되기 때문에 별도로 저장할 필요가 없습니다.

2. 실시간 협업

피그마는 여러 사용자가 동시에 하나의 파일을 편집할 수 있습니다. 동일한 파일에서 실시간 작업을 진행할 수 있으며 커뮤니케이션이 가능하도록 채팅이나 댓글 기능도 제공하고 있습니다. 여러 명이 파일을 주고받을 필요 없이 하나의 주소로 접근이 가능하기 때문에 빠른 피드백과 공유가 가능합니다.

3. 파일 관리

피그마는 실시간으로 파일이 자동으로 클라우드에 저장됩니다. 물론 수동으로도 저장이 가능하고, 저장한 버전 내역을 확인할 수 있어, 실수를 하더라도 파일을 실수 전으로 쉽게 되돌릴 수 있습니다.

4. 벡터 이미지

피그마는 벡터 vector 기반의 디자인 툴로 UX/UI 디자인에 최적화된 툴을 제공하고 있습니다. 일반적인 디자인 툴에서 제공하는 사진이나 그림은 작은 픽셀 pixel 로 이루어져 있어 확대하면 깨지고 흐려집니다. 하지만 피그마에서 제공하는 벡터 이미지는 크기가 변경되어도 깨지지 않고 선명하게 유지가 됩니다. 피그마에서 그려진 디자인들은 유동적으로 모양을 변경할 수 있고 휴대폰이나 태블릿, 컴퓨터 등 다양한 해상도에 따라서 크기를 변경할 수 있어 다양한 곳에 효율적으로 사용할 수 있습니다.

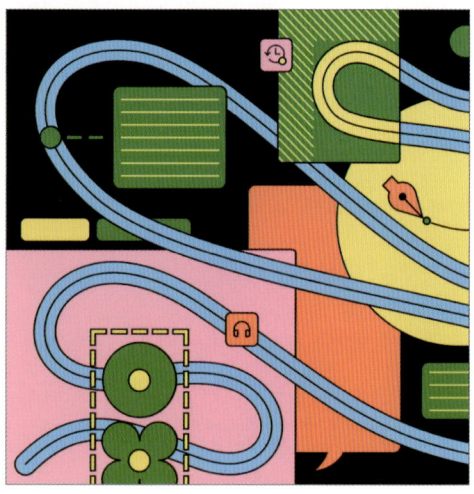

 벡터 이미지는 해상도에 상관없이 선명하게 유지되고, 파일 크기가 작아 빠른 로딩과 효율적 협업이 가능합니다.

5. 플러그인

피그마는 다양한 플러그인을 지원해 더 다양하고 효율적인 디자인 작업을 가능하게 합니다. 플러그인plugin이란 쉽게 말해 피그마에 추가할 수 있는 확장 프로그램으로, 플러그인을 추가하여 더 많은 작업들을 빠르고 쉽게 작업할 수 있습니다. 피그마에는 색상 팔레트를 쉽게 만들어 주는 플러그인, 다양한 이미지와 아이콘을 제공하는 플러그인 등 피그마 커뮤니티를 통해 다양한 플러그인들이 제공되고 있습니다.

 플러그인은 반복 작업을 자동화해 주어, 디자인 품질을 유지하면서도 작업 시간을 크게 줄일 수 있습니다. 부록으로 자주 사용하는 실무 플러그인을 정리해 놓았습니다.

이러한 특징들로 인해 피그마는 단순한 그래픽 디자인 툴을 넘어 디자인 워크플로workflow를 새롭게 바꾼 툴로 자리 잡았습니다. 피그마를 활용하여 디자이너뿐만 아니라 개발자, 프로젝트 매니저, 그리고 클라이언트까지 프로젝트의 모든 이해관계자들이 원활하게 소통해서 모두가 만족할 프로젝트를 함께 완성해 보세요.

Lesson 02

피그마 다운로드하기

피그마는 웹과 데스크톱 앱, 모바일 앱을 지원합니다. 특히 웹, 데스크톱 앱에서 모바일 인터페이스 디자인을 진행할 경우 데스크톱 화면에서 보여지는 것과 실제 모바일 디바이스에서 보여지는 모습이 차이가 있을 수 있어 피그마 모바일 앱을 통해 어떻게 보여지는지 미리 확인해 보는 것이 좋습니다.

1. 피그마 웹

피그마 웹은 설치 없이 브라우저에서 바로 실행되며, 맥OS^{macOS}, 윈도우^{Windows}, 리눅스^{Linux}, 크롬^{Chrome} 등 다양한 운영체제 및 웹 브라우저에서 동일한 환경으로 실시간 협업과 버전 관리가 가능합니다. 그리고 작업한 디자인 파일은 클라우드에 저장되어 어느 디바이스에서나 접근할 수 있어서, 협업 환경이 유연하고 안정적입니다.

01 웹 브라우저에서 '피그마'를 검색하거나, 직접 링크^{figma.com}를 입력해 접속합니다. 오른쪽 상단 영역에 있는 [지금 무료 시작하기]를 클릭합니다.

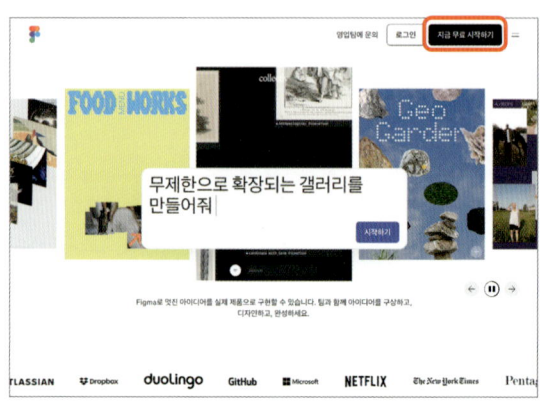

02 [Google 계정으로 계속하기] 혹은 이메일과 비밀번호를 입력한 뒤 [계정 만들기]를 눌러 회원가입을 진행합니다.

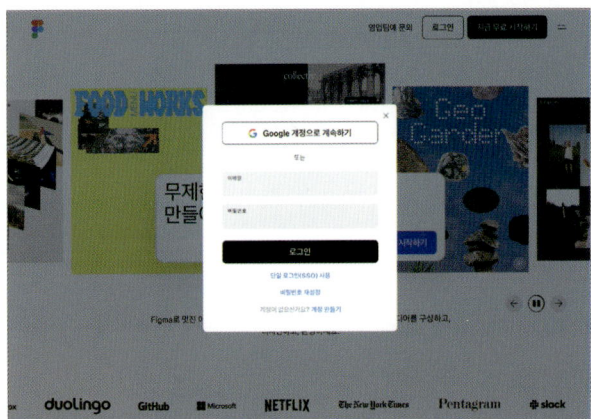

03 회원가입이 완료되면 로그인이 자동으로 진행되고 오른쪽과 같은 홈 화면이 나타납니다.

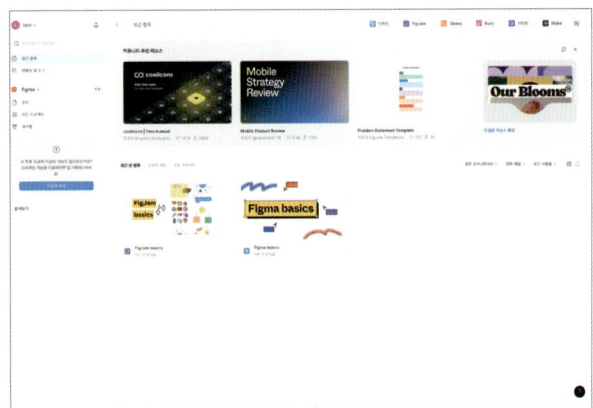

04 피그마 웹을 사용할 경우, 피그마에서 제공하는 '글꼴 설치 프로그램'을 다운로드해야 피그마에서 여러분 컴퓨터에 있는 폰트 인식할 수 있습니다. 피그마 사이트 하단에서 '다운로드'를 찾아 클릭하거나, 직접 링크 https://www.figma.com/ko-kr/downloads/ 를 입력해 접속하여 '글꼴 설치 프로그램'을 다운로드합니다.

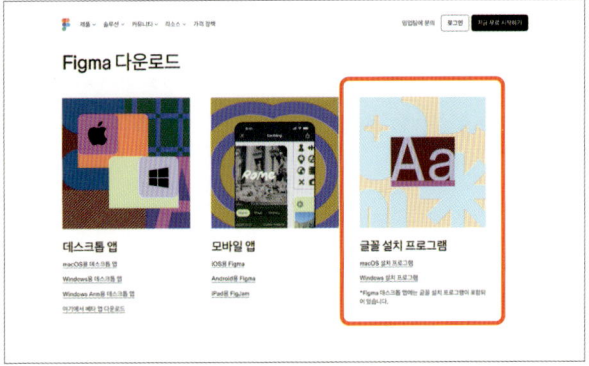

 피그마 데스크톱 앱을 먼저 설치하신 분들은 '글꼴 설치 프로그램'이 자동으로 설치됩니다.

2. 피그마 데스크톱 앱

피그마 데스크톱 앱은 설치형 프로그램으로 브라우저와 달리 인터넷 연결이 끊겨도 작업을 이어갈 수 있고, 사용자의 컴퓨터에 설치된 로컬 폰트 local font도 바로 사용할 수 있습니다. 데스크톱 앱은 피그마 웹과 동일한 작업 환경을 제공하며, 로컬 하드웨어를 활용해 대용량 파일도 더 빠르게 처리할 수 있다는 장점이 있습니다.

01 데스크톱 앱을 다운로드하겠습니다. 피그마 웹 홈 화면에서 왼쪽 상단 내 이름을 클릭하고, [데스크톱 앱 받기]를 클릭합니다.

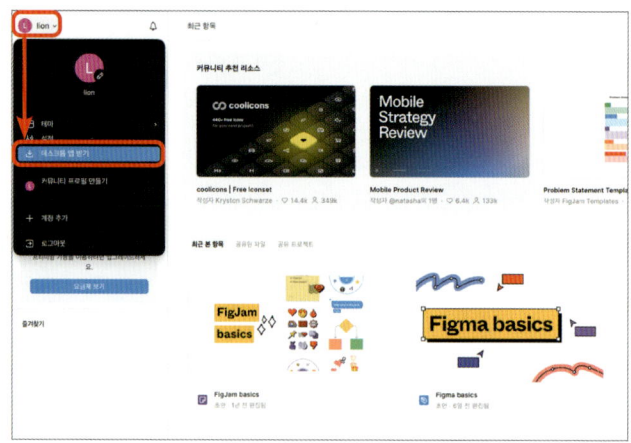

 데스크톱 앱은 피그마 사이트 다운로드 페이지 https://www.figma.com/ko-kr/downloads 를 통해서도 다운로드할 수 있습니다

02 다운로드가 완료된 앱을 실행시키면 피그마 웹과 동일한 홈 화면을 확인할 수 있습니다.

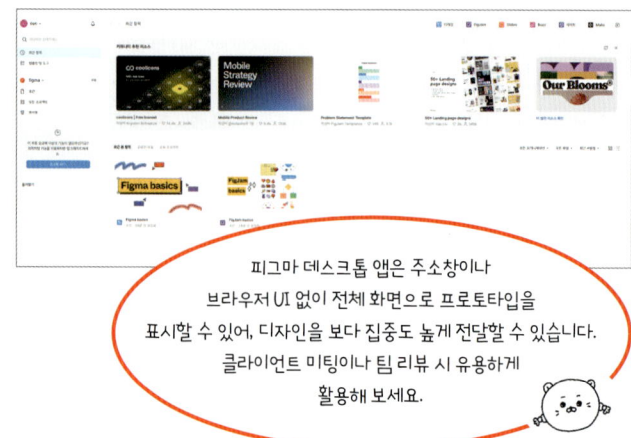

피그마 데스크톱 앱은 주소창이나 브라우저 UI 없이 전체 화면으로 프로토타입을 표시할 수 있어, 디자인을 보다 집중도 높게 전달할 수 있습니다. 클라이언트 미팅이나 팀 리뷰 시 유용하게 활용해 보세요.

3. 피그마 모바일 앱

피그마 모바일 앱을 이용하면 웹이나 데스크톱에서 작업 중인 모바일 인터페이스 디자인을 모바일 화면에서 실시간으로 확인할 수 있습니다. 실제 디바이스에서 화면 비율, 터치 인터랙션, 글자 크기 등을 바로 검토할 수 있어 모바일 UI를 디자인할 때 매우 유용합니다.

01 앱 스토어$^{App\ Store}$ 혹은 구글 플레이$^{Google\ Play}$를 통해 '피그마'를 검색하고 피그마 모바일 앱을 다운로드합니다.

02 다운로드한 피그마 모바일 앱을 실행한 뒤 [Fimga 로그인]을 눌러 로그인합니다.

03 피그마 웹이나 피그마 데스크톱 앱에서 작업하고 있는 파일을 피그마 모바일 앱에서도 확인할 수 있습니다.

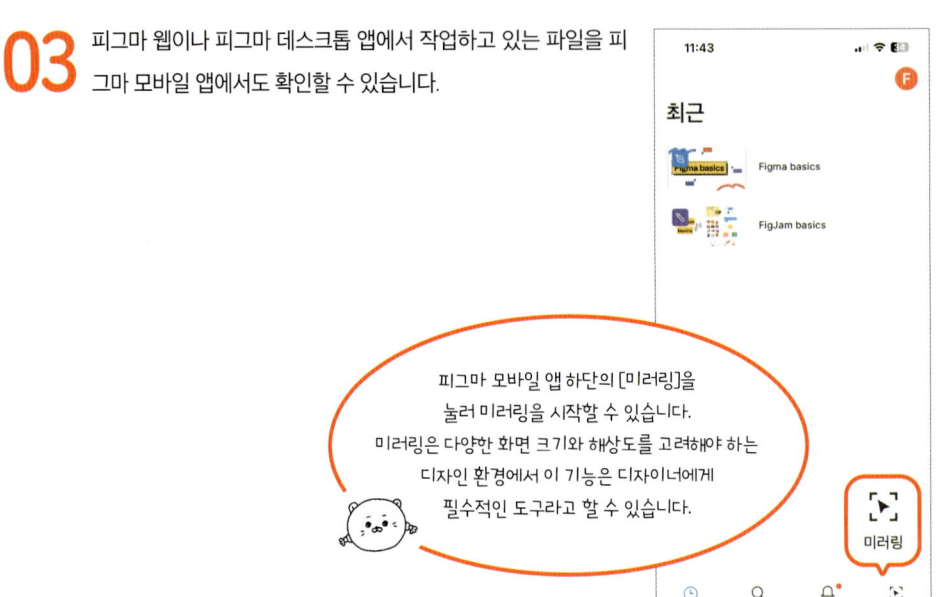

피그마 모바일 앱 하단의 [미러링]을 눌러 미러링을 시작할 수 있습니다. 미러링은 다양한 화면 크기와 해상도를 고려해야 하는 디자인 환경에서 이 기능은 디자이너에게 필수적인 도구라고 할 수 있습니다.

작업 중인 디자인을 실제 모바일 환경에서 바로 확인해 보면, 화면 크기나 터치 감각처럼 데스크톱에서는 놓치기 쉬운 요소들이 더 명확하게 보입니다. 특히 데스크톱에서 작업 중인 디자인을 모바일 앱에서 확인하면 사용자 입장에서 어떻게 보이고 작동하는지를 직관으로 검토할 수 있어, 완성도 높은 모바일 UI를 만드는 데 큰 도움이 됩니다. 작은 차이 하나가 전체 사용자 경험을 좌우할 수 있는 만큼, 모바일 앱을 활용한 반복적인 테스트는 실무에서 꼭 필요한 과정입니다.

 피그마는 '스타터, 프로페셔널, 오거니제이션, 엔터프라이즈' 등 4가지 요금제를 제공합니다. 각 요금제는 사용자의 필요에 따라 제품을 추가로 선택할 수 있습니다.

Lesson 03
피그마 인터페이스 알아보기

피그마의 사용자 인터페이스는 복잡한 타 디자인 툴과 달리, 직관적인 레이아웃 덕분에 사용법을 파악하기 쉽습니다.

 '사용자 인터페이스'는 사용자와 시스템이 상호 작용이 가능하도록 만들어진 화면이나 입력 수단을 말합니다. 버튼, 메뉴, 아이콘, 텍스트 같은 요소로 구성되어 있으며, 사용자가 직관적으로 시스템을 사용할 수 있도록 도와줍니다.

1. 홈 화면

피그마의 홈 화면에서는 최근 본 파일과 드래프트, 팀 프로젝트, 커뮤니티 리소스를 한눈에 확인하고 파일 복사·이동·삭제·즐겨찾기 등 파일 관리 기능도 바로 사용할 수 있습니다.

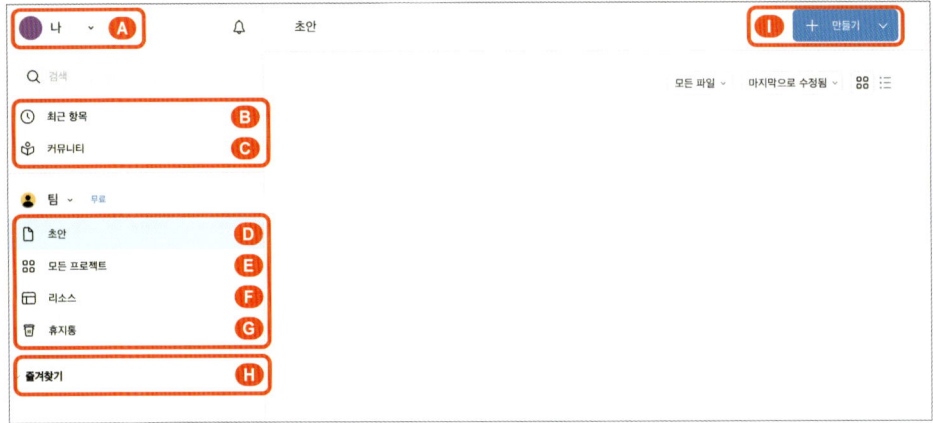

Ⓐ **계정**: 로그인 정보를 보여 줍니다. 하나의 계정 외에 다른 계정을 추가하여 관리할 수 있습니다.

Ⓑ **최근 항목**: 최근에 열어 본 파일들을 시간순으로 보여 줍니다.

Ⓒ **커뮤니티**: 전 세계 크리에이터가 제작한 템플릿, 라이브러리, 플러그인 등 다양한 리소스를 찾을 수 있습니다.

Ⓓ **초안**: 임시 저장소 개념으로 빠르게 작업을 시작할 수 있는 개인 작업 공간입니다. 아직 특정 프로젝트나 팀에 포함되지 않은 작업물들이 보여지며 파일 생성에 제한이 없습니다.

Ⓔ **모든 프로젝트**: 체계적으로 파일을 관리하고 조직화할 수 있는 공간입니다. 팀원들에게 공유하고 협업할 수 있으며, 폴더 구조를 만들어 파일을 정리할 수 있습니다. 접근 권한을 설정할 수 있어 보안성이 높습니다.

Ⓕ **리소스**: 매번 새 파일을 만들 필요 없이 팀의 업무 흐름에 맞는 템플릿을 구축할 수 있습니다.

Ⓖ **휴지통**: 삭제한 파일을 볼 수 있습니다.

Ⓗ **즐겨찾기**: 자주 사용하는 파일이나 프로젝트를 추가할 수 있습니다.

Ⓘ **만들기**: 디자인, Figjam, Slides, Buzz, 사이트, Make 등 새로운 파일을 생성합니다.

2. 디자인 화면

피그마 디자인 화면은 페이지와 레이어를 관리하는 왼쪽 탐색 패널, 디자인 작업을 수행하는 가운데 캔버스, 요소의 색상, 크기, 정렬 등을 조정하는 오른쪽 디자인 패널, 마지막으로 직접 디자인을 그릴 수 있는 툴 바(Toolbar)로 구성되어 있습니다.

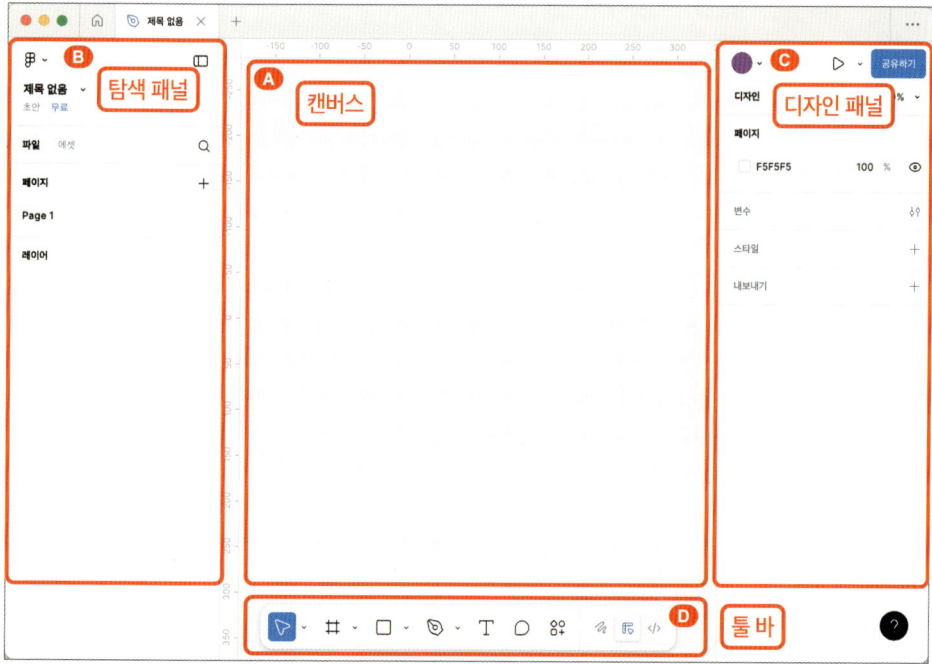

A 캔버스: 디자인을 만드는 공간입니다. 이 공간 위에 자유롭게 도형을 그리고, 텍스트를 입력하고 이미지를 배치할 수 있습니다.

B 탐색 패널: 디자인 파일 안에 구성된 모든 정보와 요소들이 나열됩니다.

파일	계층에 따라 현재 파일 안에 포함된 페이지와 레이어 정보를 제공합니다.
에셋	파일에 사용된 모든 컴포넌트가 등록됩니다.

C 디자인 패널: 현재 선택한 요소의 세부 설정을 조정할 수 있습니다. 기본적으로 아무

것도 선택하지 않은 상태에서는 페이지 색상, 현재 파일에 포함된 변수와 스타일을 관리할 수 있습니다.

디자인	캔버스의 요소들을 클릭하면 해당 요소의 상세 디자인 내용이 나타납니다.
프로토타입	동적인 상호 작용을 구현해 실제 제품과 유사한 경험을 시뮬레이션할 수 있습니다. 프레임 간의 연결을 통해 실제 흐름을 재현할 수 있으며, 각 요소에 맞는 동작과 전환 효과를 설정할 수 있습니다.

D 툴 바: 기본 도형, 텍스트, 코멘트 등을 빠르게 추가하거나 정렬, 그룹 설정, 레이어 보기 등을 조작할 수 있는 도구를 제공합니다. 작업 중 자주 사용하는 기능들이 모여 있어 효율적인 디자인 작업을 도와줍니다.

피그마 인터페이스는 처음에는 생소하게 느껴질 수 있지만, 홈 화면에서 프로젝트 전체를 조망하고, 디자인 화면에서는 필요한 도구에 빠르게 접근할 수 있어 몇 번만 클릭해 보면 피그마의 인터페이스가 얼마나 논리적이고 잘 정리되어 있는지 금방 이해할 수 있습니다.

Lesson 04
피그마 파일 구조 알아보기

피그마는 효율적인 작업 흐름을 위해 논리적인 파일 구조를 제공합니다. 이 파일 구조는 '프로젝트 - 파일 - 페이지'라는 3가지로 구성되어 있습니다. 이러한 구조를 이해하고 활용하면 복잡한 디자인 프로젝트도 체계적으로 관리할 수 있습니다. 프로젝트를 생성하는 법부터, 프로젝트 안에서 파일과 페이지를 생성·관리하는 법을 알아보겠습니다.

> 피그마의 '프로젝트 – 파일 – 페이지' 구조는 디자인 흐름과 작업 단계를 명확히 구분할 수 있어, 복잡한 프로젝트도 드래프트, 리뷰, 완성 상태별로 체계적으로 분류할 수 있습니다. 실제로 많은 기업에서는 기능별 또는 프로세스 단계별로 템플릿을 만들어 일관된 구조를 유지하고 있습니다.

1. 프로젝트

프로젝트는 가장 상위 레벨의 구조로 여러 파일들을 하나의 그룹으로 묶는 역할을 합니다. 홈 화면의 왼쪽 메뉴 패널 내 '모든 프로젝트' 영역에서 확인이 가능합니다. 프로젝트를 활용하면 효율적으로 파일을 관리할 수 있습니다.

01 ❶ 홈 화면의 왼쪽 메뉴 패널에서 [모든 프로젝트] 탭을 클릭하고 ❷ '팀 프로젝트'를 [더블 클릭]합니다.

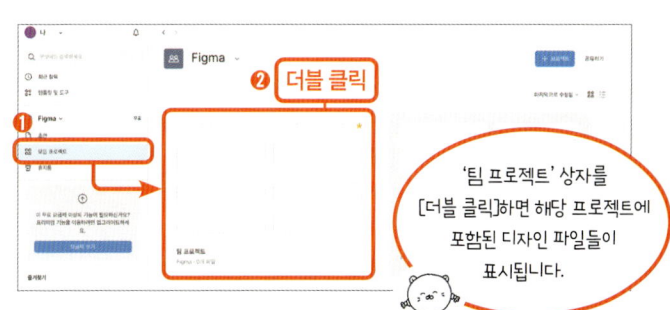

'팀 프로젝트' 상자를 [더블 클릭]하면 해당 프로젝트에 포함된 디자인 파일들이 표시됩니다.

02 상단 '팀 프로젝트'의 [팀 프로젝트(∨) - 설정]을 선택합니다.

03 '이름'을 클릭하여 '쇼핑몰 리뉴얼'로 수정한 후, [프로젝트 이름 변경]을 클릭합니다.

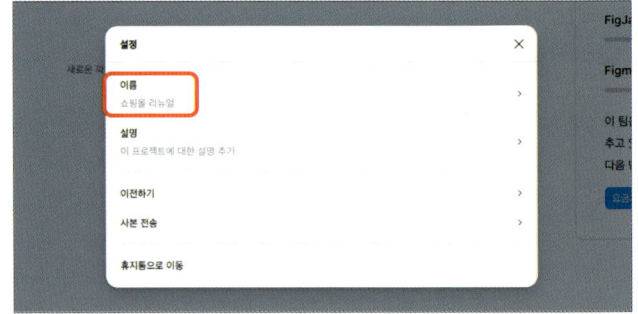

04 프로젝트 이름을 설정한 후, 새로운 파일을 프로젝트 안에 추가하겠습니다. 오른쪽 상단의 [만들기 - 디자인]을 클릭해 새로운 디자인 파일을 생성합니다.

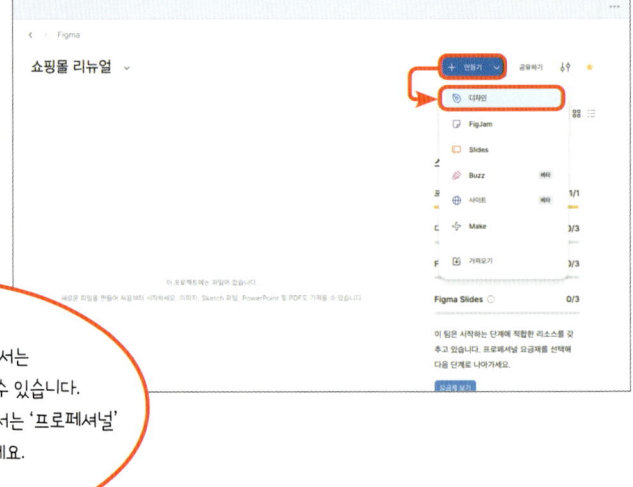

> 무료 요금제 '스타터'에서는 프로젝트를 1개까지만 생성할 수 있습니다. 프로젝트를 2개 이상 생성하기 위해서는 '프로페셔널' 요금제로 업그레이드하세요.

05 생성된 파일에서 왼쪽 패널 상단 내 '제목 없음'를 [더블 클릭]하여 파일명을 '사용자 리서치 결과'로 변경하고, 왼쪽 상단 [홈]을 클릭합니다.

06 같은 방법으로 '마케팅 배너 디자인' 파일을 만들고, [홈]을 눌러 홈 화면으로 돌아옵니다.

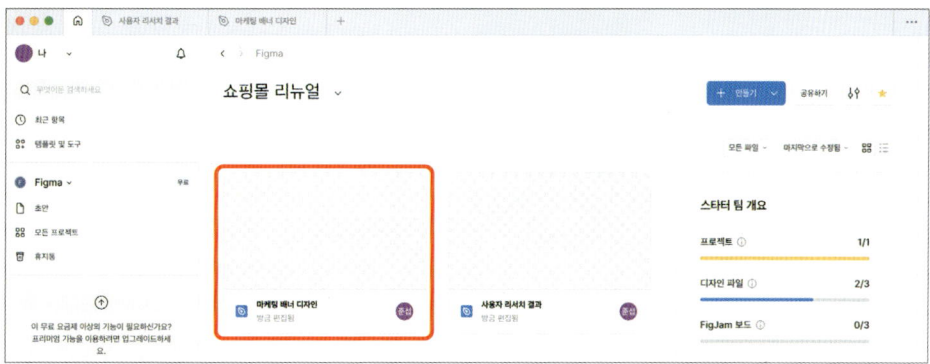

이렇게 '쇼핑몰 리뉴얼' 프로젝트에 ❶ 사용자 리서치 결과, ❷ 마케팅 배너 디자인 파일을 생성해 보았습니다. 이렇게 프로젝트 안에 파일을 묶어 두면 관련된 모든 작업물을 한눈에 볼 수 있어 프로젝트를 효과적으로 관리할 수 있습니다.

> 프로젝트 내 파일을 만들 때는 템플릿 기반으로 표준 구조를 유지하면 팀 전체가 동일한 흐름에 따라 작업할 수 있어서 협업과 검수가 훨씬 수월해집니다.

2. 파일 및 페이지

파일은 특정 목적이나 작업 영역을 위한 것으로, 프로젝트를 구성하는 개별 단위입니다. 페이지는 파일을 구성하는 개별 단위로 프로젝트 안에 여러 파일을 묶듯, 하나의 파일 안에 여러 페이지를 구성할 수 있습니다. 이번 예제에서는 프로젝트에 파일을 추가하고, 그 파일 안에서 페이지를 살펴보며 프로젝트를 어떻게 관리하는지 살펴보겠습니다.

01 홈 화면 오른쪽 상단의 [만들기 - 가져오기 - 컴퓨터에서 가져오기]를 클릭합니다. **예제 파일 '웹 사이트 디자인.fig'**를 '쇼핑몰 리뉴얼' 프로젝트로 불러옵니다.

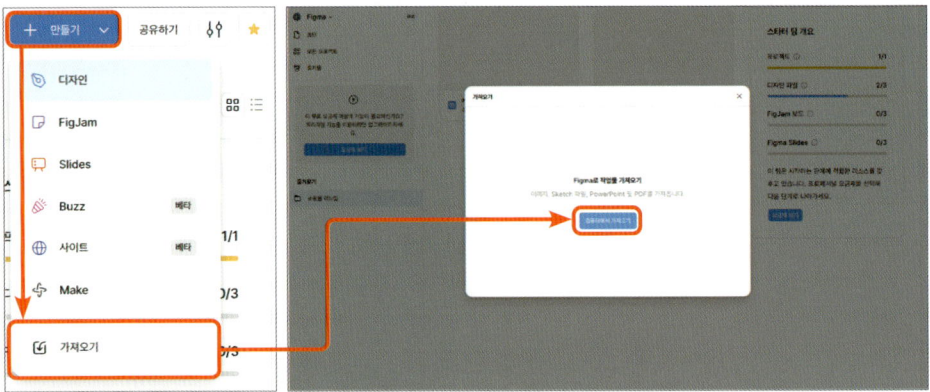

02 예제 파일 '웹사이트 디자인'을 [더블 클릭]합니다.

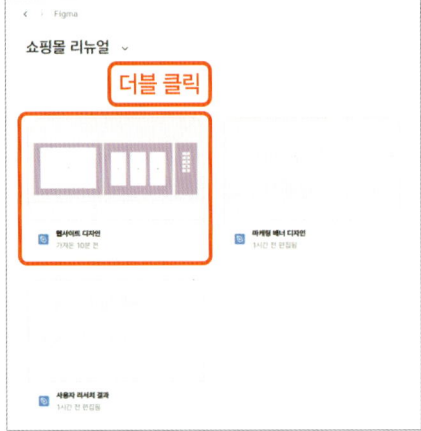

03 '메인 페이지 디자인' 페이지가 나타납니다. 가운데 캔버스에 'Desktop ver' 레이아웃, 'Mobile ver' 레이아웃, 'Banner' 레이아웃이 구성되어 있습니다. 이렇게 한 파일에 레이아웃을 모아 두면 '메인 페이지'와 관련된 모든 디자인 요소를 쉽게 관리할 수 있습니다.

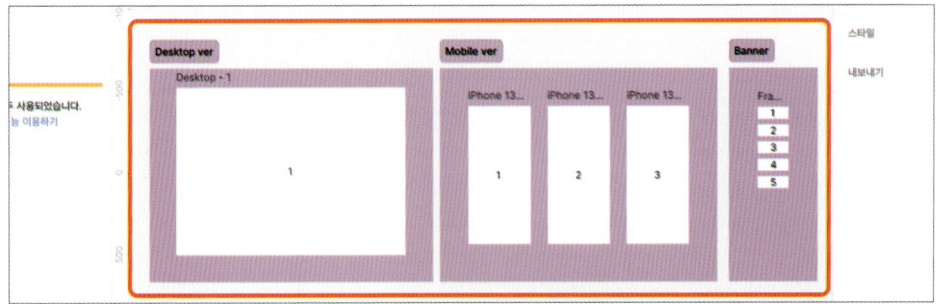

04 왼쪽 '탐색 패널'의 페이지 탭을 보면 '메인 페이지 디자인' 페이지, '상품 페이지 디자인' 페이지, '결제 페이지 디자인' 페이지가 있습니다. 각각의 페이지에는 위 '메인 페이지' 파일과 같이 관련 디자인을 모아 놓을 수 있습니다.

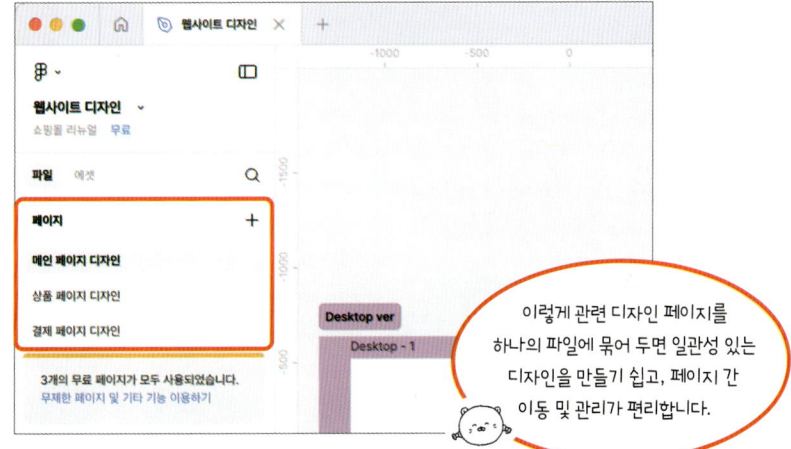

이렇게 관련 디자인 페이지를 하나의 파일에 묶어 두면 일관성 있는 디자인을 만들기 쉽고, 페이지 간 이동 및 관리가 편리합니다.

페이지는 파일 내에서 작업을 더 세분화하여 구성할 수 있게 해 줍니다. 한 페이지 안에 관련된 여러 디자인 요소나 화면들을 포함시켜 작업 흐름을 더 구체적이고, 효율적으로 진행해 보세요.

Part 02
피그마 시작하기

피그마를 열어 보니 생각보다 복잡해서 막막해.

처음엔 어렵게 보여도 몇 가지 필수 도구만 알아도 금방 쉬워져.

어떤 거부터 보면 좋을까?

도형, 텍스트, 이미지 같은 기본 기능부터 시작해 봐. 이게 제일 많이 쓰이니까!

Lesson 01 툴 바 알아보기

툴 바는 디자인 작업의 중심 허브 역할을 하며, 기본 도구를 제공해 다양한 작업을 빠르게 수행할 수 있습니다. 특히 대부분의 도구에 단축키가 연결되어 있어, 알아 둔다면 더욱 효과적인 워크플로를 구성할 수 있습니다. 툴 바의 도구들을 하나하나 알아보겠습니다.

1. 이동 도구

이동 도구를 효과적으로 사용하면 작업 영역을 빠르고 정확하게 탐색하고 조정할 수 있습니다. 캔버스 내에서 원활한 움직임은 디자인 작업에 가장 중요하니 단축키를 필수로 익히는 것이 좋습니다.

ⓐ **이동** Ⓥ: 객체를 선택할 수 있고, 드래그하여 위치를 변경할 수 있습니다. 캔버스에서 Ⓥ를 누르고 Shift를 누른 채로 클릭하면 여러 객체들을 동시에 선택할 수 있습니다.

ⓑ **손 도구** Ⓗ: 캔버스에서 Ⓗ를 누르고 마우스를 클릭한 채 드래그하여 페이지를 자유

롭게 이동할 수 있습니다. 복잡한 레이아웃 탐색에 매우 효율적입니다. 이동 상태에서 Spacebar를 길게 눌러 일시 활성화할 수 있습니다.

● **확대/축소** K: 화면의 확대/축소를 조절하는 도구입니다. 캔버스에서 K를 누르고 마우스를 클릭한 상태에서 마우스 휠을 위아래로 스크롤하면 화면을 확대하거나 축소할 수 있습니다.

> Shift + 1 을 누르면 캔버스에 배치된 레이어를 한눈에 볼 수 있고, 확대하고자 하는 레이어를 선택한 후 Shift + 2 를 누르면 그 레이어를 확대해 볼 수 있습니다.

2. 영역 도구

영역 도구는 작업 영역을 지정하고, 디자인을 구조화할 수 있습니다. 디자인의 시작점이 되는 도구인 만큼 단축키를 익혀 두면 작업 속도를 높일 수 있습니다.

● **프레임** F: 아트보드artboard와 같은 역할을 하는 컨테이너로, 실무에서는 웹/모바일 화면 설계, 반복 가능한 인터페이스 구성 등에 자주 활용됩니다.

● **섹션** Shift + S: 캔버스 내 관련 디자인 영역을 시각적으로 구분하고 그룹화할 수 있도록 도와주며, 팀원에게 특정 섹션 링크를 직접 공유해 작업 효율을 높일 수 있습니다.

● **슬라이스** S: 디자인 내에서 특정 영역만 이미지로 내보내거나 저장할 때 사용하며, 버튼이나 아이콘 등 작은 요소를 지정해 정확하게 내보내고 싶은 부분만 간편하게 추출할 수 있어 실무 에셋 관리에 유용합니다.

3. 도형 도구

피그마는 사각형, 원, 선, 다각형, 별 등 기본 도형을 벡터 기반으로 제공합니다. 모든 디자인 요소의 시작점으로 여러 도형을 조합하여 인터페이스 구성 요소를 만드는 데 활용할 수 있습니다.

ⓐ **직사각형** [R]: 드래그하여 원하는 크기의 사각형을 만들 수 있습니다. 이때 [Shift]를 누른 채 드래그하면 정사각형을 만들 수 있습니다.

ⓑ **선** [L]: 드래그하여 원하는 길이의 선을 만들 수 있습니다. 이때 [Shift]를 누른 채 드래그하면 45도를 기준으로 수직, 수평, 대각선을 만들 수 있습니다.

ⓒ **화살표** [Shift]+[L]: 드래그하여 원하는 길이의 화살표를 만들 수 있습니다. 이때 [Shift]를 누른 채 드래그하면 45도를 기준으로 수직, 수평, 대각선을 만들 수 있습니다.

ⓓ **타원** [O]: 드래그하여 원하는 크기의 원을 만들 수 있습니다. 이때 [Shift]를 누른 채 드래그하면 정원을 만들 수 있습니다.

ⓔ **다각형**: 드래그하여 원하는 크기의 다각형을 만들 수 있습니다. 이때 [Shift]를 누른 채 드래그하면 정다각형을 만들 수 있습니다.

ⓕ **별**: 드래그하여 원하는 크기의 별을 만들 수 있습니다.

ⓖ **이미지/동영상**: 내 컴퓨터에 있는 이미지와 동영상을 업로드합니다. 선택한 파일은 드래그를 통해 화면에 불러올 수 있습니다.

4. 창작 도구

창작 도구를 사용하면 더 정교하고 복잡한 벡터 그래픽을 자유롭게 만들어 낼 수 있습니다. 펜과 연필, 두 도구 모두 작업 후 벡터 포인트를 수정할 수 있어, 섬세한 그래픽 조정이 필요한 상황에서 특히 강력하게 활용할 수 있습니다.

Ⓐ **펜** P: 노드node와 베지어 곡선Bezier curve 조작을 통해 아이콘, 심볼, 상세한 커스텀 그래픽을 만들 때 유용합니다. 펜을 빠르게 숙달하고 싶다면 다음 링크https://bezier.method.ac/로 접속해 보세요.

Ⓑ **연필** Shift+P: 펜과 달리 자유롭게 그릴 수 있습니다. 빠르게 스케치하거나 자연스러운 손글씨 느낌의 그래픽을 벡터 형태로 바로 생성할 수 있습니다.

5. 텍스트

텍스트는 디자인에서 정말 중요한 요소입니다. 단순히 글자가 노출되는 것을 넘어 디자인 안에서 가독성을 확보해야 하는 것은 물론이고, 브랜드 일관성을 위해 기본적인 규칙을 지정하고 사용하기도 합니다.

Ⓐ **텍스트** T: 다양한 폰트를 선택하고, 텍스트 요소들을 쉽게 조정할 수 있습니다.

6. 댓글

댓글은 디자인 요소에 핀으로 고정되어, 어떤 부분에 대한 피드백인지 명확히 알 수 있습니다. 댓글은 다른 팀원들도 볼 수 있고, 답변을 달거나 해결 표시를 할 수 있습니다.

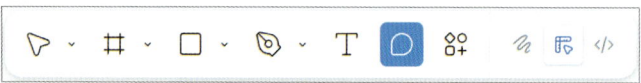

Ⓐ 댓글 [C]: 디자인의 특정 부분에 대해 피드백을 남길 수 있습니다.

7. 작업

디자인 도중 필요한 기능을 빠르게 찾고 실행할 수 있어 디자이너의 작업 흐름을 끊지 않고 효율적으로 진행할 수 있습니다.

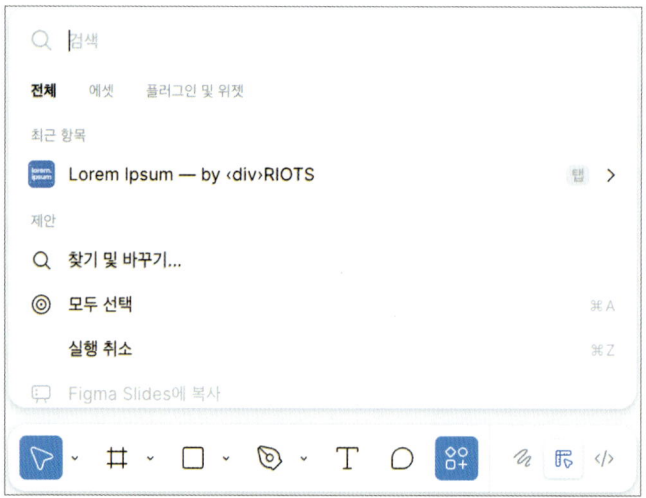

Ⓐ 작업 [Ctrl]+[K]: 피그마 안에서 명령어, 플러그인, 최근 문서, 스타일, 컴포넌트 등 다양한 요소를 검색하고 바로 실행할 수 있습니다.

Lesson 02
간단한 예제로 툴 바 익히기

실무에서는 단순한 도형 그리기를 넘어, 프레젠테이션 슬라이드처럼 명확한 구조를 만들거나 복잡한 벡터 형태를 다듬고, 이미지를 적절히 배치해 메시지를 전달하는 일이 잦습니다. 이번 레슨에서는 이러한 작업에 자주 활용되는 피그마 도구들을 예제와 함께 익혀 보겠습니다.

1. 프레젠테이션 슬라이드 만들기

텍스트와 도형 도구를 활용해 프레젠테이션 슬라이드를 직접 구성해 보겠습니다. 예제를 따라 하며 텍스트 입력, 도형 추가, 정렬 및 색상 조절 등 기본 도구의 핵심 기능을 자연스럽게 익힐 수 있습니다.

01 ❶ 홈 화면의 왼쪽 메뉴 패널에서 [초안] 탭을 클릭하고, ❷ 오른쪽 상단의 [디자인]을 클릭해 새로운 디자인 파일을 생성합니다.

02

❶ F 를 눌러 '프레임'을 선택합니다. 오른쪽 [디자인] 패널의 프레임 섹션이 나타납니다. ❷ **[프레젠테이션 - 슬라이드 16:9]**을 눌러 해당 프레임을 생성합니다.

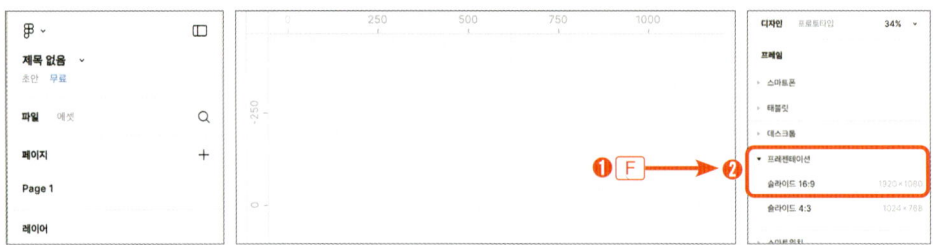

03

❶ T 를 눌러 '텍스트'를 선택하고, 프레임 상단에 제목 텍스트 '피그마로 디자인 작업이 더 쉬워집니다.'를 입력합니다. ❷ 제목 텍스트를 선택하고, [디자인] 패널의 글씨체 섹션에서 '**폰트: Pretendard - ExtraBold, 크기: 80, 자간: -2%**', 채우기 섹션에서 '**색상: 000000**'으로 설정합니다.

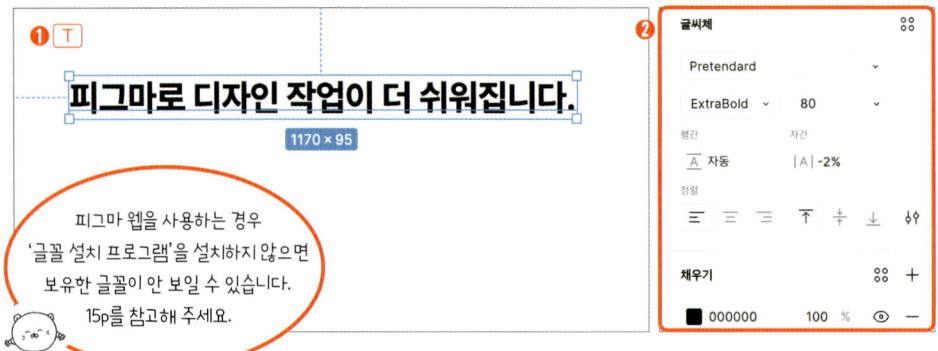

04

❶ R 을 눌러 '직사각형'을 선택하고, 캔버스를 클릭하면 '100×100'의 정사각형이 생성됩니다. ❷ 정사각형을 클릭하고 [디자인] 패널의 레이아웃 섹션에서 '**크기: 537×500**', 채우기 섹션에서 '**색상: F5E9E9**'로 설정한 후, 정사각형 위치는 이미지와 같이 배치합니다.

05

❶ 정사각형을 선택하고 Alt + Shift 를 누른 채 오른쪽으로 드래그해 정사각형을 복사합니다. 같은 방법으로 정사각형을 3개를 만들고, 드래그해 모든 정사각형을 선택한 후, ❷ [디자인] 패널에 레이아웃 섹션에서 '간격: 24'로 설정합니다.

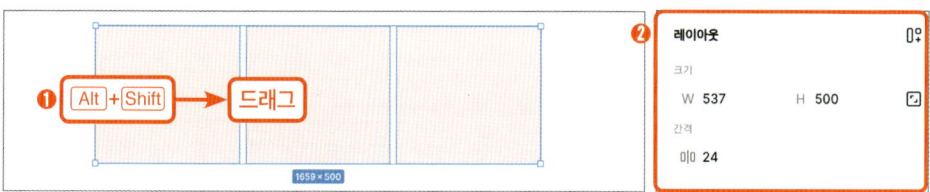

06

❶ T 를 눌러 '텍스트'를 선택하고, 각 정사각형마다 숫자 텍스트 '01', '02', '03'을 작성합니다. ❷ 드래그해 모든 숫자 텍스트를 선택하고 글씨체 섹션에서 '폰트: Pretendard - Extrabold, 크기: 80, 자간: -2%', 채우기 섹션에서 '색상: F96262'로 설정합니다.

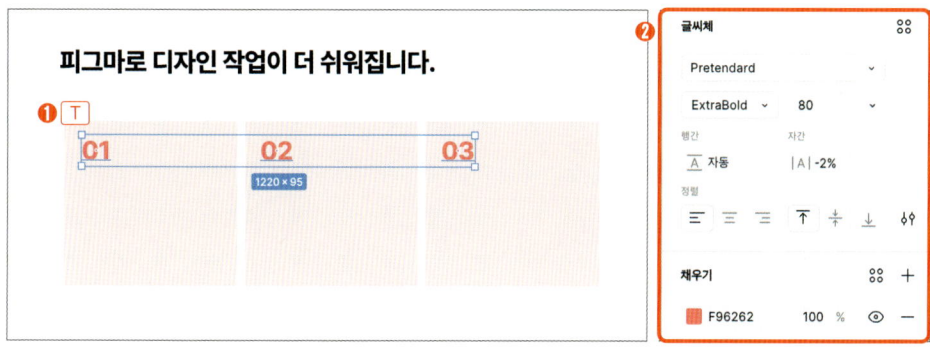

07

❶ T 를 눌러 '텍스트'를 선택하고, 각 박스마다 내용 텍스트 '저장 없이 바로 공유 가능, 여러 명이 동시에 실시간 편집 가능, 쉽고 간단한 협업 프로세스 구축'을 작성합니다. ❷ 드래그해 모든 내용 텍스트를 선택하고 글씨체 섹션에서 '폰트: Pretendard - Medium, 크기: 40, 행간: 70, 자간: -2%', 채우기 섹션에서 '색상: 000000'으로 설정합니다.

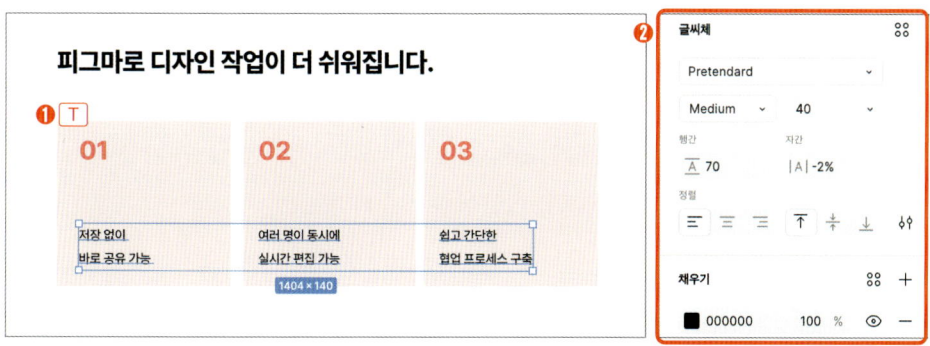

2. 복잡한 도형 만들기

기본 도형들을 조합하여 더 복잡하고 정교한 형태를 만들 수 있습니다. 피그마는 이를 위해 '불리언Boolean 연산'이라는 도구를 제공합니다. 불리언 연산은 도형을 선택했을 때만 표시됩니다.

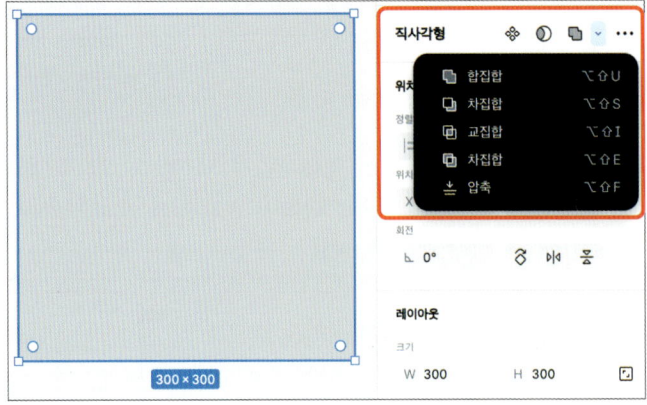

Ⓐ 합집합: 2개 이상의 도형을 하나로 합칩니다.

Ⓑ 차집합: 2개 이상의 겹쳐진 도형 상태에서 최상위 도형의 형태에서 아래 위치한 도형들을 제외하고 하나로 합칩니다.

Ⓒ 교집합: 2개 이상의 도형이 겹쳐지는 부분만 합친 후 남깁니다.

Ⓓ 차집합: 도형들의 겹치는 부분을 제외한 나머지를 남깁니다.

> 불리언 연산을 사용하면 기본 도형만으로도 복잡한 아이콘이나 일러스트를 재빠르게 제작할 수 있어, 반복 작업을 줄이고 디자인 수정이나 스타일 일괄 적용이 쉬워집니다. 또 기존 도형을 그대로 유지하는 비파괴적 구조라 협업 중에도 유연한 변경이 가능합니다.

불리언 연산을 사용하여 복잡한 아이콘이나 일러스트레이션을 만들 수 있습니다. 불리언 연산으로 간단한 집 모양 아이콘을 만들어 보겠습니다.

01
❶ 홈 화면의 왼쪽 메뉴 패널에서 [초안] 탭을 클릭하고, ❷ 오른쪽 상단의 [디자인]을 클릭해 새로운 디자인 파일을 생성합니다.

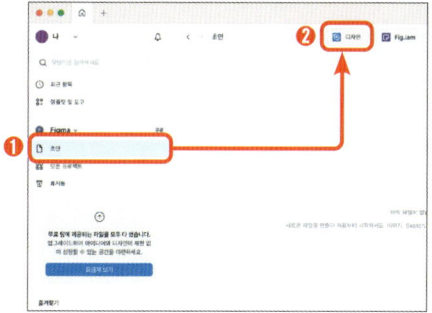

02
❶ ⓡ 을 눌러 '직사각형'을 선택하고, 캔버스를 클릭해 정사각형을 생성합니다. ❷ 정사각형을 클릭하고 레이아웃 섹션에서 '크기: 300×300'으로 설정합니다.

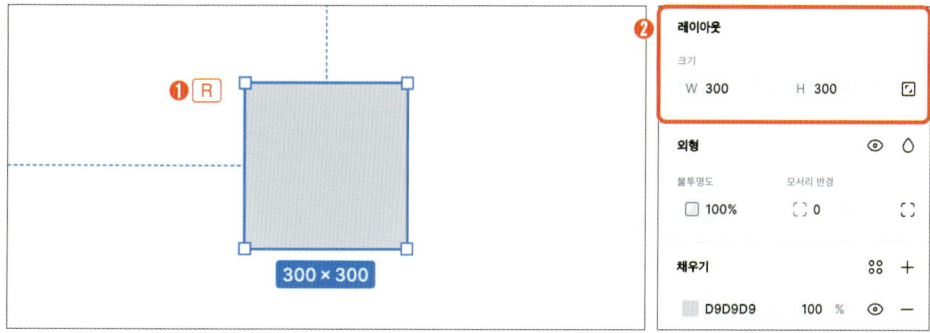

03
❶ 툴 바에서 '다각형'을 선택하고 캔버스에 도형을 생성합니다. ❷ 도형을 클릭하고 레이아웃 섹션에서 '크기: 600×200'으로 설정한 후, 이미지와 같이 배치해 집 모양을 만듭니다.

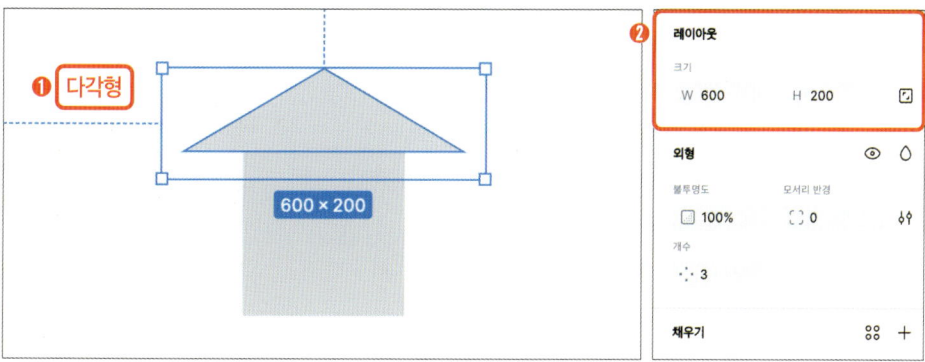

04 드래그하여 두 도형을 선택합니다. [디자인] 패널에서 **[불리언 연산(∨) - 합집합]**을 클릭합니다. 두 도형이 도형이 하나로 합쳐집니다.

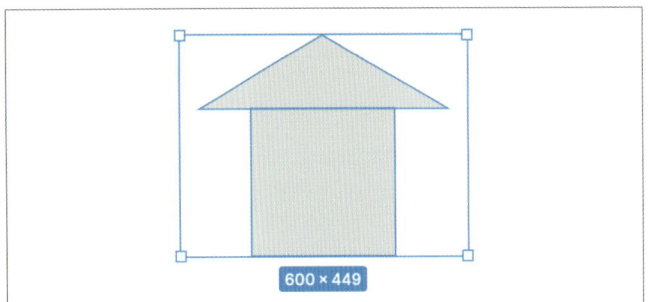 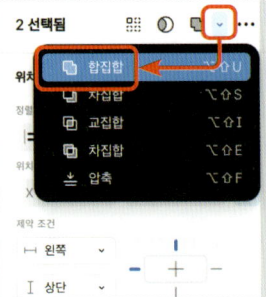

05 ❶ `R`을 눌러 '직사각형'을 선택하고, 캔버스를 클릭해 정사각형을 생성합니다. ❷ 정사각형을 클릭하고 레이아웃 섹션에서 **'크기: 130×130'**으로 설정하고, 이미지와 같이 배치합니다.

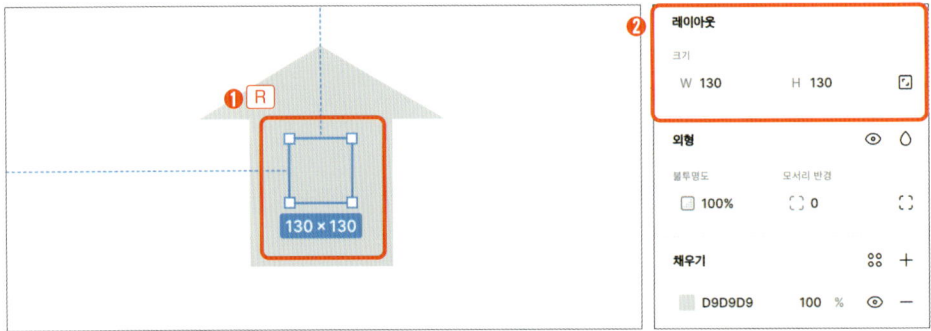

06 드래그하여 전체 도형을 선택합니다. [디자인] 패널에서 **[불리언 연산(∨) - 차집합]**을 클릭해 창문이 달린 집 모양 도형을 완성합니다.

불리언 연산을 익히면 훨씬 복잡한 형태도 논리적으로 만들 수 있습니다. 특히 반복적으로 쓰이는 아이콘이나 패턴을 직접 만들 수 있게 되면, 디자인의 자유도가 훨씬 높아집니다.

불리언은 처음엔 낯설 수 있지만, 한번 감을 잡고 나면 상상한 대로 형태를 구현하는 일이 점점 쉬워집니다. 꼭 복잡한 도형이 아니더라도, 디자인 요소에 조금씩 변형을 주는 데도 유용하게 활용할 수 있습니다. 다양한 조합을 시도해 보면서, 자신만의 방식으로 도형을 다뤄 보세요.

3. 이미지 배치·활용하기

피그마에는 디자이너가 이미지 작업을 더 쉽게 할 수 있도록 이미지 편집 도구를 제공합니다. 이 기능은 별도의 툴을 사용하지 않아도, 피그마 안에서 이미지를 빠르게 보정하고 수정할 수 있습니다. 이미지 편집 도구의 주요 기능들을 살펴보겠습니다.

➜ 1. 이미지 가져오기

01 ❶ [F]를 눌러 '프레임'을 만들고, 레이아웃 섹션에서 **'크기: 3024×4032'**로 설정합니다. ❷ 'Frame 1' 프레임을 선택하고 [Alt]+[Shift]를 누른 채 오른쪽으로 드래그해 프레임을 복사합니다.

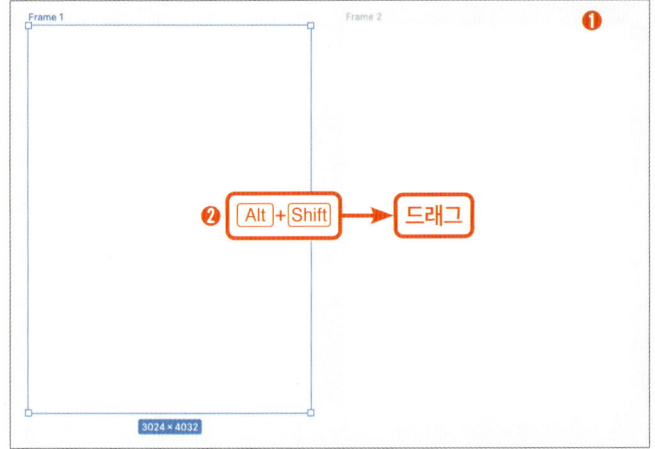
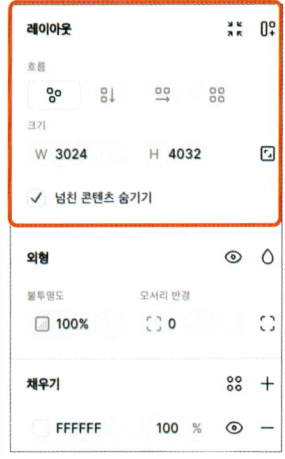

02 왼쪽 'Frame 1' 프레임에 예제 파일 'BlendMode1.jpeg'를 드래그하여 이미지를 가져올 수 있습니다. 왼쪽 레이어 패널을 확인하면 'Frame 1' 프레임 아래 이미지 'BlendMode1'가 들어가 있는 것을 확인할 수 있습니다.

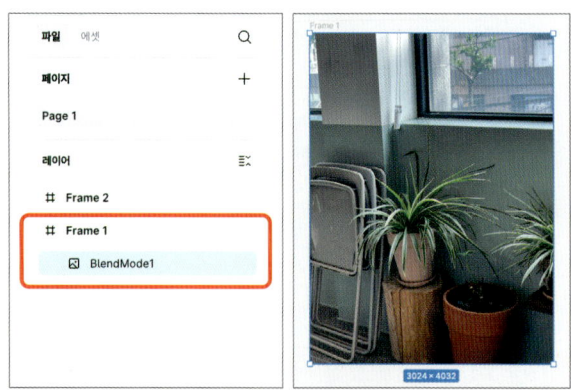

03 이번에는 오른쪽 'Frame 2' 프레임을 클릭합니다. ❶ 채우기 섹션에서 컬러 칩을 클릭하고, '이미지 🖼'를 선택합니다. ❷ [컴퓨터에서 업로드]를 클릭하고 예제 파일 'BlendMode1.jpeg'를 선택하면 프레임에 이미지를 가져올 수 있습니다.

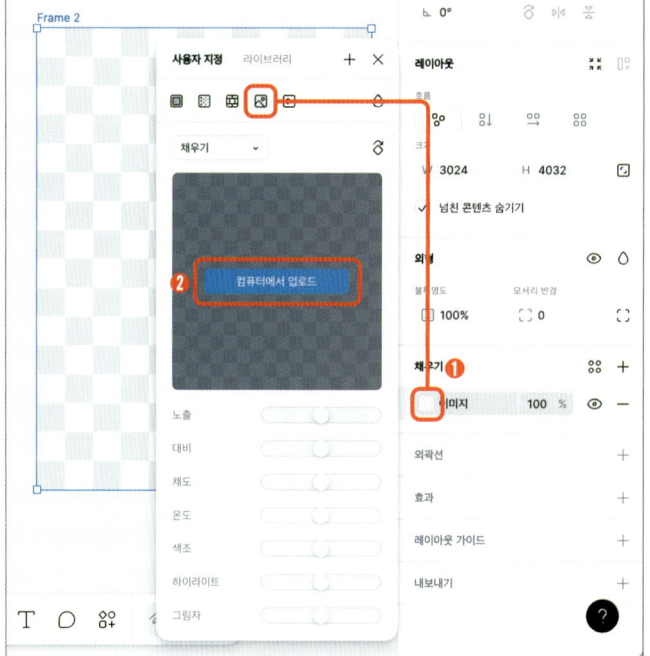

04 이미지가 삽입되었습니다. 이때 왼쪽 레이어 패널을 확인하면 3번에서의 방법과 다르게 'Frame 2' 프레임 아래 이미지 'BlendMode1'가 들어가 있지 않는 것을 확인할 수 있습니다.

이미지를 캔버스로 드래그해 추가하면 자동으로 이미지 레이어가 생성됩니다. 반면 [컴퓨터에서 업로드]를 사용하면 기존 레이어 아래 새로운 이미지 레이어가 생성되지 않아 레이어 구조를 깔끔하게 유지할 수 있습니다.

→ 2. 마스크 활용하기

05 ❶ R 을 눌러 '직사각형'을 생성하고, 레이아웃 섹션에서 '크기: 3024×2016'로 설정합니다. ❷ 도형 위에 예제 파일 'BlendMode1.jpeg'를 드래그해 이미지와 같이 배치합니다.

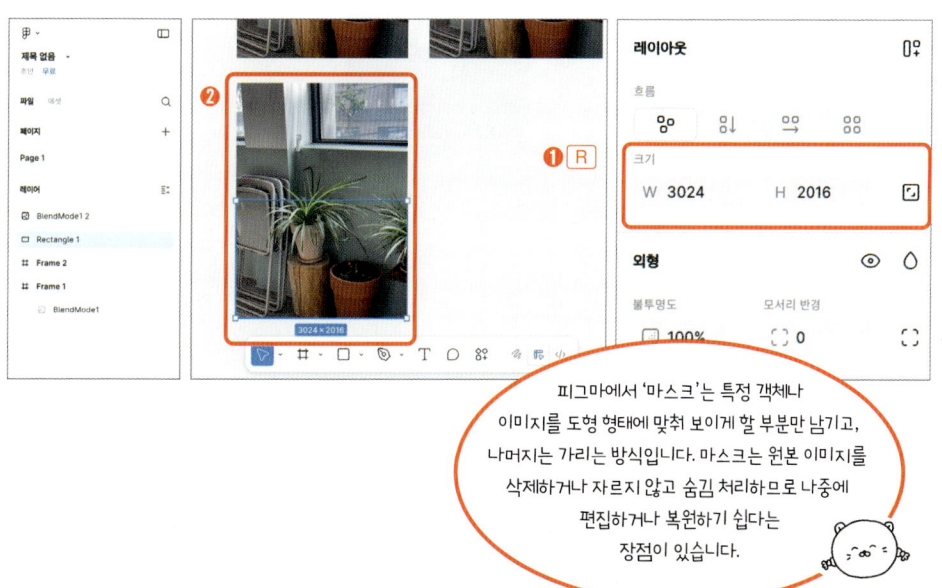

피그마에서 '마스크'는 특정 객체나 이미지를 도형 형태에 맞춰 보이게 할 부분만 남기고, 나머지는 가리는 방식입니다. 마스크는 원본 이미지를 삭제하거나 자르지 않고 숨김 처리하므로 나중에 편집하거나 복원하기 쉽다는 장점이 있습니다.

06 ❶ 드래그하여 도형과 이미지를 모두 선택합니다. ❷ [디자인] 패널에서 '마스크로 사용 ◐'을 클릭합니다.

07 도형 안에 이미지가 들어갑니다. 왼쪽 레이어 패널을 확인하면 도형과 이미지가 'Mask group' 아래 들어간 것을 확인할 수 있습니다.

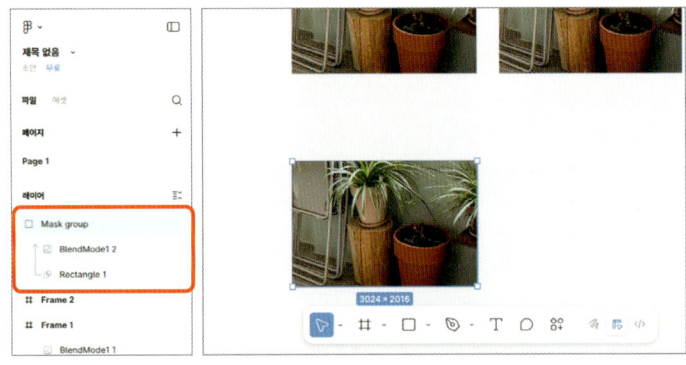

08 이미지를 [더블 클릭]하고, 안쪽 이미지를 드래그하여 프레임 안 이미지의 위치를 수정할 수 있습니다.

마스크는 이미지나 도형의 일부만 선택적으로 보여 주는 방식으로, 불필요한 부분은 숨겨 결과를 깔끔하게 표현할 수 있습니다.

원본 이미지나 도형을 그대로 보존하면서도 원하는 영역만 보여 줄 수 있어 팀 협업 시에도 유연한 수정이 가능합니다.

→ 3. 블렌드 모드 설정하기

09 위의 예제에서 예제 파일 'BlendMode2.jpg'를 이미지와 같이 왼쪽 프레임 위에 배치합니다.

10 ❶ 레이어 패널에서 'BlendMode2 1'을 클릭합니다. ❷ 블렌드 모드를 적용하기 위해 외형 섹션에서 [블렌드 모드 ◊ - 오버레이]를 설정합니다.

블렌드 모드는 두 레이어가 겹칠 때 색상과 밝기 등을 어떻게 혼합할지 설정하는 기능입니다. 이를 활용하면 텍스처 효과, 그림자 강조, 배경과의 자연스러운 합성 등 시각적 완성도를 높일 수 있습니다. 실무에서는 이미지 위 텍스트 강조나 UI 배경 효과 구현에 자주 사용됩니다.

어둡게	2개의 레이어 색상을 비교하여 더 밝은 색을 제외하고 어두운 색만 가져와 합성합니다. 이 모드는 이미지의 어두운 부분을 강조할 때 유용합니다.
곱하기	2개의 색상을 곱하여 결과를 어둡게 만듭니다. 흰색이 포함된 부분은 투명하게 처리되며, 어두운 색상일수록 합성 결과가 더 어두워집니다.
더 어둡게	2개의 색상에서 밝은 색은 더 어두운 색으로 대체되고, 이미 어두운 색은 그대로 유지됩니다.
색상 번	색상 정보에 따라 명도를 줄이고 기본 색상을 어둡게 합성합니다. 이는 색상 정보가 유지되면서도 이미지가 더 어두워지는 효과를 줍니다.
밝게	2개의 레이어 색상 중 더 밝은 색을 선택하여 합성합니다. 이 모드는 이미지의 밝은 부분을 강조하고 싶을 때 사용합니다.
화면	상단 이미지의 어두운 부분이 검은색에 가까울수록 투명해지고, 밝은 부분은 하단 이미지와 섞여 더 밝게 처리됩니다. 전체적으로 밝은 효과를 줍니다.
더 밝게	2개의 레이어 색상 중 더 밝은 쪽을 결과로 선택합니다.
컬러 닷지	대비를 감소시키면서 혼합 레이어의 색상을 하위 레이어에 반사시켜 밝게 처리합니다. 이 모드는 색상이 밝아지는 효과를 제공합니다.
오버레이	가장 밝은 색과 어두운 색을 유지하면서 밝은 색은 더 밝게, 어두운 색은 더 어둡게 처리합니다. 이미지의 대비를 증가시킬 때 사용됩니다.
소프트 라이트	이미지에 부드러운 조명을 적용하는 모드로, 밝은 부분은 더 밝게, 어두운 부분은 더 어두운 효과를 줍니다. 전체적으로 자연스럽고 부드러운 느낌을 제공합니다.
하드 라이트	상단 레이어의 색상에 따라 이미지의 밝기와 어두운 부분이 강하게 조정됩니다. 강한 대비 효과를 주며, 곱하기와 화면의 혼합 효과를 줄 수 있습니다.
차이	2개의 레이어의 색상 차이를 계산하여 결과를 얻습니다. 색상이 크게 변하며, 독특한 색상 대비 효과를 제공합니다.
제외	차이와 유사하지만, 보다 부드러운 색상 대비를 제공합니다. 2개의 색상 간의 차이를 감소시켜 부드러운 효과를 줍니다.
색조	색상의 톤을 유지하면서 색상만 적용합니다. 이미지의 색조를 변경할 때 유용합니다.

채도	색상의 채도만 적용합니다. 색상의 강도를 조절하여 이미지를 더 선명하거나 흐릿하게 만듭니다.
색상	색상과 채도만 적용하여 밝기를 유지합니다. 색상만 변경되며, 명도는 원본 그대로 유지됩니다.
광도	이미지의 명도를 유지하면서 색상만 변경합니다. 명도는 유지하되 색상의 톤과 채도를 조정할 수 있습니다.

4. 이미지 보정하기

11 직전 예제로 돌아와 오른쪽 'Frame 2' 프레임의 이미지를 보정해 보겠습니다.
❶ 'Frame 2' 프레임을 선택하고. 채우기 섹션에서 [컬러 칩 - 이미지 🖾]를 클릭합니다. ❷ 노출, 색조 슬라이더 핸들을 좌우로 움직여 이미지를 보정할 수 있습니다. 마음껏 움직이며 이미지를 보정해 보세요.

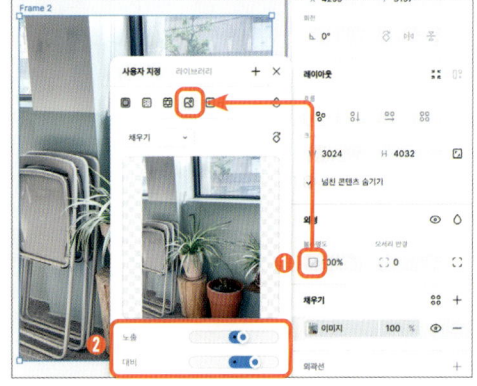

12 이미지 보정을 완료하였습니다.

> 블렌드 모드는 레이어 간 색상이나 밝기를 수학적으로 혼합하는 방식으로 다른 레이어와의 색상 관계를 고려해야 합니다. 반면 보정은 선택한 이미지 자체의 노출, 대비, 채도 등의 값을 조절하는 방식으로 주로 사진의 톤이나 무드 조정, 컬러 스타일 보정에 사용됩니다.

피그마에서는 이미지의 명도, 채도, 색상 등을 세밀하게 보정할 수 있는 기능이 제공됩니다. 이러한 기능들은 조정 레이어로 제공되고 있으며, 디자인 작업에 필요한 색상 및 밝기 조절을 빠르고 간편하게 보정할 수 있습니다.

노출	이미지의 전체 노출을 조정하여 더 밝거나 어두운 효과를 만들어 냅니다. 이는 주로 사진의 밝기 조절에 사용됩니다.
대비	이미지에서 밝은 부분과 어두운 부분의 차이를 조정하여 대비를 높이거나 낮출 수 있습니다. 대비를 높이면 더 선명하고 강렬한 이미지가 되고, 낮추면 부드럽고 평탄한 이미지가 됩니다.
채도	이미지의 색상 강도를 조정합니다. 채도를 높이면 색상이 더 선명하고 강렬해지며, 채도를 낮추면 무채색에 가까워집니다.
온도	이미지 색온도를 조정하여 더 따뜻하거나 차가운 색조를 만듭니다. 온도를 높이면 노란색이나 붉은색 계열로 따뜻하게 변하고, 온도를 낮추면 파란색으로 차가운 느낌을 줍니다.
색조	이미지의 색조를 조절하여 전체적으로 녹색이나 자주색 톤을 추가합니다. 이를 통해 특정 색조를 강조하거나 색 균형을 맞출 수 있습니다.
하이라이트	이미지에 가장 밝은 부분의 밝기를 조정합니다. 밝음 값을 높이면 더 밝은 하이라이트가 강조되고, 낮추면 하이라이트가 줄어들며 디테일이 더 강조될 수 있습니다.
그림자	이미지에서 어두운 부분의 밝기를 조정합니다. 어두운 영역을 밝게 하면 그림자가 덜 강조되고 더 많은 디테일이 드러나게 됩니다. 반대로 어두운 영역을 더 어둡게 하면 깊은 그림자가 생겨 더 극적인 효과를 줄 수 있습니다.

Lesson 03 레이아웃 가이드 만들기

피그마는 다양한 디바이스와 화면 크기에 맞춘 프레임 템플릿을 기본적으로 제공합니다. 모바일, 태블릿, 데스크톱 등 일반적인 크기부터 특정 기기에 최적화된 사이즈까지, 필요한 프레임을 쉽게 선택하여 사용할 수 있습니다. 다양한 옵션 덕분에 디자인을 할 때 원하는 환경에 맞는 프레임을 신속하게 생성할 수 있어, 효율적인 디자인 작업이 가능합니다.

이때 프레임은 사용자가 직접 디자인하는 영역입니다. 프레임을 사용하면 다양한 디바이스의 크기와 해상도를 정확히 시뮬레이션할 수 있어, 실제 환경에 가까운 조건에서 디자인을 할 수 있습니다. 모바일 기기부터 대형 데스크탑 모니터까지 다양한 화면 크기에 맞는 디자인을 어떻게 효율적으로 만들 수 있는지 살펴보겠습니다.

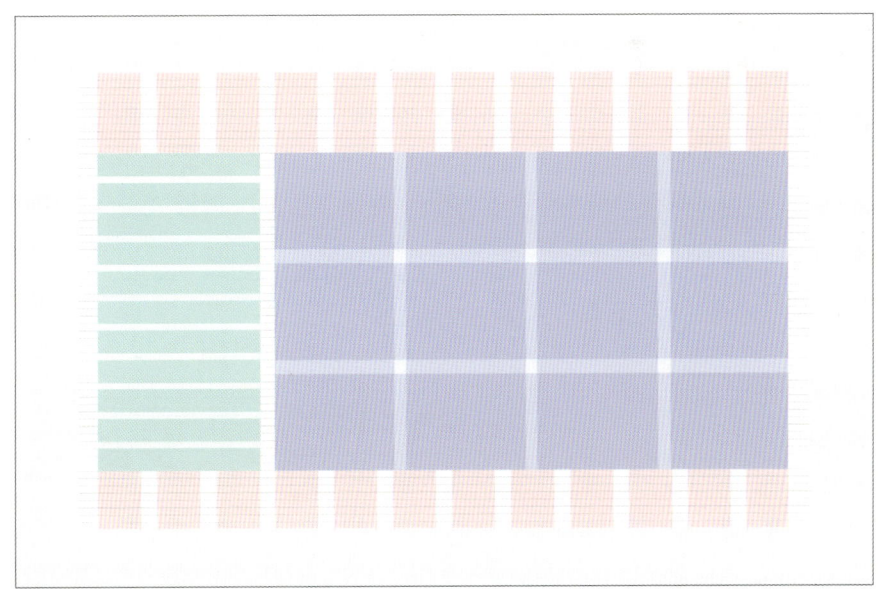

1. 레이아웃 가이드 설정

일관된 디자인 구조를 위한 가이드를 설정해 보겠습니다. 피그마에서는 가이드를 생성할 수 있는 옵션을 제공하여 디자이너가 정확하고 균형 잡힌 레이아웃을 쉽게 만들 수 있도록 돕습니다. 이때 그려진 가이드 선과 면은 화면에만 보일 뿐 최종 결과물에는 표시되지 않습니다.

01 이전과 마찬가지로 새로운 디자인 파일을 생성해서 `F`를 누르고, 프레임 섹션에서 **[데스크톱 - 데스크톱(1440×1024)]**를 클릭합니다. 'Desktop - 1' 프레임이 생성됩니다.

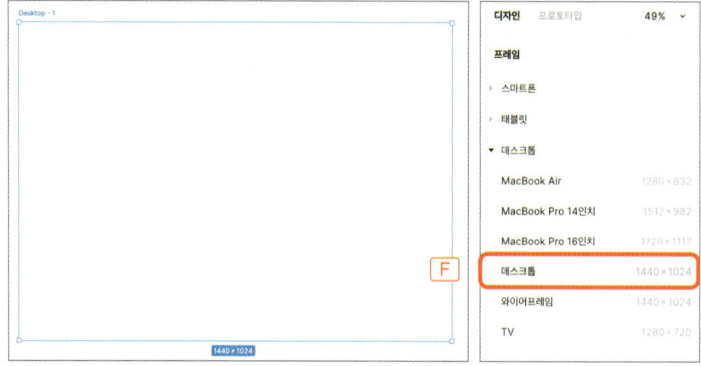

02 ❶ 'Desktop - 1' 프레임을 선택합니다. ❷ 레이아웃 가이드 섹션에서 '**레이아웃 가이드 설정Ⅲ**'을 클릭합니다.

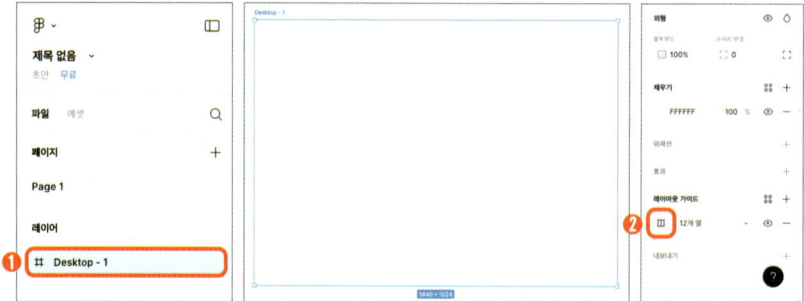

03 '열'을 선택하고 '**개수: 12, 색상: FF0000 - 10%, 유형: 늘리기, 마진: 20, 간격: 20**'을 설정합니다.

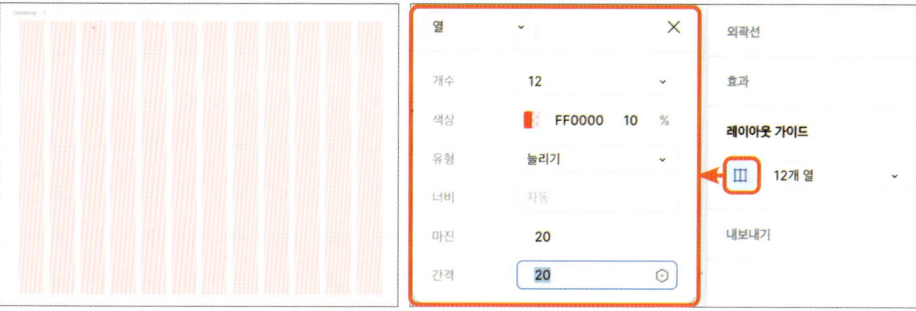

'레이아웃 가이드'의 주요 설정은 다음과 같습니다.
개수: 그리드의 열 또는 행 수를 지정합니다.　　**마진**: 그리드의 외부 여백을 설정합니다.
색상: 그리드 선의 색상을 변경합니다.　　　　**간격**: 열 또는 행 사이의 간격을 조정합니다.
유형: 그리드 정렬을 설정합니다.

이렇게 설정된 그리드를 사용하면 웹사이트나 앱의 주요 요소들을 일관성 있게 배치할 수 있습니다. 설정할 수 있는 그리드 유형을 알아보면 다음과 같습니다. 레이아웃 가이드 설정을 활용해 각각의 디자인에 맞는 그리드 유형을 설정해 보세요.

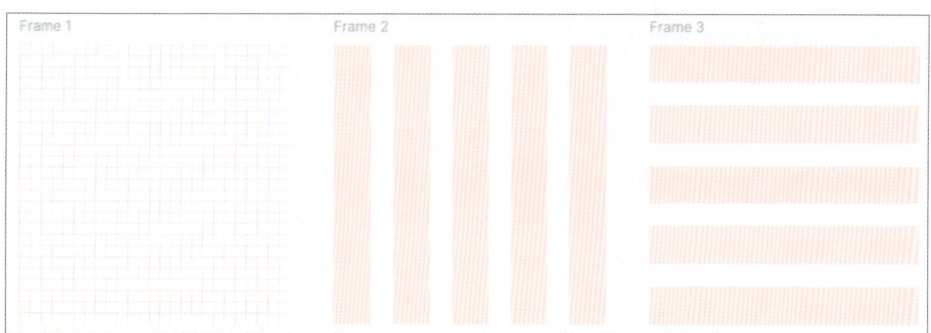

그리드	모눈종이와 같이 열과 행으로 구성되는 그리드입니다.
열	열로 구성되는 수직 그리드입니다.
행	행으로 구성되는 수평 그리드입니다.

51

2. 그리드 스타일 등록하기

자주 사용하는 그리드 설정을 스타일로 등록하면 여러 프레임에 동일한 그리드를 쉽게 적용할 수 있어 작업 효율성이 높아집니다.

01 직전 예제로 돌아옵니다. 'Desk - 1' 프레임을 선택합니다.

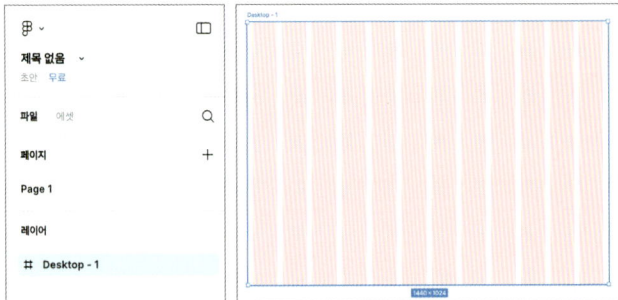

02 ❶ '레이아웃 가이드' 섹션에서 [스타일 적용하기(::) - 스타일 만들기(+)]를 클릭하면 스타일을 등록할 수 있습니다. ❷ '새 레이아웃 가이드 스타일 생성' 창이 나타나면 이름에 '데스크톱 12-Column Grid'를 입력하고 ❸ [스타일 만들기]를 클릭합니다.

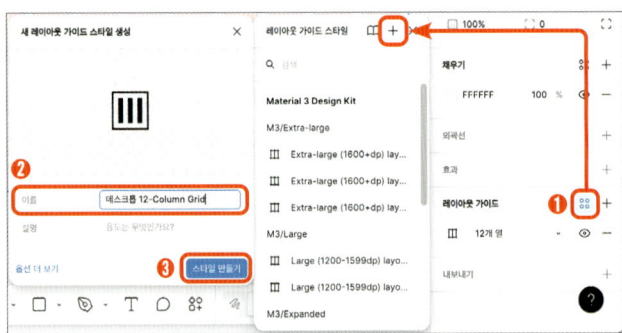

03 저장한 그리드를 다른 프레임에 적용해 보겠습니다. [F]를 누르고, 프레임 섹션에서 [데스크톱 - 데스크톱(1440×1024)]을 클릭해 이미지와 같이 배치합니다.

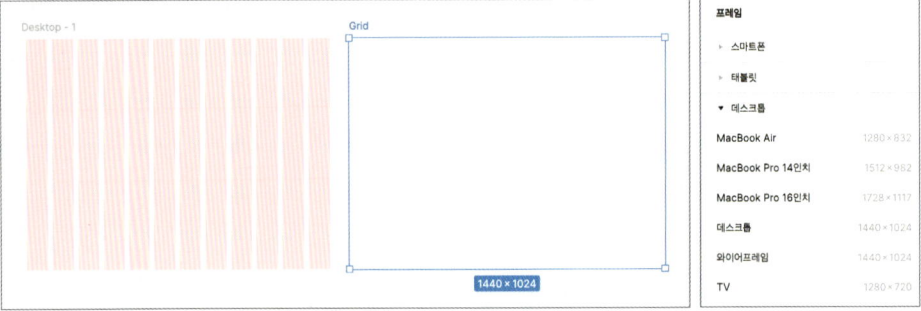

04 오른쪽 'Grid' 프레임을 선택합니다. ❶ '레이아웃 가이드' 섹션에서 '스타일 적용하기(∷)'를 클릭하고, ❷ 이전에 등록한 가이드 스타일 '데스크톱 12-Column Grid'를 선택합니다.

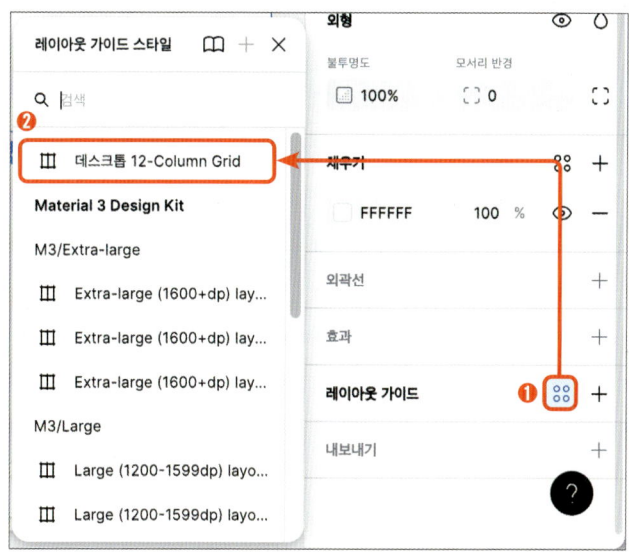

05 왼쪽과 동일한 그리드가 나타납니다.

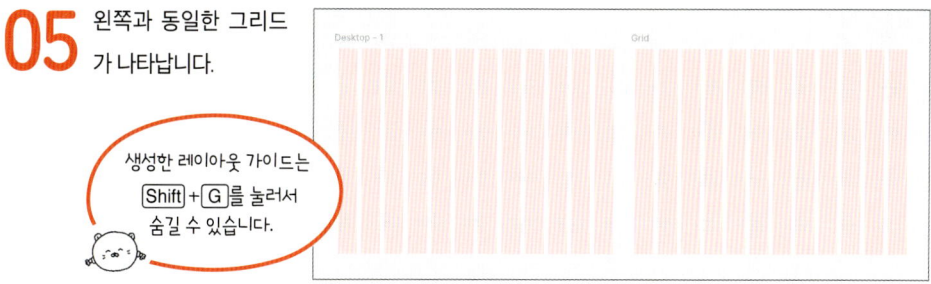

생성한 레이아웃 가이드는 Shift + G 를 눌러서 숨길 수 있습니다.

이렇게 등록된 '레이아웃 가이드 스타일'은 팀 프로젝트에서 특히 유용합니다. 모든 팀원이 동일한 레이아웃 가이드 스타일을 사용함으로써 디자인의 일관성을 쉽게 유지할 수 있습니다. 그리드와 레이아웃 설정은 디자인의 기초를 형성하며, 사용자 경험의 일관성과 가독성을 높이는 데 큰 도움이 됩니다.

3. 가이드 활용하기

가이드는 디자인 요소를 정확하게 배치하고 정렬하는 데 필수적인 도구입니다. 픽셀 단위의 정밀한 객체 배치가 가능하기 때문에 보다 정돈된 디자인을 만들 수 있습니다. 그리드와 가이드를 활용하면 요소 간 정렬과 간격을 일정하게 유지할 수 있어 전체 레이아웃을 정확하게 구성할 수 있습니다.

01 직전 예제로 돌아옵니다. ❶ F를 누른 상태에서 'Grid' 프레임에 마우스를 올리면 프레임 오른쪽에 'Quick-add ➕ 버튼'이 나타납니다. ❷ 'Quick-add ➕ 버튼'을 클릭해 프레임을 복사합니다.

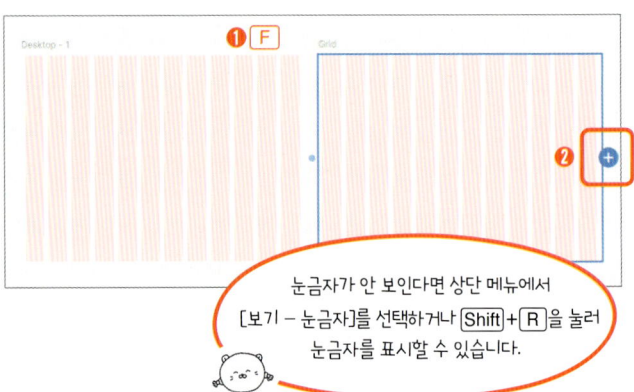

> 눈금자가 안 보인다면 상단 메뉴에서 [보기 – 눈금자]를 선택하거나 Shift + R을 눌러 눈금자를 표시할 수 있습니다.

02 복사한 프레임에 가이드를 생성하겠습니다. 세로 눈금자를 [클릭 - 드래그]하면 세로 가이드를 생성할 수 있습니다. 이미지와 같이 그리드 사이에 세로 가이드를 배치합니다.

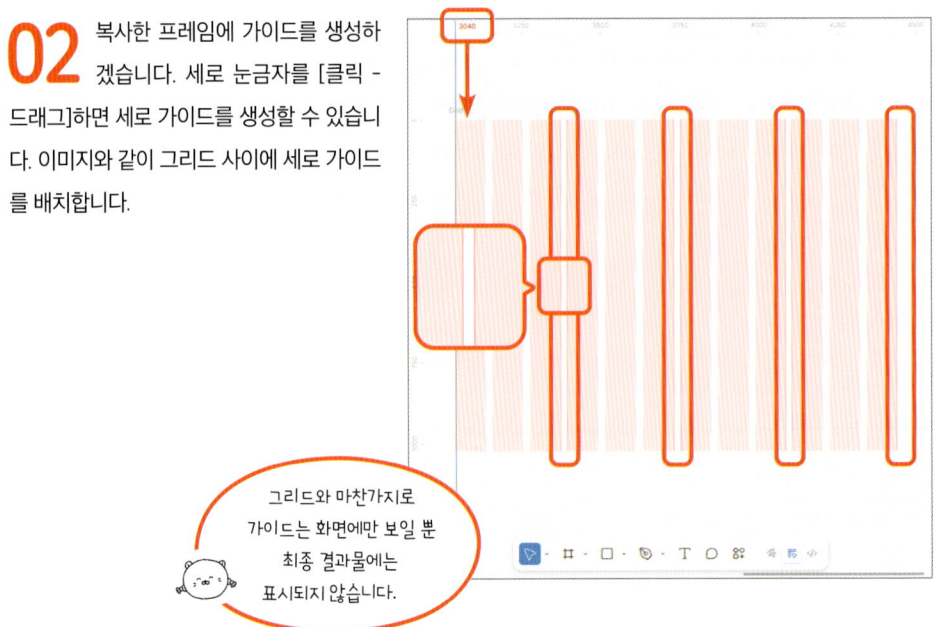

> 그리드와 마찬가지로 가이드는 화면에만 보일 뿐 최종 결과물에는 표시되지 않습니다.

03

❶ F 를 눌러 ❷ 레이아웃 섹션에서 '크기: 335×400', 채우기 섹션에서 '색상: E2E2E2'로 설정하고, 이미지와 같이 배치합니다.

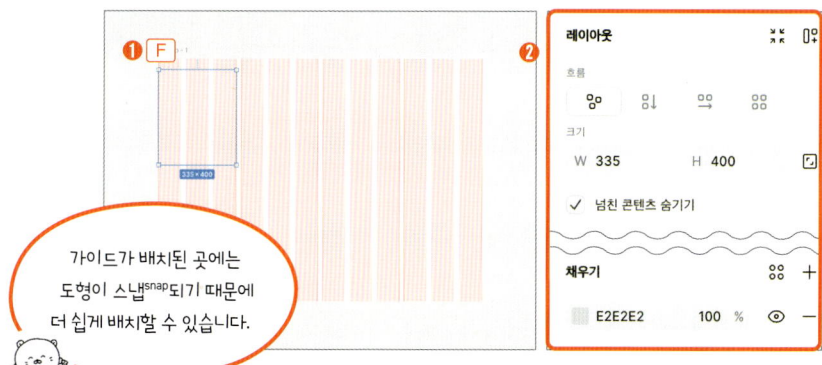

가이드가 배치된 곳에는 도형이 스냅snap되기 때문에 더 쉽게 배치할 수 있습니다.

04

Alt + Shift 를 누른 채 오른쪽으로 드래그해 도형을 이미지와 같이 복사합니다.

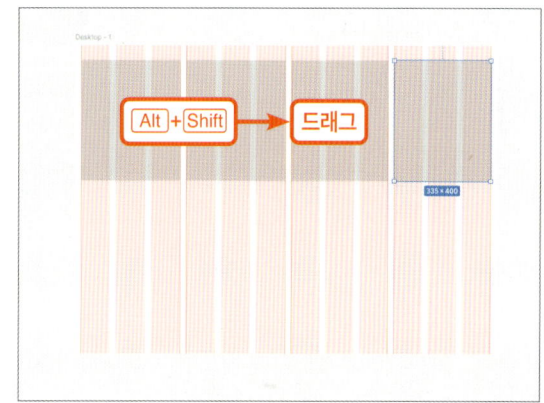

05

❶ 복사한 4개 프레임을 드래그해 선택하고, ❷ Alt + Shift 를 누른 채 아래로 드래그해 도형을 이미지와 같이 복사합니다.

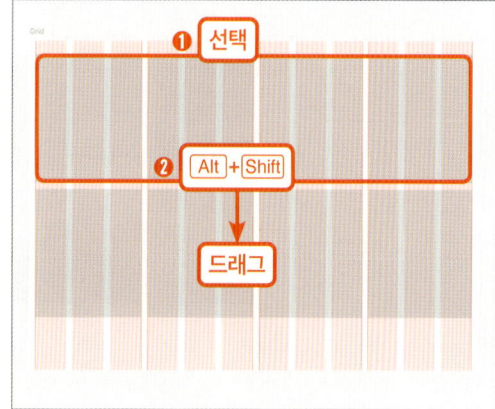

06
❶ Ctrl + K 를 눌러 '작업'을 선택합니다. ❷ [플러그인 및 위젯] 탭에서 'Unsplash'를 검색해 실행합니다.

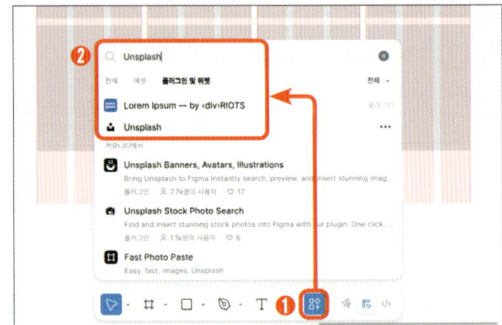

07
[Unsplash] 플러그인이 나타납니다. ❶ 프레임 하나를 선택하고, ❷ [Unsplash] 플러그인에서 사진을 하나 선택하면 프레임에 이미지가 들어갑니다.

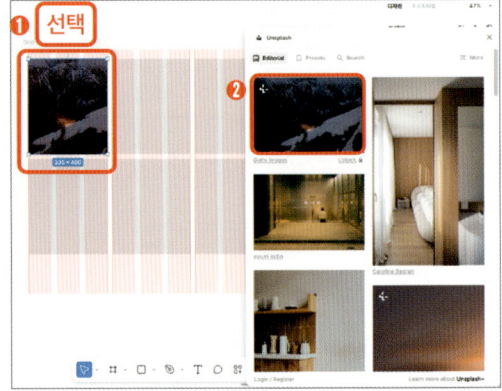

08
같은 방법으로 8개 프레임에 모두 이미지를 추가하고, 프레임을 이미지와 같이 배치합니다.

09

❶ T를 눌러 'Discover'를 입력합니다. ❷ 글씨체 섹션에서 '**폰트: Pretendard - Extra Bold, 크기: 50, 자간: 0%**', 채우기 섹션에서 '**색상: 000000**'으로 설정합니다. Shift + G 를 눌러 그리드를 숨겨 완성합니다.

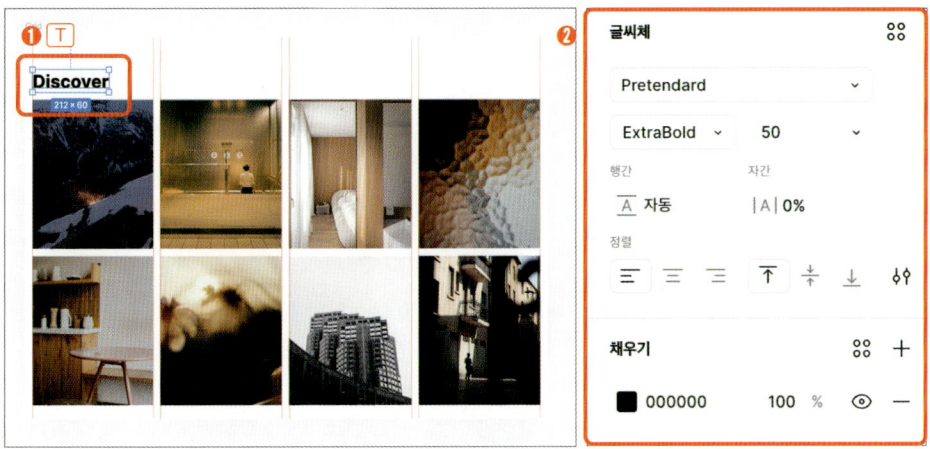

피그마에서 작업을 시작하기 전에 그리드 레이아웃에 대한 감각을 익히고 싶은 분이라면, 다음과 같은 사이트들을 참고해 보시기 바랍니다. 실제 사례와 구조를 살펴보면서 다양한 레이아웃 구성을 미리 체험해 볼 수 있습니다.

Figma Resource Library	피그마 공식에서 제공하는 그리드 레이아웃 예시 모음입니다. https://www.figma.com/resource-library/web-design-grid-layout-examples/
HTMLBurger	블록, 멀티 컬럼, 모듈러 등 다양한 그리드 유형을 활용한 실제 웹사이트 사례 30개를 소개하는 글입니다. https://htmlburger.com/blog/grid-layout-website-examples/
siteInspire	그리드 레이아웃을 중심으로 한 웹사이트들을 큐레이션하여 보여 주는 갤러리 사이트입니다. https://www.siteinspire.com/websites/category/grid-layout
Webflow	커뮤니티에서 제작된 다양한 그리드 기반 웹사이트를 소개하고 있는 페이지입니다. https://webflow.com/made-in-webflow

이와 같은 사이트들을 미리 살펴보면, 피그마에서 그리드 시스템을 보다 구체적이고 효과적으로 설계할 수 있는 감각을 기를 수 있습니다.

Lesson 04
피그마 드로우 알아보기

피그마 드로우^{Figma Draw}는 브러시, 펜, 텍스처 효과 등을 지원하는 일러스트 전용 워크스페이스입니다. 툴 전환 없이 디자인과 동시에 스케치, 로고, 아이콘, 일러스트 작업을 한 곳에서 빠르게 완성할 수 있습니다.

1. 피그마 드로우 펜

펜은 클릭으로 점을 찍거나 드래그로 곡선을 만들며 다양한 경로를 하나의 객체로 유연하게 조절할 수 있는 편집 도구입니다.

01 툴 바에서 Draw를 클릭해 피그마 드로우를 시작합니다. 펜을 클릭합니다.

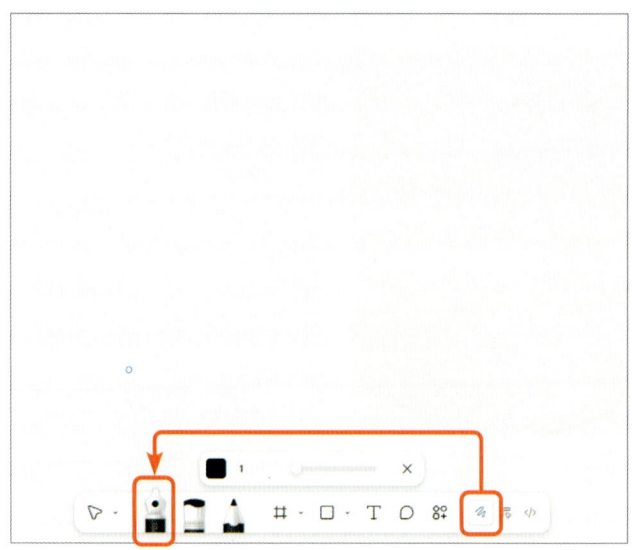

02
❶ 이미지와 같이 선을 긋고, ❷ 오른쪽 [Draw] 패널의 외곽선 섹션에서 **'굵기: 80, 너비 프로필:** ▬▬ **'**을 설정합니다.

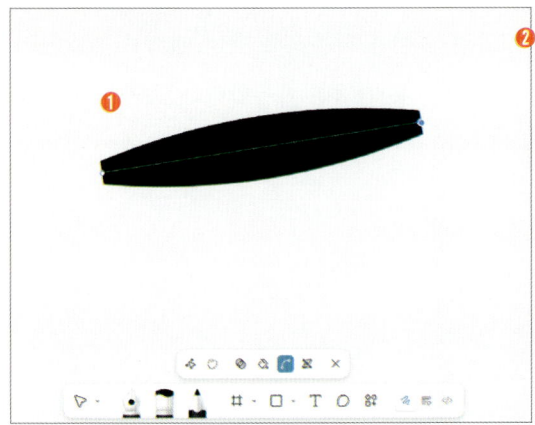
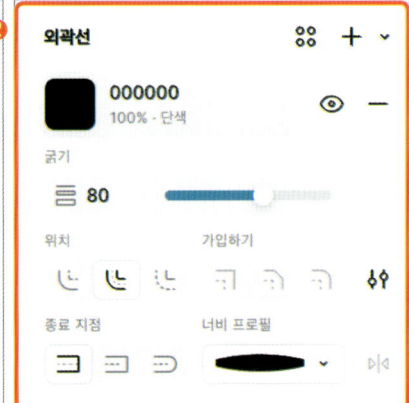

03
툴 바의 '변수 너비 ✐'를 선택한 뒤 선 위로 마우스를 대면 해당 부분의 두께를 세부적으로 조정할 수 있습니다.

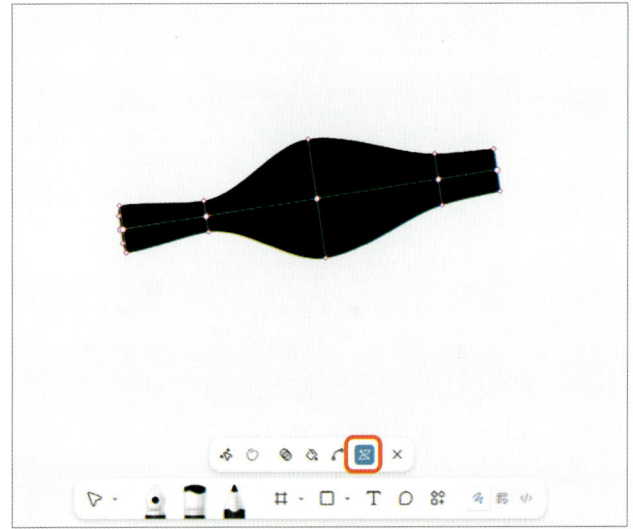

펜을 통해 점과 곡선을 자유롭게 조작할 수 있습니다. 또한 피그마로 생성한 도형도 펜을 활용하면 선을 변경하는 등 자유롭고, 정밀한 수정이 가능합니다. 실무에서는 펜을 활용하여 아이콘, 복잡한 커스텀 일러스트, 로고 디자인 등에서 그래픽을 빠르게 제작하고 수정합니다. 직선과 곡선을 조합해 자신만의 아이콘이나 간단한 로고를 펜 도구로 직접 그려 보세요.

2. 피그마 드로우 브러시

브러시는 마우스를 움직이는 대로 자연스럽게 선이 그려지는 자유로운 드로잉 도구로, 선의 굵기나 모양이 균일하게 유지되며, 그려진 선은 자동으로 벡터 패스로 변환되어 나중에 앵커 포인트를 수정하거나 색상을 바꾸는 등 편집이 가능합니다. 스케치하듯 빠르게 아이디어를 시각화할 수 있어 러프한 아이콘, 장식 요소, 자유로운 형태의 마스크 등을 만들 때 유용합니다.

01 ❶ 피그마 드로우를 시작하고, 브러시를 클릭합니다. ❷ 브러시 스타일을 선택하실 수 있습니다. 브러시 스타일로 'Vérité'를 선택합니다.

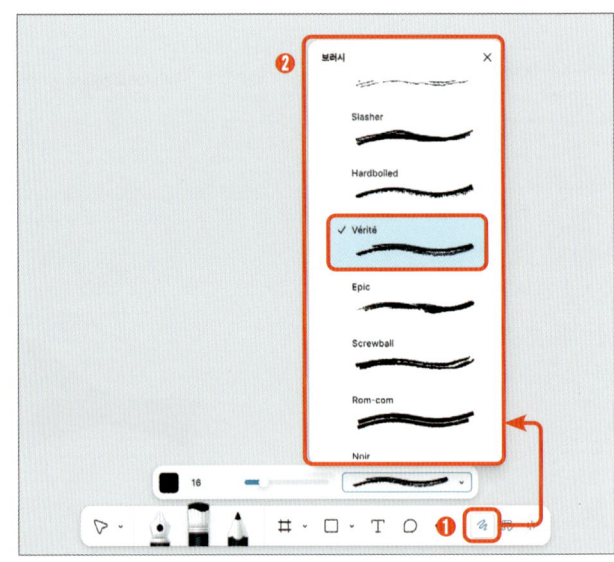

02 다음 이미지를 비슷하게 따라 그려 보세요. 선을 입력할 때마다 레이어 패널에 선 레이어가 추가됩니다.

03 드래그하여 전체를 선택합니다. Ctrl+G를 누르면 하나의 그룹으로 묶어 완성할 수 있습니다.

피그마 드로우는 텍스처, 노이즈, 블러 같은 시각 효과와 동적 스트로크, 패턴 채우기 기능 등을 지원하며, 벡터 편집 기반 위에 디자인과 일러스트레이션의 경계를 허무는 유연한 작업 환경을 제공합니다. 또한 기존의 디자인 요소 위에 직접 드로잉하거나 레이어를 결합해 콘셉트를 시각적으로 보완할 수 있어, 초기 스케치부터 완성형 그래픽까지 하나의 환경에서 완결성 높은 결과물을 만들 수 있다는 점도 큰 장점입니다. 아울러 협업 시에도 실시간으로 손그림 수정이나 피드백 반영이 가능해, 협업 시 커뮤니케이션의 효율을 극대화할 수 있습니다.

Part 03
스타일 관리하기

전체적인 느낌이 어색한 것 같아.

그럴 땐 '스타일'을 써 봐. 디자인이 한 번에 정리돼 보여.

스타일이 뭐야?

색상이나 텍스트처럼 반복적으로 쓰이는 설정을 미리 만들어 놓는 거야. 클릭 한 번으로 디자인 요소를 빠르게 적용할 수 있어.

Lesson 01

색상 스타일 관리하기

피그마에서 색상 스타일을 설정하고 브랜드, 버튼, 배경 등의 용도별로 구조화된 스타일 그룹을 만들어 두면, 한 번의 수정으로 프로젝트 전체에 일관된 색상이 자동 적용되어 디자인 유지 보수 효율이 크게 향상됩니다. 이번 레슨에서는 프로젝트 전반에서 색상을 체계적으로 관리하고 적용하는 기술을 익혀 보겠습니다.

1. 색상 팔레트 설정하기

색상 팔레트를 'Primary, Accent, Feedback' 등 용도별로 구조화해 두면 브랜드의 일관성을 유지하고 디자인 워크플로를 효율적으로 관리할 수 있습니다.

01 웹사이트 색상 팔레트를 설정해 보겠습니다. 파일명을 '팔레트'로 변경합니다.

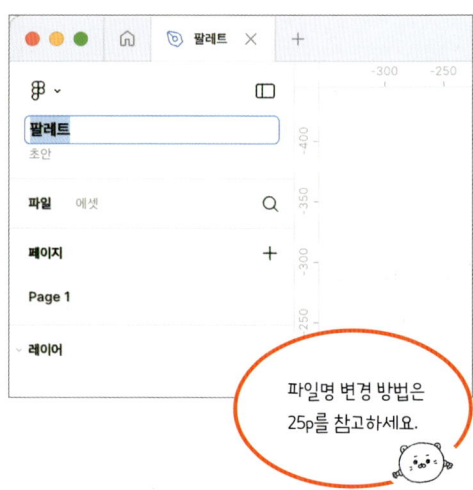

파일명 변경 방법은 25p를 참고하세요.

02
❶ ⓡ 을 눌러 레이아웃 섹션에서 '크기: 100×100'의 정사각형을 4개 생성합니다.
❷ 채우기 섹션에서 '색상: ① 2635C3, ② e74c3c, ③ 34495e, ④ ecf0f1'을 설정합니다.

03
파란색 정사각형을 클릭합니다. ❶ 채우기 섹션에서 [스타일 및 변수 적용(::) - 새 스타일 또는 변수(+)]를 클릭합니다. 스타일을 등록하는 창이 나타납니다. ❷ 이름에 'Blue'를 입력하고, ❸ [스타일 만들기]를 클릭해 색상 팔레트를 설정합니다.

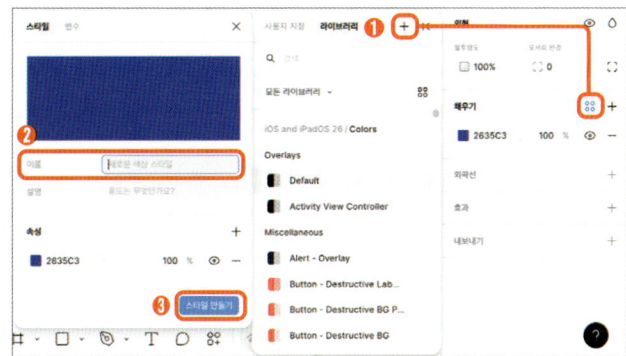

04
라이브러리에 색상 스타일 'Blue'가 추가됩니다.

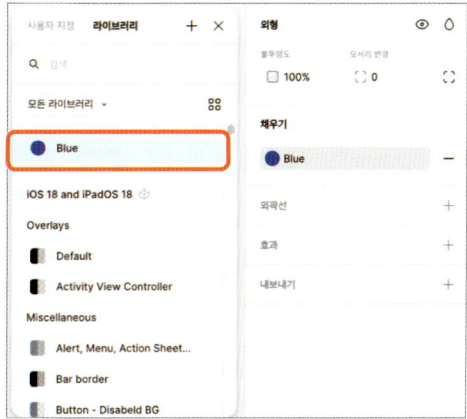

05
같은 방법으로 각각 이름을 'Red, Dark gray, Light gray'로 입력해 색상 스타일로 등록합니다.

2. 색상 팔레트 활용하기

스타일로 등록된 색상은 컴포넌트나 요소에 바로 적용할 수 있어, 디자인 전체에서 색상 변경이 필요할 때 한 번의 수정으로 일괄 반영할 수 있습니다. 특히 색상 스타일은 팀 단위의 작업에서 일관성을 유지하는 데 큰 도움이 되며, 디자인 시스템 구축에도 효과적으로 활용됩니다. 또한 다크 모드나 브랜드 색상 변경 등 다양한 상황에서도 유연하게 대응할 수 있어, 효율적인 색상 관리가 가능합니다.

01 예제 파일 '스타일샘플.fig'를 열고 'iPhone 13 & 14 - 2' 프레임을 [Ctrl]+[C]를 복사합니다.

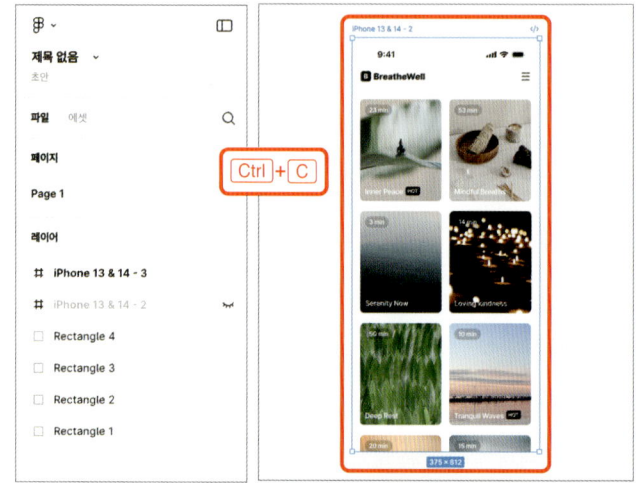

02 직전 예제의 '팔레트' 파일로 돌아옵니다. [Ctrl]+[V]를 눌러 복사한 'iPhone 13 & 14 - 2' 프레임을 붙여넣기 합니다.

03 색상을 지정해 보겠습니다. 'iPhone 13 & 14 -2' 프레임을 선택합니다.

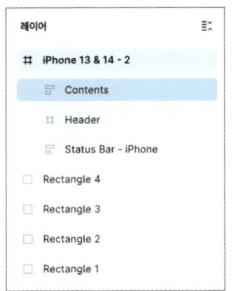 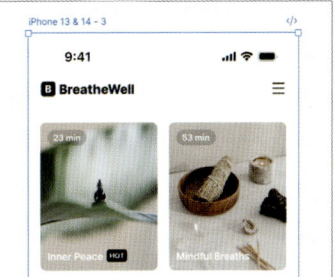

04 채우기 섹션에서 **[스타일 및 변수 적용(::) - Light Gray]**를 선택해 프레임의 배경색을 수정합니다.

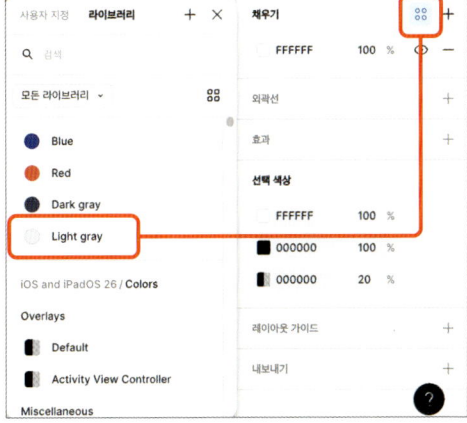

05 [더블 클릭]하여 'logo' 레이어를 선택합니다.

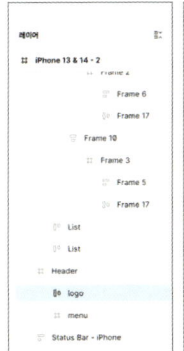 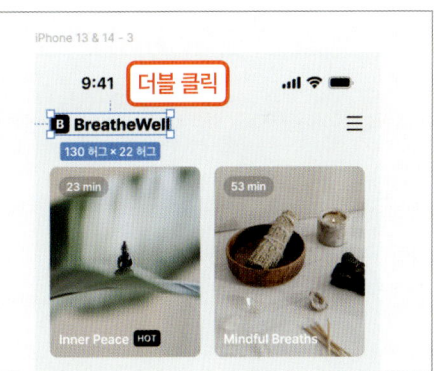

06 선택 색상 섹션에서 첫 번째 색상의 [스타일(::) - Blue]를 선택해 'logo' 레이어의 색상을 수정합니다.

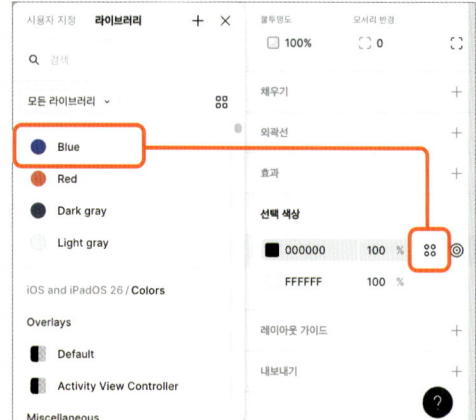

07 Ctrl를 누른 채 'Badge' 레이어를 선택합니다.

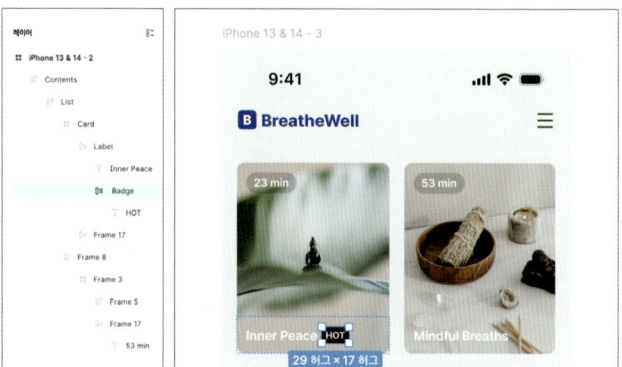

08 선택 색상 섹션에서 첫 번째 색상의 [스타일(::) - Red]를 선택해 'Badge' 레이어의 색상을 수정합니다.

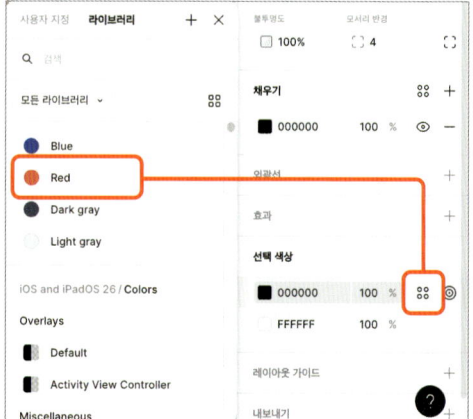

09 Ctrl 를 누른 채 'Frame 17' 레이어를 선택합니다.

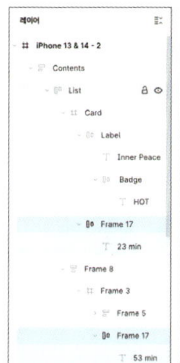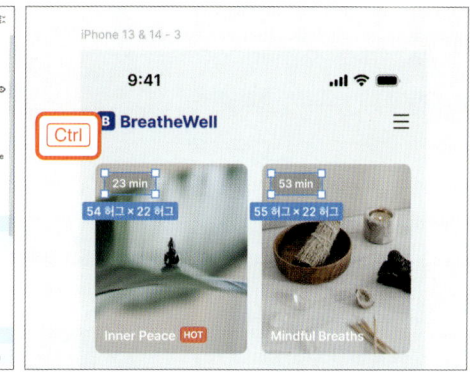

10 선택 색상 섹션에서 첫 번째 색상의 [스타일(::) - Dark gray]를 선택해 'Frame 17' 레이어의 색상을 수정합니다.

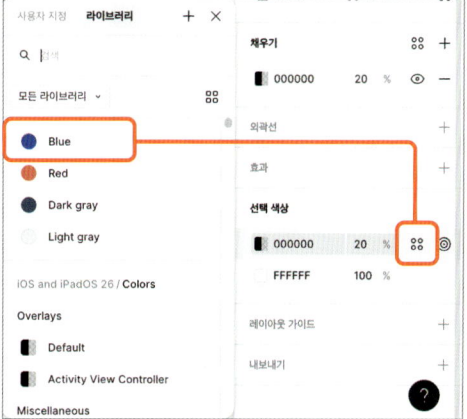

11 각 요소에 컬러를 지정하고 관리하며, 이렇게 설정된 색상은 프로젝트의 모든 페이지와 컴포넌트에서 일관되게 사용될 수 있습니다.

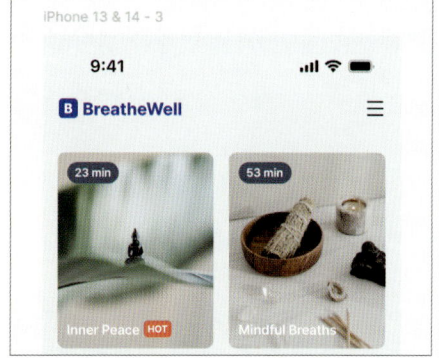

12 페이지의 빈 공간을 클릭하면 오른쪽에 스타일 섹션이 나타납니다. 스타일 섹션에서 'Blue' 스타일의 '스타일 편집 ◊◊'을 클릭하고, '색상 스타일 편집' 창이 나타나면 색상을 '**1E2A9D**'로 설정해 보세요. 'Blue'로 설정되어 있던 모든 색상이 변경된 것을 확인할 수 있습니다.

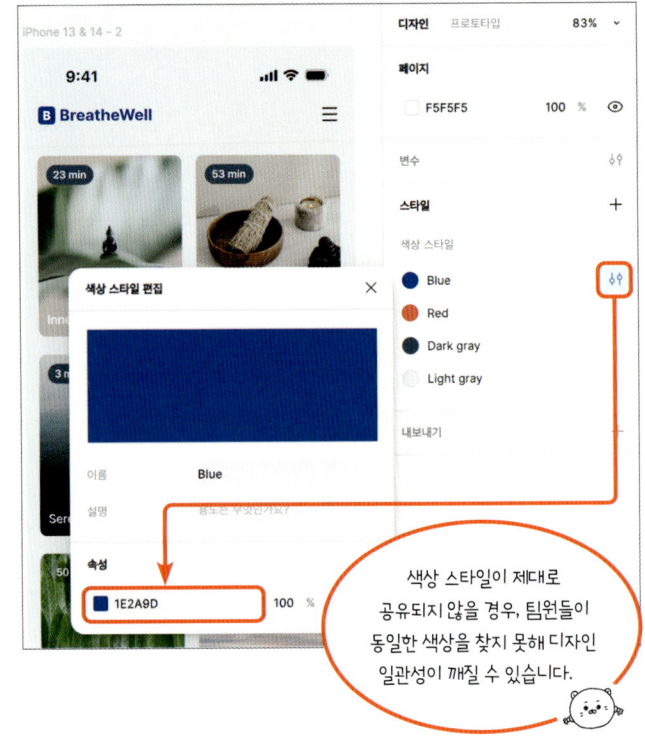

색상 스타일이 제대로 공유되지 않을 경우, 팀원들이 동일한 색상을 찾지 못해 디자인 일관성이 깨질 수 있습니다.

색상 팔레트를 스타일로 지정해 두면, 전체 디자인을 하나의 톤으로 통일하기 쉬워지고, 프로젝트 중간에 컬러를 변경할 경우에도 빠르게 반영할 수 있습니다.

팀원 각자의 파일에 흩어져 있던 수백 개의 유사 색상을 하나의 색상 팔레트로 통합해 일관성을 확보하거나, 시스템을 색상 팔레트와 연동해 개발자와의 코드 협업을 원활하게 하는 등 색상 팔레트는 단순한 색상 변경을 넘어 효율적인 운영, 브랜드 일관성 유지, 디자인과 개발 간 소통 최소화까지 가능하다는 점에서 꼭 익혀야 할 기능입니다.

Lesson 02 텍스트 스타일 관리하기

피그마의 텍스트 스타일 관리 기능을 활용하면 타이포그래피의 일관성을 유지하고, 프로젝트 전반에 걸쳐 명확하고 체계적인 시각적 커뮤니케이션을 실현할 수 있습니다. 특히 여러 명이 함께 작업하는 협업 환경에서 자주 사용하는 제목, 본문, 캡션 등의 스타일을 미리 정의해 두면, 반복되는 작업 시간을 줄이고 오류를 방지할 수 있습니다.

이러한 텍스트 스타일 관리 기능은 하나의 디자인 시스템으로 확장될 수 있으며, 다양한 디바이스 환경에서도 일관된 UX를 유지할 수 있도록 설계하는 데 중요한 기반이 됩니다. 텍스트 스타일을 활용한 문서화 기능도 탁월해, 팀의 스타일 가이드 혹은 브랜드 가이드북을 피그마 내부에서 직접 구성하고 공유할 수 있습니다. 여러분도 피그마에서 직접 스타일을 정의하고 관리하며, 일관된 디자인 언어를 구축해 보세요.

1. 텍스트 스타일 설정하기

텍스트 스타일을 'Headline', 'H2-Headline', 'Link-link', 'body-body'와 같이 용도별로 명확히 구분해 두면, 체계적인 관리가 가능합니다. 글자 속성(글꼴, 크기, 자간, 줄 높이 등)을 개별 요소마다 설정할 필요가 없고, 프로젝트 전반에 일관된 타이포그래피가 자동 적용되어 디자인 효율성 및 협업 속도가 크게 향상됩니다.

01 예제 파일 '스타일글씨체.fig'를 엽니다. 해당하는 텍스트들을 스타일로 지정해 보겠습니다.

> 제목(H1): Pretendard, 32px, Bold, #333333
> 부제목(H2): Pretendard, 24px, Semibold #444444
> 본문(body) : Pretendard, 16px, Regular, #666666
> 링크(Link) : Pretendard, 16px, Regular, #3298db

02

'제목(H1)' 텍스트를 클릭합니다. 글씨체 섹션에서 '스타일 적용하기(::)'를 클릭합니다.

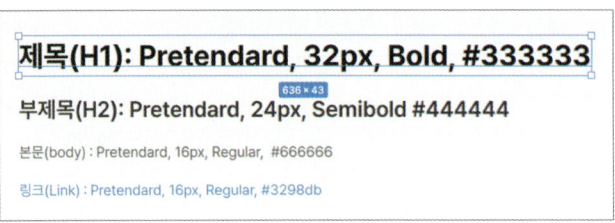
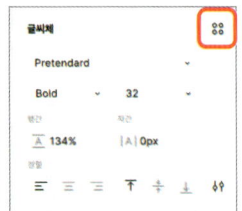

03

❶ '텍스트 스타일' 창이 나타나면 '스타일 만들기(+)'를 클릭합니다. ❷ '새 텍스트 스타일 만들기' 창에서 이름과 설명(H1/Headline)을 입력하고 ❸ [스타일 만들기]를 클릭해 텍스트 스타일로 등록합니다.

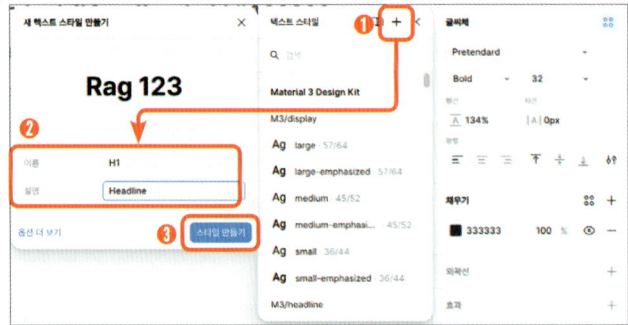

04

같은 방법으로 각각 이름과 설명(① H2/Headline, ② Body/body, ③ Link/link)을 입력하고, 텍스트 스타일로 등록합니다.

이처럼 텍스트 스타일을 체계적으로 등록해 두면, 이후 디자인 작업 시 빠르게 적용할 수 있어 효율이 높아집니다. 또한 팀원 간의 협업에서도 동일한 스타일을 손쉽게 사용할 수 있어, 프로젝트 전반에 걸쳐 타이포그래피의 일관성을 유지할 수 있습니다.

2. 텍스트 스타일 활용하기

스타일로 등록해 놓은 텍스트 스타일을 디자인 화면에 적용해 보겠습니다. 이후 스타일을 등록해 사용할 경우, 전체를 한 번에 반영할 수 있어 유지·보수도 훨씬 수월해집니다.

01 예제 파일 '스타일글씨체.fig'로 돌아와 탐색 패널에서 'example' 페이지를 클릭합니다.

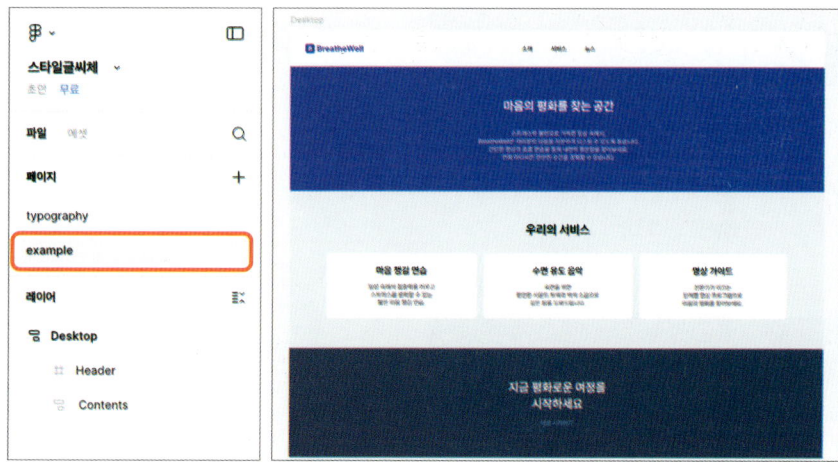

02 Ctrl을 누른 채 제목 텍스트들을 선택합니다. 글씨체 섹션에서 [스타일 적용하기(::) - H1]을 선택합니다.

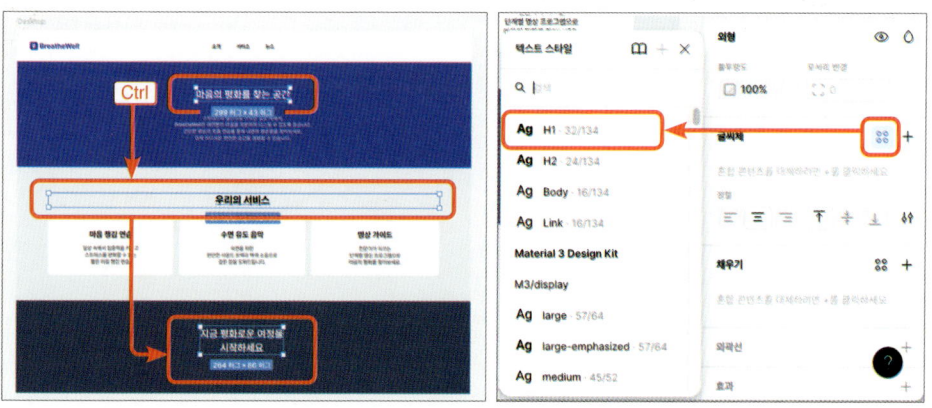

03 [Ctrl]을 누른 채 부제목 텍스트들을 선택합니다. 글씨체 섹션에서 **[스타일 적용하기(::) - H2]**을 선택합니다.

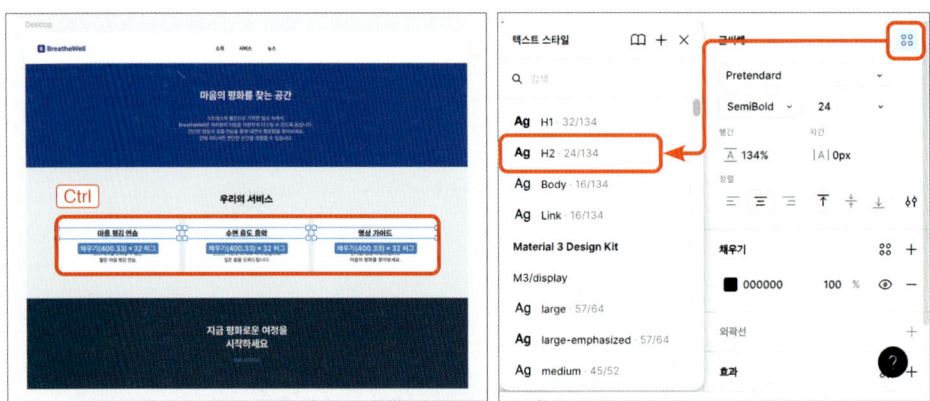

04 [Ctrl]을 누른 채 이미지를 참고하여 내용 텍스트들을 선택합니다. 글씨체 섹션에서 **[스타일 적용하기(::) - Body]**를 선택합니다.

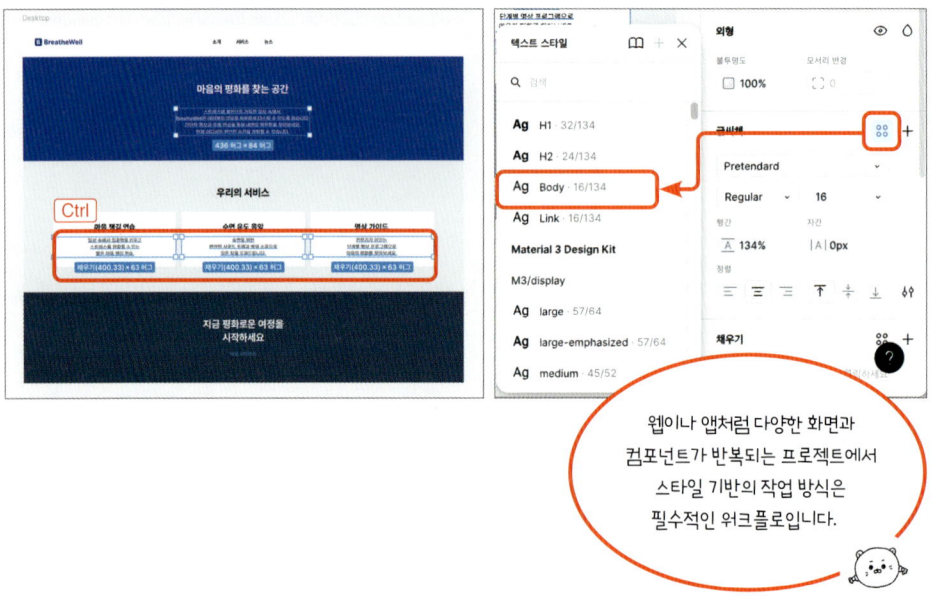

> 웹이나 앱처럼 다양한 화면과 컴포넌트가 반복되는 프로젝트에서 스타일 기반의 작업 방식은 필수적인 워크플로입니다.

05 Ctrl을 누른 채 링크 텍스트를 선택합니다. 글씨체 섹션에서 **[스타일 적용하기(::) - Link]**를 선택합니다.

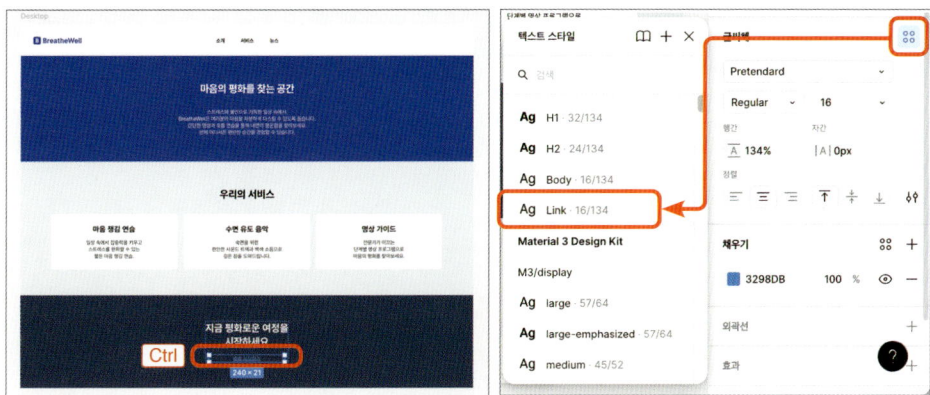

06 페이지의 빈 공간을 클릭하면 오른쪽에 스타일 섹션이 나타납니다. 스타일 섹션에서 'H1' 스타일의 '스타일 편집 ◊◊'을 클릭하고, '텍스트 스타일 편집' 창이 나타나면 글자 크기를 '70'으로 지정합니다. 'H1'로 설정되어 있던 모든 글자 크기가 변경된 것을 확인할 수 있습니다.

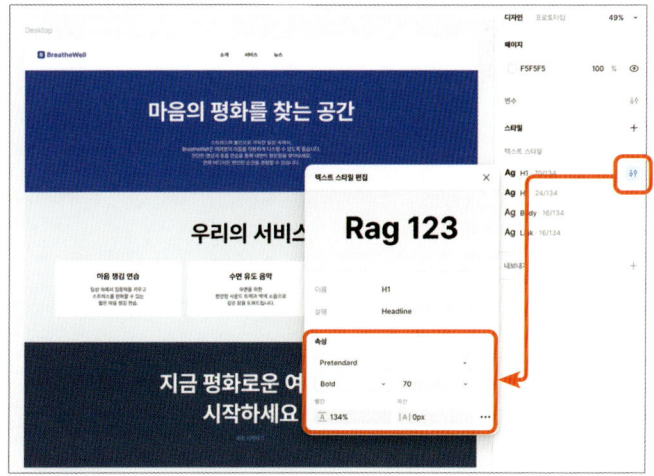

텍스트 스타일은 '빠르고 정확한 협업'과 '지속 가능한 디자인 시스템'의 핵심이라 할 수 있습니다. 스타일을 일괄 적용하면 수정 시 누락이나 오류를 줄일 수 있어, 빠르고 정확한 디자인 유지에 큰 도움이 됩니다.

Part 04
컴포넌트로 동일한 형태 반복 사용하기

같은 형태를 매번 새로 만드는 게 번거로워.

그럴 땐 컴포넌트를 써 봐.

컴포넌트가 뭔데?

자주 쓰는 디자인 요소를 저장해 놓고 필요할 때마다 꺼내 쓸 수 있는 디자인의 마법이야!

Lesson 01
컴포넌트 시작하기

같은 버튼을 반복해서 그릴 필요 없어요. 컴포넌트를 쓰면 디자인이 정말 빨라집니다. 컴포넌트는 피그마의 핵심 기능 중 하나로 반복적으로 사용하는 UI 요소를 한 번 만들어 여러 곳에 재사용할 수 있도록 만든 기능입니다. 버튼, 카드, 내비게이션 바 등 여러 번 반복적으로 사용되는 UI 요소들을 컴포넌트로 만들어 활용하면, 디자인 시스템을 더욱 체계적이고 일관되게 유지할 수 있습니다.

컴포넌트는 메인 컴포넌트main component와 인스턴스instance로 나뉘어 작동합니다. 메인 컴포넌트에서 수정한 사항은 모든 인스턴스에 자동으로 반영되어, 작업의 효율성과 정확도를 크게 높여 줍니다. 예를 들어 CTA^{call to action} 버튼의 컬러나 라운드 값을 바꿨을 때, 일일이 모든 화면을 수정할 필요 없이 메인 컴포넌트 하나만 수정하면 됩니다.

메인 컴포넌트	디자인 파일에서 직접 생성한 오리지널 컴포넌트입니다. 이 컴포넌트는 핵심 디자인 속성의 기준이 되는 '소스' 역할을 하며, 이후 이를 기반으로 다양한 변형이나 인스턴스를 만들 수 있습니다.
인스턴스	메인 컴포넌트를 복사해서 만들어진 객체이며, 원본과 연결된 복제본입니다. 인스턴스는 오버라이드override(개별 속성을 각각 수정)할 수 있지만, 메인 컴포넌트(원본)를 수정하면 모든 인스턴스에 자동 반영되므로 일관성을 유지하면서 수정 효율을 크게 높일 수 있습니다.

> 메인 컴포넌트는 기준점, 인스턴스는 보여지는 복제본이라고 이해하시면 됩니다.

1. 인스턴스 만들기

페이지를 넘나들거나, 여러 프로젝트가 동시에 진행될 때, 미리 만들어 놓은 UI 아이콘을 사용하기 위해 옮겨 다닐 필요가 없습니다. UI 아이콘을 컴포넌트로 만들어 놓으면 언제 어디서나 쉽고 빠르게 만들어 놓은 UI 아이콘을 사용할 수 있습니다. 예제를 통해 컴포넌트가 어떻게 실무에 활용될 수 있는지 알아보겠습니다.

01 메인 컴포넌트를 만들어 보겠습니다. 예제 파일 '아이콘.fig'를 엽니다. 'Home' 프레임을 선택합니다.

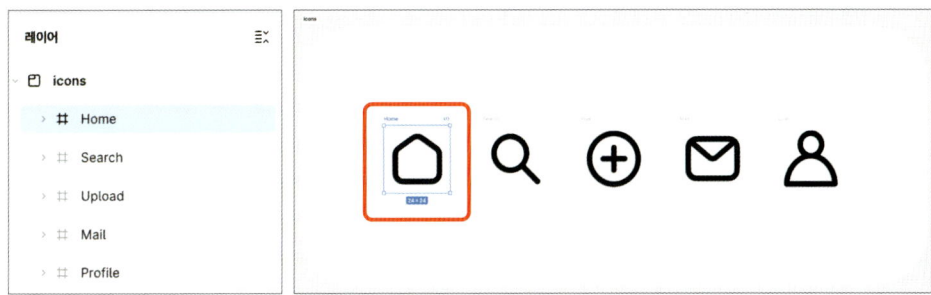

02 'Home' 프레임을 선택한 상태에서 Ctrl + Alt + K 를 누르거나, [마우스 오른쪽 버튼]을 클릭해 '컴포넌트 만들기'를 선택합니다.

컴포넌트로 변환된 요소는 레이어 패널에서 보라색 다이아몬드 아이콘으로 표시됩니다. 이는 현재 레이어가 '메인 컴포넌트'임을 의미합니다.

03 메인 컴포넌트(홈 아이콘)의 인스턴스를 생성해 보겠습니다. [탐색] 패널 상단 [에셋 - 이 파일에서 생성됨]을 클릭합니다.

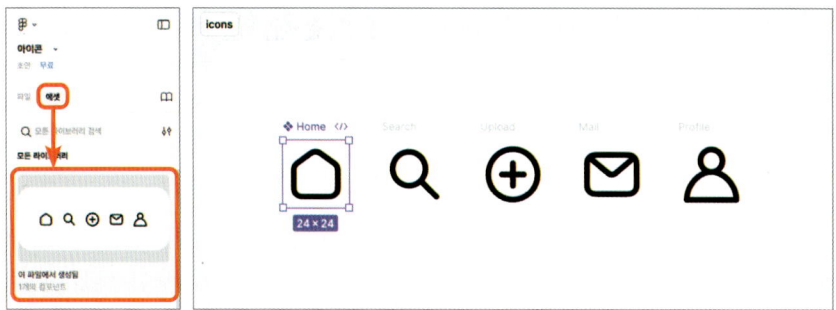

04 홈 아이콘이 나타나면 클릭하고, '세부 정보' 창이 나타나면 [인스턴스 삽입]을 눌러 화면에 추가합니다.

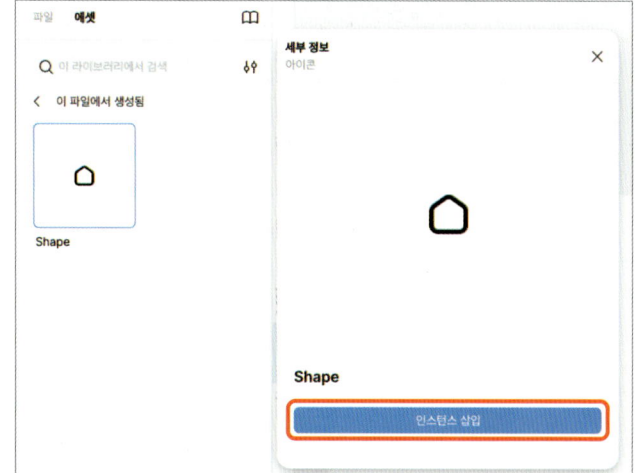

05 홈 아이콘의 인스턴스가 추가됩니다.

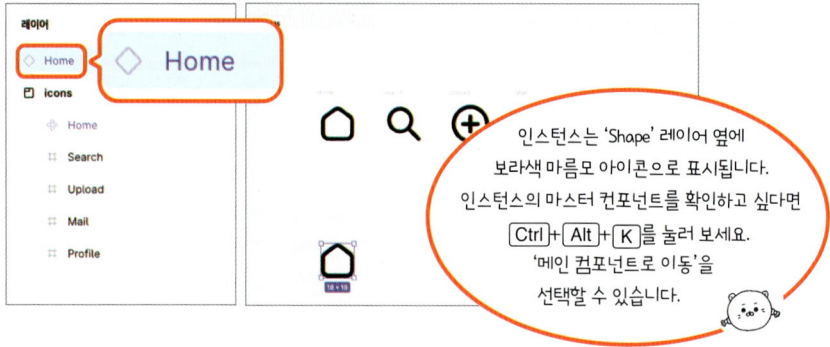

인스턴스는 'Shape' 레이어 옆에 보라색 마름모 아이콘으로 표시됩니다. 인스턴스의 마스터 컴포넌트를 확인하고 싶다면 Ctrl + Alt + K 를 눌러 보세요. '메인 컴포넌트로 이동'을 선택할 수 있습니다.

2. 오버라이드 적용하기

오버라이드override는 원본 컴포넌트의 구조를 유지하면서, 일부 인스턴스의 텍스트, 이미지, 속성을 수정하는 것을 뜻합니다. 예를 들어 버튼 컴포넌트를 만들고, 인스턴스마다 텍스트나 배경색을 오버라이드하면, 동일한 구조 아래 다양한 표현을 쉽게 만들 수 있습니다. 오버라이드가 적용된 인스턴스는 여전히 메인 컴포넌트와 연결되어 있어, 메인에 변화가 생기면 그 변경이 인스턴스에 반영되지만, 오버라이드된 속성은 유지됩니다. 이를 통해 메인 컴포넌트는 유지하며 다양한 상황에 유연하게 대응할 수 있습니다.

01 예제 파일 '아이콘.fig'로 돌아옵니다. 이전 예제에서 메인 컴포넌트로 설정한 홈 아이콘을 선택합니다.

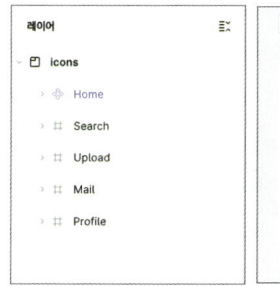

02 [Ctrl]을 누른 채 아래로 드래그해 컴포넌트의 인스턴스를 생성합니다.

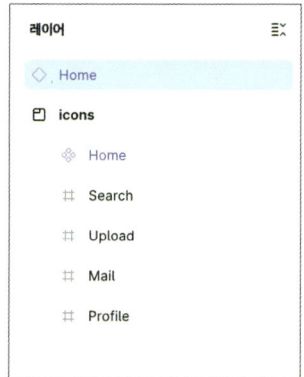
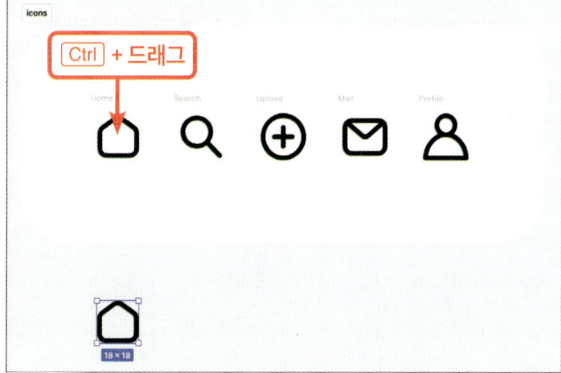

03 ❶ 생성한 인스턴스(홈 아이콘)을 [더블 클릭]해 'Shape' 레이어를 선택하고, ❷ '선택 색상' 섹션에서 'FF0000'를 설정합니다.

04 같은 방법으로 인스턴스를 생성하고 디자인 목적에 따라 디자인(색상, 크기, 회전 등)을 변경해 보세요.

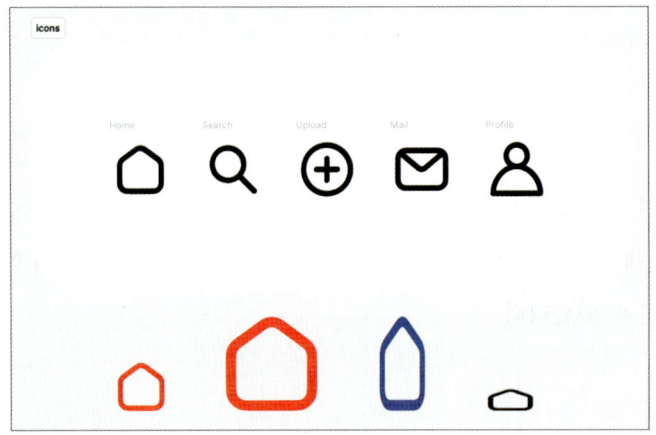

오버라이드를 적용한 인스턴스를 다시 메인 컴포넌트 스타일로 되돌리고 싶다면
[인스턴스 선택 – 마우스 오른쪽 버튼 – 인스턴스 재설정]을 클릭합니다.

3. 컴포넌트 활용하기

오토레이아웃을 사용해 버튼이나 카드 컴포넌트를 콘텐츠에 따라 자동으로 크기 조정되도록 설계하고, 배리언트를 통해 상태나 스타일을 하나의 컴포넌트 세트로 관리하면, 한 컴포넌트로 다양한 UI 조건에 대응하면서도 유지 보수가 쉬운 디자인 구조를 만들 수 있습니다.

01 예제 파일 '아이콘.fig'로 돌아옵니다. 드래그하여 홈 아이콘을 제외한 나머지 아이콘을 선택합니다.

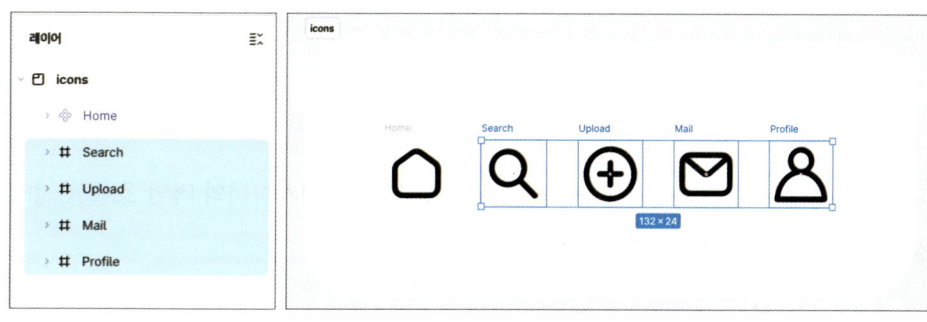

02 4개의 아이콘을 선택한 상태에서 프레임 섹션의 **[컴포넌트 옵션 만들기(∨) - 여러 컴포넌트 만들기]** 를 클릭합니다.

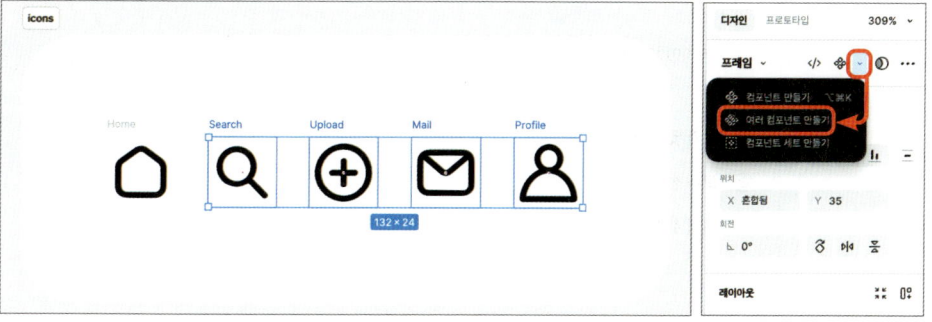

'여러 컴포넌트 만들기'는 여러 개의 개별 오브젝트나 프레임을 한 번에 각각의 메인 컴포넌트로 만들어 주는 기능입니다. 예를 들어, 10개의 아이콘을 선택하고 [여러 컴포넌트 만들기]를 클릭하면 각 아이콘이 각각의 독립된 컴포넌트로 생성됩니다.

03 드래그해 전체 아이콘을 선택하고, [배리언트로 결합하기]를 클릭합니다.

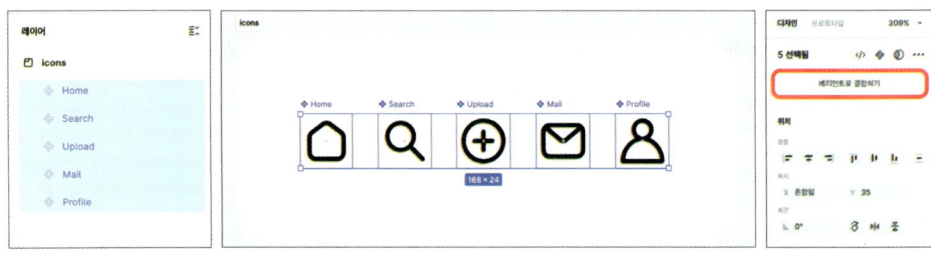

'배리언트로 결합하기'는 비슷한 디자인 요소들을 하나의 컴포넌트 세트로 통합하는 기능입니다.

04 컴포넌트들이 하나의 그룹이 됩니다. Component 1 섹션에서 속성명을 'Type'로 변경합니다.

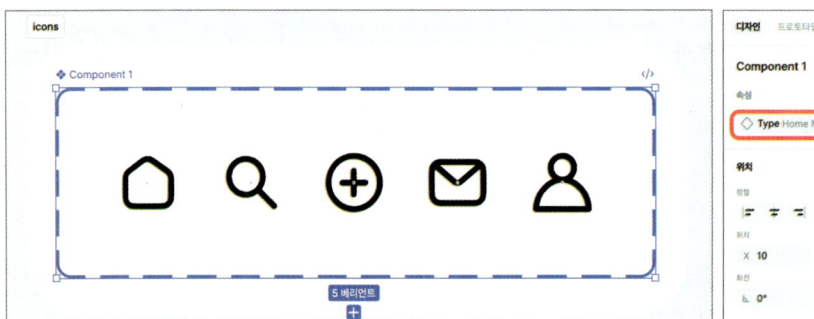

05 `Ctrl`을 누른 채 아래로 드래그해 홈 아이콘 컴포넌트의 인스턴스를 생성합니다.

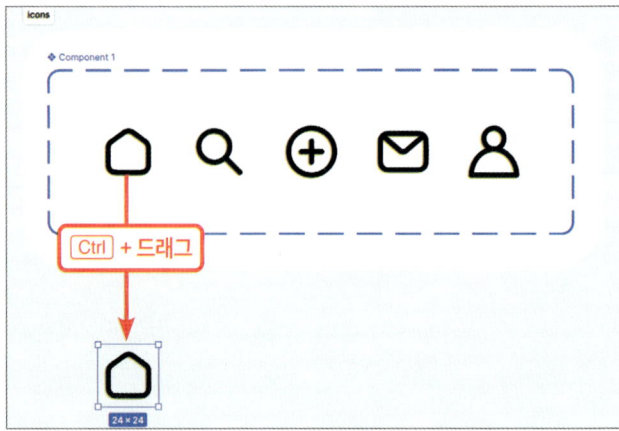

06 생성한 인스턴스(홈 아이콘)을 선택하고, Component 1 섹션에서 'Type'을 Mail로 선택합니다. 등록한 컴포넌트로 손쉽게 아이콘을 수정할 수 있습니다.

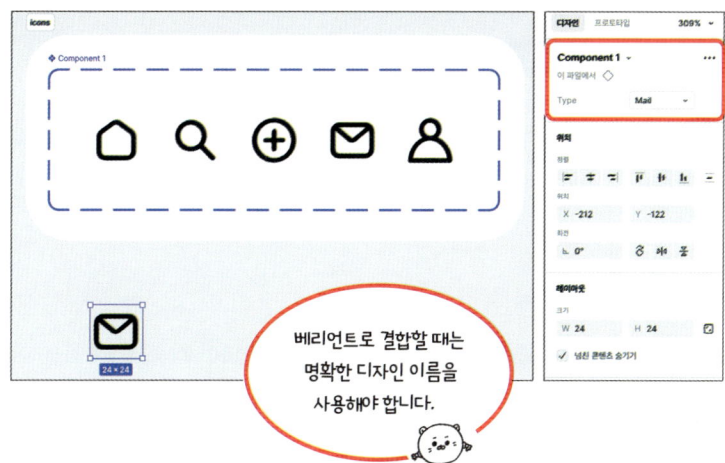

> 베리언트로 결합할 때는 명확한 디자인 이름을 사용해야 합니다.

컴포넌트 속성을 활용하면 이번 예제와 같이 위치를 유지하며 아이콘만 변경하거나, 레이아웃 변형 없이 텍스트를 바꾸는 등 유연한 제어가 가능합니다. 특히 디자인 시스템을 구축하는 팀에서는 이러한 속성 기반 제어가 작업 속도를 높이고 협업의 정확성을 높이는 데 큰 도움이 됩니다.

컴포넌트 속성은 반복적인 디자인 작업의 부담을 줄이고, 다양한 변형과 상태를 하나의 컴포넌트 안에서 유연하게 관리할 수 있도록 돕습니다. 디자인의 효율성과 확장성을 모두 잡고 싶은 실무자라면 반드시 익혀야 할 기능입니다.

Lesson 02
복잡한 인터페이스, 컴포넌트로 관리하기

피그마를 사용하면 복잡한 제품의 일관성, 확장성, 그리고 생산성을 향상시키기 위해 디자인 시스템을 설계할 수 있습니다. 이때 시각적 요소와 기능적 구조를 유기적으로 연결해 활용할 수 있는 피그마 컴포넌트 설계 방법을 살펴보겠습니다.

1. 중첩 컴포넌트 활용하기

컴포넌트는 단일 컴포넌트로도 사용하기도 하지만, 2가지 이상의 컴포넌트를 중첩시켜 다른 컴포넌트 내부에 또 다른 컴포넌트를 포함시킬 수 있습니다. 이를 통해 복잡한 시스템을 더 작고 재사용 가능한 컴포넌트로 분해할 수 있으며, 정교하고 구조화된 디자인을 만들 수 있습니다.

01 예제 파일 '아이콘.fig'로 돌아옵니다. ❶ '새 페이지 추가(+)'를 눌러 페이지를 추가하고, ❷ [T]를 눌러 'BUTTON'을 입력합니다. ❸ 텍스트를 선택하고 글씨체 섹션에서 '**폰트: Inter - Regular, 크기: 12, 자간: 0%**', 채우기 섹션에서 '**색상: 000000**'으로 설정합니다.

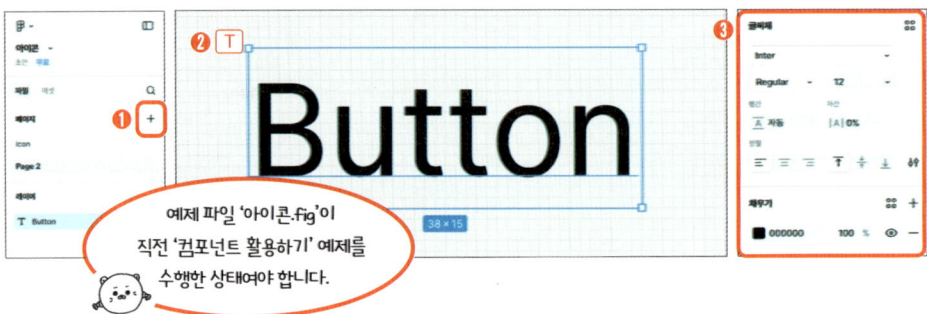

예제 파일 '아이콘.fig'이 직전 '컴포넌트 활용하기' 예제를 수행한 상태여야 합니다.

02 Shift + A 를 눌러 오토레이아웃을 설정합니다. 레이어 패널에 'Frame 1' 레이어가 나타납니다.

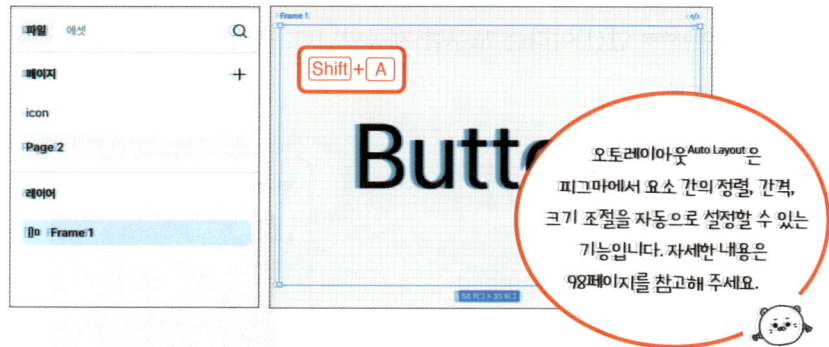

오토레이아웃Auto Layout은 피그마에서 요소 간의 정렬, 간격, 크기 조절을 자동으로 설정할 수 있는 기능입니다. 자세한 내용은 98페이지를 참고해 주세요.

03 'Frame 1' 프레임을 선택하고, 채우기 섹션에서 색상을 'FFFFFF'로 설정합니다.

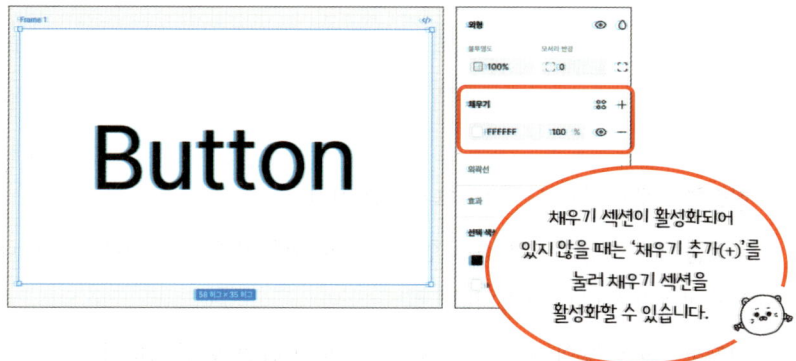

채우기 섹션이 활성화되어 있지 않을 때는 '채우기 추가(+)'를 눌러 채우기 섹션을 활성화할 수 있습니다.

04 ❶ [탐색] 패널 상단 [에셋 - 이 파일에서 생성됨]을 클릭하고, ❷ 'Component 1'을 [클릭 - 드래그]해 이미지와 같이 배치합니다. 프레임이 오토레이아웃 상태이기 때문에 자동으로 배치됩니다.

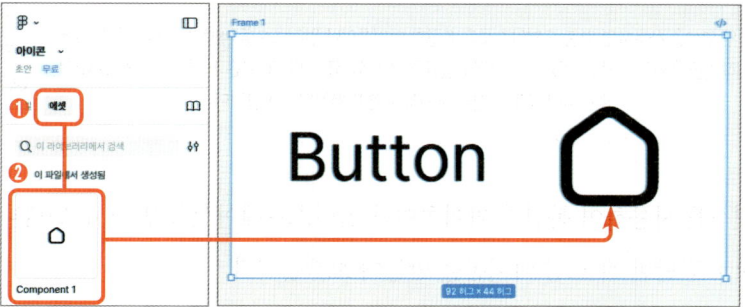

05 아이콘을 선택하고 레이아웃 섹션에서 '크기: 16×16'으로 설정합니다.

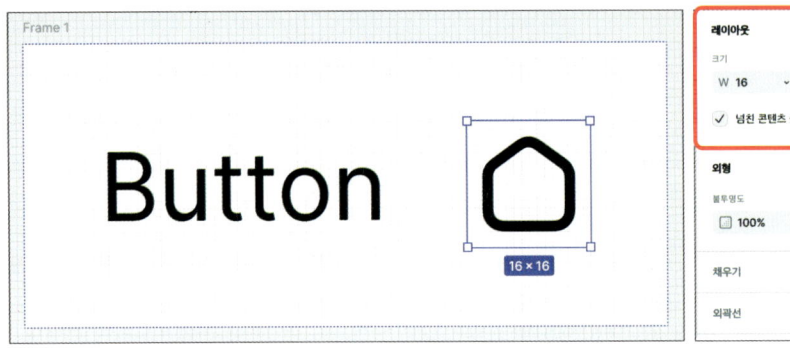

06 'Frame1' 프레임을 선택하고, Ctrl + Alt + K 를 눌러 '컴포넌트 만들기'를 선택해 컴포넌트로 등록합니다.

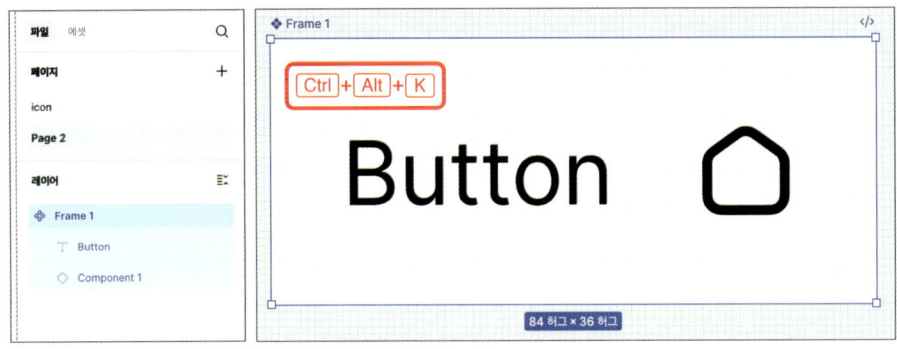

07 'Frame 1' 섹션의 '배리언트 추가◇'를 누르면 같은 프레임이 하나 추가됩니다.

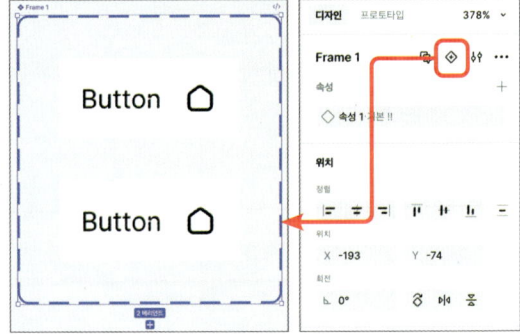

88 Part 04 컴포넌트로 동일한 형태 반복 사용하기

08 하단 버튼을 선택하고, 채우기 섹션에서 '**색상: FFEA48**'로 설정합니다.

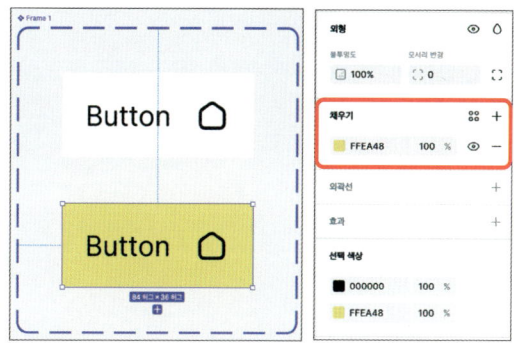

09 Frame 1 섹션에서 속성의 이름을 설정할 수 있습니다. 각각 ❶ 'White', ❷ 'Yellow'를 입력합니다.

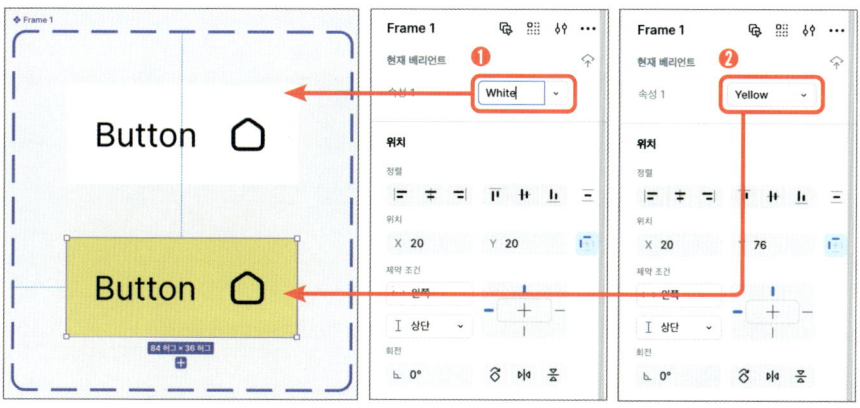

10 'Frame 1' 레이어를 선택합니다. Frame 1 섹션에서 [속성 만들기(+) - 중첩된 인스턴스]를 클릭합니다.

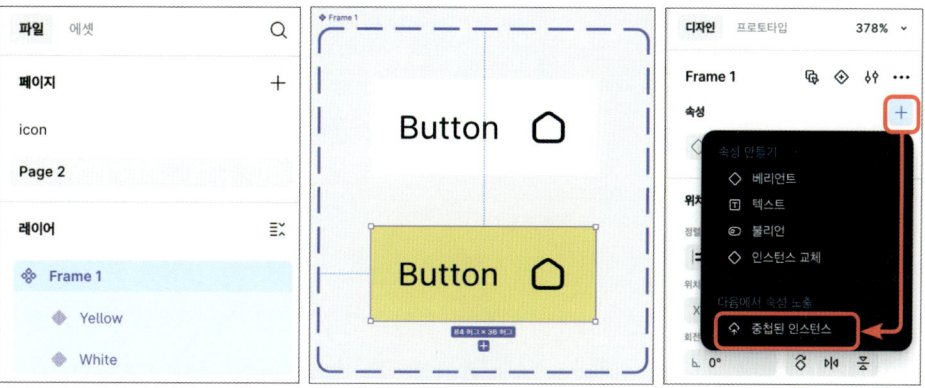

11 '다음에서 속성 노출' 창이 나타나면 'Component 1'을 체크합니다.

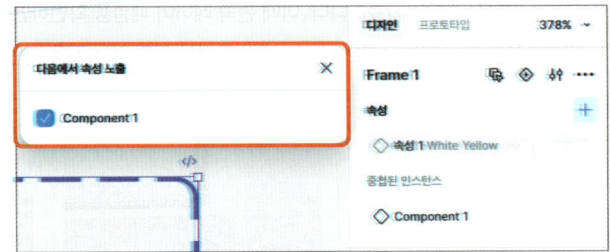

12 상단 '하얀색 버튼'을 선택하고, [Alt] + [Shift]를 누른 채 오른쪽으로 드래그해 복사하여 인스턴스를 생성합니다.

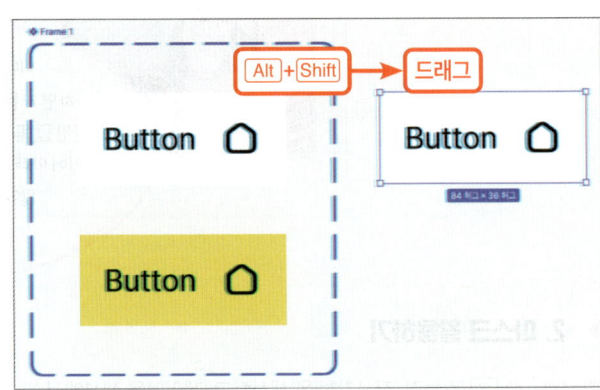

13 ❶ 이제 'Frame 1' 패널에서 복사한 인스턴스의 색상과 아이콘을 변경할 수 있습니다. ❷ '속성 1'에서는 색상을 'Type'에서는 아이콘을 변경할 수 있습니다. 이미지와 같이 [속성 1 - 'Yellow], [Type - Profile]을 설정해 보세요.

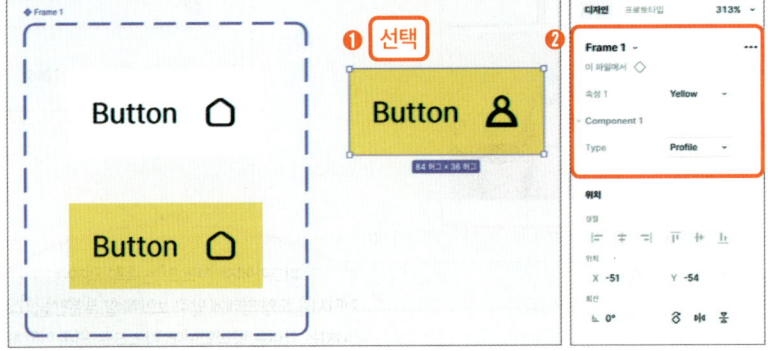

중첩된 인스턴스는 컴포넌트 내부에 또 다른 컴포넌트 인스턴스를 삽입한 구조를 의미합니다. 이를 통해 메인 컴포넌트에서 하위 컴포넌트의 텍스트나 색상을 바로 교체하거나 보이기/숨기기 하는 등 효율적인 속성 제어가 가능해집니다.

2. 불리언으로 컴포넌트 더 쉽게 관리하기

불리언Boolean은 컴포넌트 내 요소의 표시 여부를 토글할 수 있는 기능으로, 버튼 아이콘이나 텍스트처럼 상황에 따라 필요 여부가 달라지는 요소를 간편하게 제어할 수 있습니다.

01 예제 파일 '아이콘.fig'로 돌아옵니다. 'Frame 1' 레이어를 선택하고, Frame 1 섹션에서 **[속성 만들기(+) - 불리언]**을 선택합니다.

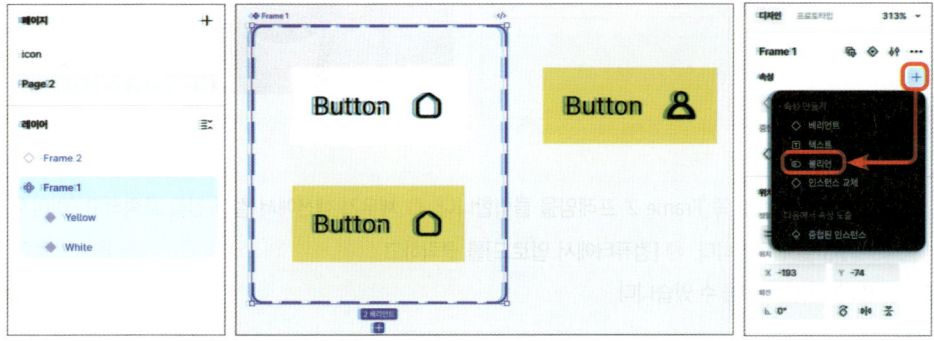

02 이름은 '아이콘'으로 입력하고, '속성 만들기'를 클릭합니다.

03 상단 하얀색 버튼에서 'Component 1' 인스턴스를 선택합니다.

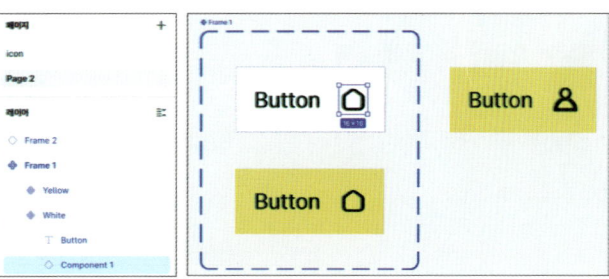

91

04 외형 섹션에서 '변수/속성 적용 ⊙'을 클릭하고 창이 나타나면 '아이콘'을 클릭합니다.

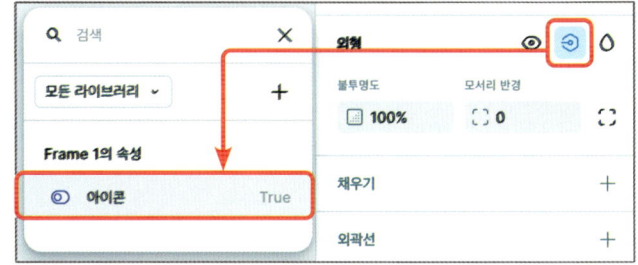

05 하단 노란색 버튼에서 'Component 1' 인스턴스를 선택합니다. 외형 섹션에서 '변수/속성 적용 ⊙'을 클릭하고 창이 나타나면 '아이콘'을 클릭합니다.

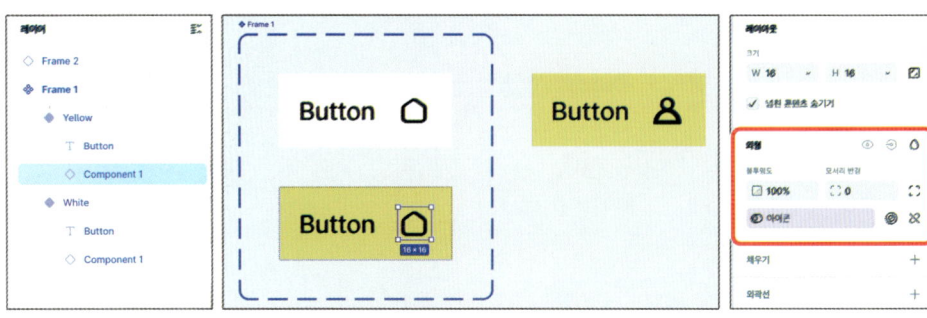

06 오른쪽 인스턴스를 클릭합니다. Frame 1 섹션 내에 '아이콘'이라는 이름으로 토글이 생성되어 있습니다.

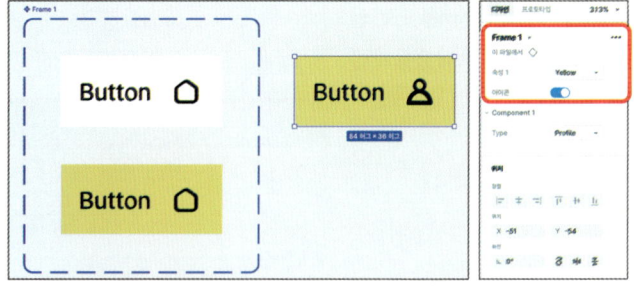

07 토글을 'off'로 변경해 보세요. 오른쪽 인스턴스 안에 아이콘이 사라집니다.

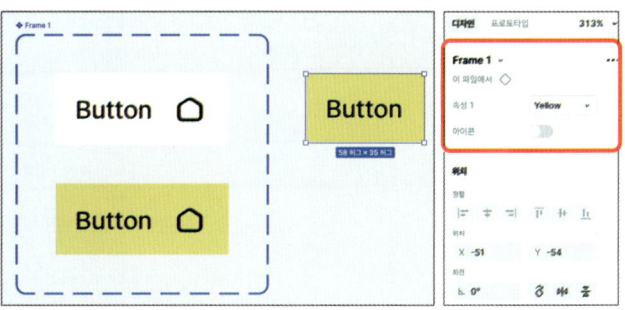

3. 알림창 만들기

속성 기능을 활용하면 텍스트, 아이콘, 버튼 상태 등을 자유롭게 설정할 수 있어 하나의 컴포넌트로 다양한 형태의 알림창을 손쉽게 만들고 재사용할 수 있습니다. 예를 들어, 알림창의 유형을 '성공', '경고', '에러', '정보' 등으로 나누고, 각 상태에 맞는 아이콘과 색상을 불리언이나 인스턴스 교체 속성으로 설정해 두면 상황에 따라 쉽게 전환할 수 있습니다.

이렇게 구성된 알림창 컴포넌트는 디자인 시스템의 일관성을 유지하면서도 효율적으로 반복 작업을 줄여 줍니다. 실무에서는 사용자 피드백 메시지나 시스템 안내 문구 등 다양한 인터페이스에서 이 컴포넌트가 광범위하게 활용됩니다.

01 예제 파일 '알림창.fig'를 엽니다. 'Alert' 프레임을 선택한 뒤 Ctrl + Alt + K 를 눌러 '컴포넌트 만들기'를 선택해 컴포넌트로 만듭니다.

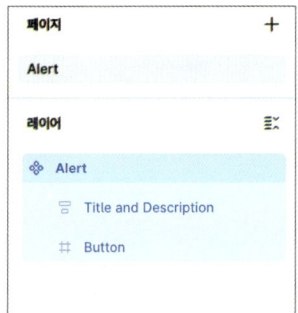
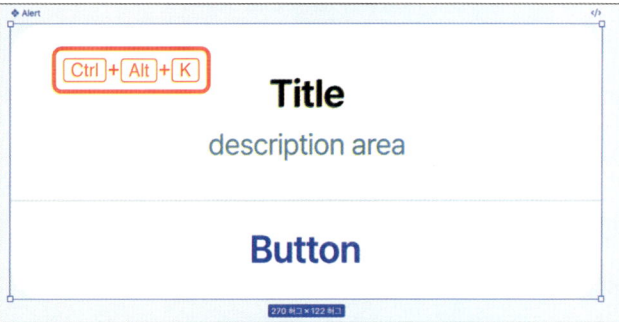

02 Ctrl 을 누른 채 Alert 프레임의 'description area'를 선택합니다.

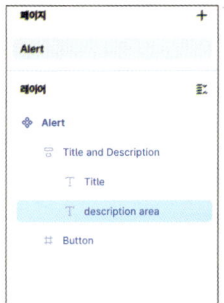

03

❶ 외형 섹션에서 [변수/속성 적용 ⊙ - 새 변수 속성(+)]을 클릭합니다. ❷ '속성 또는 변수 만들기' 창이 나타나면 이름을 '설명 영역'으로 작성한 뒤 '속성 만들기'를 클릭합니다.

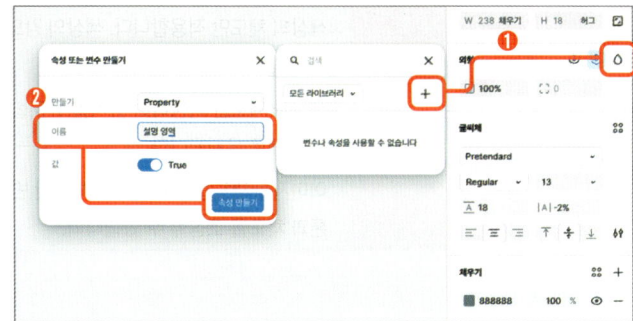

04

외형 섹션에 '설명 영역'이 추가됩니다.

05

'Alert' 컴포넌트를 선택한 뒤 [Alt]+[Shift]를 누른 채 아래로 드래그해 인스턴스를 생성합니다.

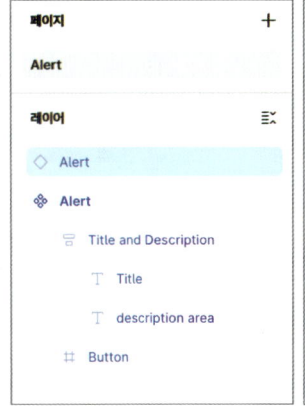  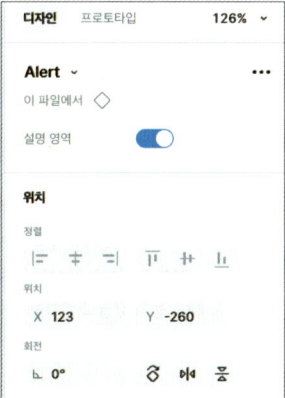

06

'Alert' 섹션 내에 '설명 영역'이라는 이름으로 토글이 생성되어 있습니다. 토글을 On/Off 해 설명 영역을 나타나게 하거나, 숨길 수 있습니다.

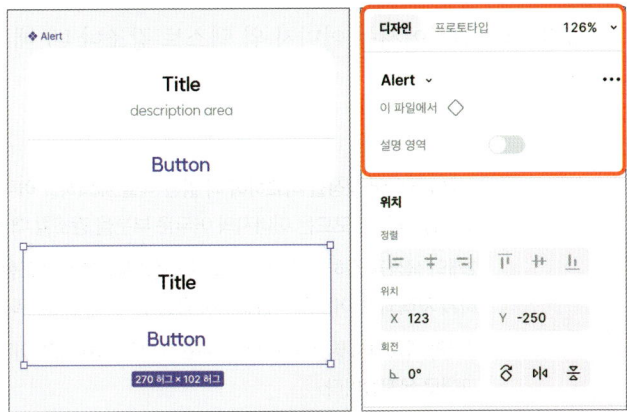

알림창과 같이 노출, 비노출을 선택해야 하는 항목들이 있다면 불리언을 이용할 수 있습니다. 이 외에도 타이틀 영역, 버튼 영역 등 필요에 따라 항목을 만들어 낼 수 있으며 이를 이용해 하나의 컴포넌트로도 여러 타입을 운영할 수 있어 컴포넌트 하나로도 관리가 용이합니다.

Part 05
오토레이아웃 마스터하기

"화면 크기마다 위치를 다시 잡는 게 너무 힘들어."

"오토레이아웃! 피그마 핵심 기능인데 바로 이때 필요한 기능이야."

"오토레이아웃을 활용하면 뭐가 좋은데?"

"프레임이나 콘텐츠가 크기가 바뀌어도 자동으로 요소를 정리해 주는 똑똑한 기능이야!"

Lesson 01 오토레이아웃 시작하기

오토레이아웃은 콘텐츠의 변화에 따라 프레임의 크기와 정렬을 자동으로 조정해 주는 기능입니다. 수동 조정 없이 다양한 화면 크기와 콘텐츠 변화에 유연하게 대응할 수 있도록 도와 디자인 일관성과 개발자 협업 효율성을 높일 수 있습니다.

오토레이아웃 섹션에는 다음과 같은 주요 옵션이 포함되어 있어 상황에 맞는 레이아웃 구성이 가능합니다.

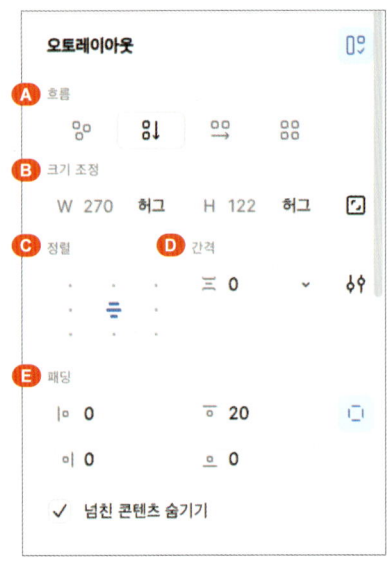

A 흐름: 가로 혹은 세로 방향으로 요소가 쌓이는 방식이며, 콘텐츠 구성에 따라 선택할 수 있습니다.

B 크기 조정: 프레임이나 요소의 크기를 '고정 너비', '내용에 맞게 조절', '컨테이너 채우기', '최소 너비 설정' 등 다양한 방식으로 설정할 수 있어 상황에 맞는 유연한 디자인이 가능합니다.

C 정렬: 상단 정렬, 가운데 정렬, 양끝 정렬 등 요소들을 어떤 기준으로 배치할지 정할 수 있습니다.

D 간격: 각 요소 사이의 간격을 일정하게 유지해 정돈된 레이아웃을 만들 수 있습니다.

E 패딩: 프레임 내부 여백을 설정해 콘텐츠가 가장자리와 너무 밀착되지 않도록 조정할 수 있습니다.

1. 흐름

흐름에는 세로, 가로, 그리드(베타)가 있습니다.

가로	요소들이 왼쪽에서 오른쪽으로 배치됩니다. 내비게이션 바나 버튼 그룹처럼 한 줄로 나열된 UI 구성에 적합합니다.
세로	요소들이 위에서 아래 방향으로 순차적으로 배치됩니다. 카드 리스트, 콘텐츠 순서 배치 등에 활용됩니다.
그리드(베타)	행과 열을 결합한 형태로 요소를 정렬하는 고급 옵션입니다. 대시 보드나 갤러리 등 복잡한 반복 레이아웃을 구성할 때 유용하며, 제품 그리드를 자동으로 구성할 수 있습니다.

2. 크기 조정

크기 조정에는 내용에 맞게 조절, 컨테이너 채우기, 고정 너비/높이, 최소/최대 너비가 있습니다.

내용에 맞게 조절	오토레이아웃 프레임이 요소의 크기에 딱 맞춰 자동으로 조정됩니다. 텍스트가 길어질 때, 버튼 크기도 그에 맞춰 유연하게 확장됩니다.
컨테이너 채우기	화면이나 프레임 크기가 달라져도 그에 맞게 너비가 유동적으로 바뀝니다. 반응형 레이아웃 구성 시 활용하기 좋습니다.
고정 너비/너비	요소의 크기가 고정되어, 요소가 변경되어도 영향을 받지 않습니다. 특정 크기가 반드시 필요한 경우 유용합니다.
최소/최대 너비	범위를 지정해 안정적인 반응형 레이아웃을 구현할 수 있습니다.

반응형 레이아웃 responsive layout 은 웹사이트나 앱의 레이아웃이 PC, 태블릿, 스마트폰 등 다양한 화면 크기 및 해상도에 맞춰 자동으로 조정되는 디자인 방식을 의미합니다.

3. 정렬

정렬에는 요소를 배치할 수 있는 9가지 방법이 있습니다.

상단 왼쪽 정렬	요소를 프레임의 위쪽, 왼쪽에 붙여 정렬
상단 가운데 정렬	요소를 프레임의 위쪽, 가운데에 정렬
오른쪽 상단 정렬	요소를 프레임의 위쪽, 오른쪽에 붙여 정렬
왼쪽 정렬	요소를 프레임의 왼쪽에 정렬
가운데 정렬	요소를 프레임의 중앙에 정렬
오른쪽 정렬	요소를 프레임의 오른쪽에 정렬
왼쪽 하단 정렬	요소를 프레임의 아래쪽, 왼쪽에 붙여 정렬
하단 가운데 정렬	요소를 프레임의 아래쪽, 가운데에 정렬
하단 오른쪽 정렬	요소를 프레임의 아래쪽, 오른쪽에 붙여 정렬

4. 패딩

패딩은 가로 패딩, 세로 패딩, 개별 패딩이 있습니다.

가로 패딩	좌우 여백을 동일하게 설정합니다. 버튼 안의 텍스트가 양옆으로 같은 간격을 두고 배치되도록 설정할 수 있습니다.
세로 패딩	상하 여백을 동일하게 설정합니다. 카드 UI에서 텍스트나 이미지가 위아래로 적당한 간격을 두고 배치되게 할 수 있습니다.
개별 패딩	상, 하, 좌, 우의 네 방향을 각각 다른 값으로 설정할 수 있습니다. 상단만 더 많은 공간을 두고 싶거나, 왼쪽만 정렬이 필요한 경우 등에 유용합니다.

Lesson 02
오토레이아웃을 활용한 실무 예제 4가지

이번 레슨에서는 내비게이션부터 뉴스레터 구독, 댓글 화면, 뉴스 기사 레이아웃까지 4가지 실무 예제를 통해 오토레이아웃의 핵심을 익혀 봅니다. 예제를 따라 하다 보면, 콘텐츠가 늘어나거나 줄어들더라도 흐트러지지 않는 구조, 어떤 상황에서도 텍스트와 이미지가 조화를 이루는 배치, 그리고 수정이 필요할 때 빠르게 대응할 수 있는 레이아웃 설계 방식까지 자연스럽게 체득하게 될 것입니다.

1. 내비게이션 바 만들기

다양한 크기 옵션을 적절히 조합하면, 로고·메뉴·버튼 등 서로 다른 성격의 요소들이 포함된 내비게이션 바에서도 각 요소의 크기와 배치를 유연하게 제어할 수 있습니다.

01 예제 파일 '내비게이션.fig'를 엽니다. 상단에 내비게이션 바를 만들어 보겠습니다. ❶ 드래그하여 프레임 안 요소들을 모두 선택하고 ❷ Shift + A 를 눌러 오토레이아웃을 설정합니다.

오토레이아웃을 설정한 프레임 사이에 요소가 추가되면, 프레임이 자동으로 수정됩니다.

02
❶ 'GNB' 프레임을 선택하고 Shift + A 를 눌러 오토레이아웃을 설정합니다. ❷ 오토레이아웃 섹션에서 'H: 768'로 설정합니다.

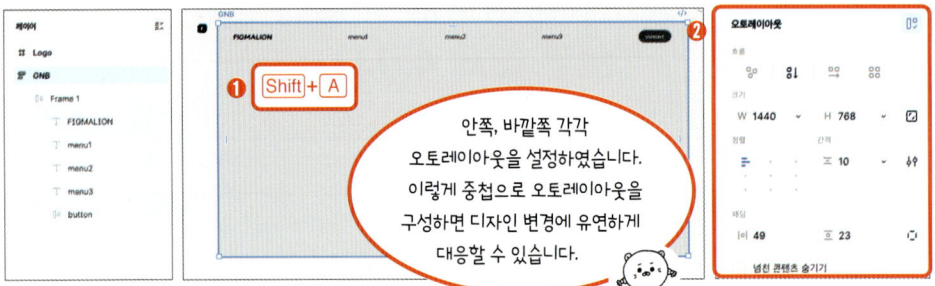

안쪽, 바깥쪽 각각 오토레이아웃을 설정하였습니다. 이렇게 중첩으로 오토레이아웃을 구성하면 디자인 변경에 유연하게 대응할 수 있습니다.

03
❶ 'Frame 1' 프레임을 선택합니다. ❷ 오토레이아웃 섹션에서 'W: 컨테이너 채우기, H: 64'로 설정합니다.

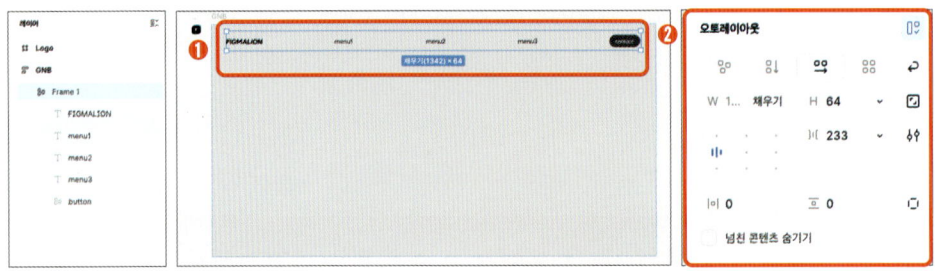

04
'Logo' 프레임을 옆의 이미지를 참고하여 내비게이션 왼쪽에 넣습니다.

05
❶ Shift 를 누른 상태에서 'Logo' 프레임과 'FIGMALION' 텍스트를 선택하고 Shift + A 를 눌러 오토레이아웃을 적용합니다. ❷ 오토레이아웃 섹션에서 'W: 내용에 맞게 조절, 간격 8'로 설정합니다.

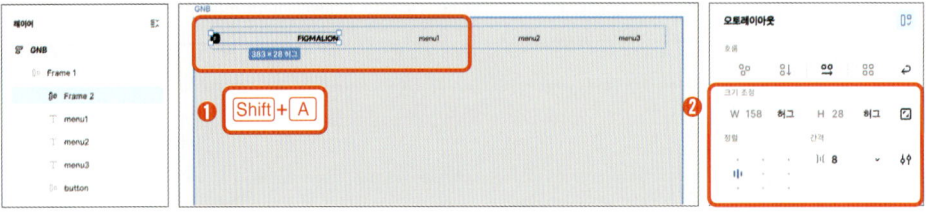

06
❶ 'Frame 1' 프레임을 선택하고, ❷ 오토레이아웃 섹션에서 내 가운데 정렬 영역을 [더블 클릭]하여 간격을 '자동'으로, 가로 패딩값을 '30'으로 설정합니다.

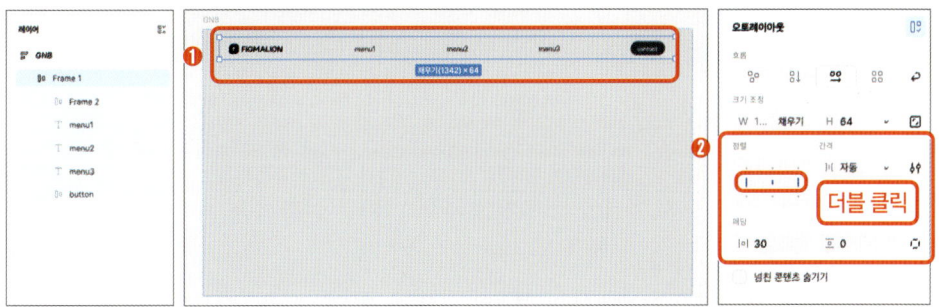

07
'GNB' 프레임을 선택하고, 오토레이아웃 섹션 '가로 패딩: 0', 채우기 섹션에서 '색상: ffffff'로 설정합니다.

08
프레임을 다양한 크기로 조절해 보며 각 영역이 어떻게 반응하는지 확인합니다. 내비게이션 바와 그 안의 요소가 영역에 따라 자동으로 배치되는 것을 확인할 수 있습니다.

이렇게 만들어진 내비게이션 바는 브라우저 창의 크기가 변경되어도 적절한 레이아웃을 유지합니다. 이러한 기능을 통해 각각의 디자인이 실제 인터페이스에서 어떻게 동작하는지 직접 확인할 수 있습니다.

2. 뉴스레터 구독 섹션 만들기

이번에는 오토레이아웃을 통해 요소들 사이의 간격과 정렬을 자동으로 유지하는 뉴스레터 구독 섹션을 만들어 보겠습니다.

텍스트, 입력 창, 버튼이 나란히 배치되면서도 어떤 화면 크기에서도 균형을 유지하려면, 수동 배치보다 훨씬 정교한 설정이 필요합니다. 이럴 때 오토레이아웃은 각 요소의 간격, 정렬 방향, 여백 등을 자동으로 조정해 주어 디자인 일관성을 높이고, 수정에도 유연하게 대응할 수 있습니다.

01 새로운 디자인 파일을 생성합니다. ❶ F 를 눌러 프레임을 만듭니다. ❷ 레이아웃 세션에서 '크기: 900×700', 채우기 섹션에서 '색상: FFFFFF'로 설정합니다.

02 ❶ T 를 눌러 제목 텍스트 '저와 함께하실 준비가 되셨나요?'를 작성한 후, 프레임 가운데 배치합니다. ❷ 제목 텍스트를 선택하고 글씨체 섹션에서 '폰트: Pretendard - Bold, 크기: 40, 행간: 자동, 자간: 0%, 정렬: 가운데 정렬'로 설정합니다.

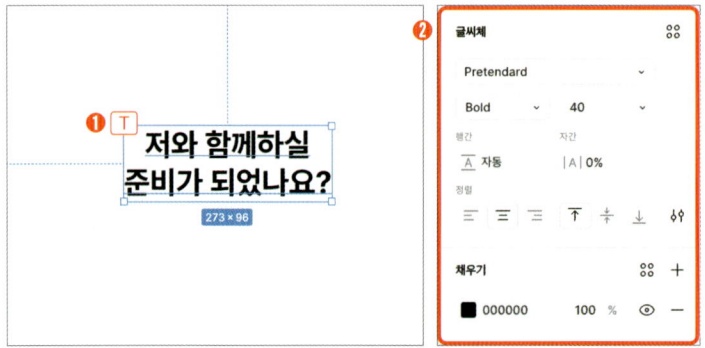

03 ❶ T를 눌러 설명 텍스트 '알찬 정보를 준비해서 이메일로 보내드릴게요.'를 작성합니다. ❷ 설명 텍스트를 선택하고 글씨체 섹션에서 **'폰트: Pretendard - Regular, 크기: 20, 행간: 자동, 자간: -2%, 정렬: 가운데 정렬'**로 설정합니다.

04 ❶ Shift를 누른 채 드래그해 주제 텍스트, 설명 텍스트를 선택하고 Shift + A를 눌러 오토레이아웃을 적용합니다. ❷ 오토레이아웃 섹션에서 **'간격: 16'**을 설정합니다.

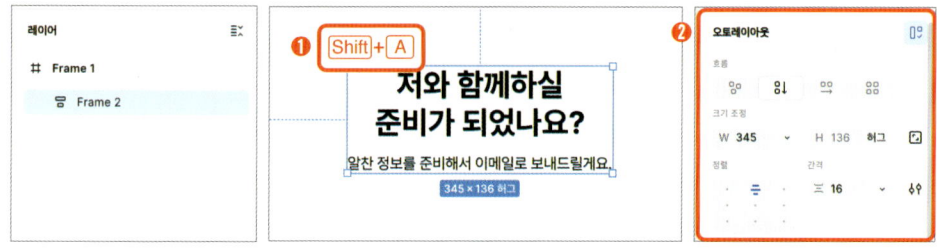

05 이메일 입력 필드를 만들어 보겠습니다. ❶ F를 눌러 프레임을 만듭니다. ❷ 레이아웃 섹션에서 **'크기: 380×50'**, 외형 섹션에서 **'모서리 반경: 8'**, 채우기 섹션에서 **'색상: FCFCFC'**, 외곽선 섹션에서 **'외곽선 색상: E8E8E8'**을 설정합니다.

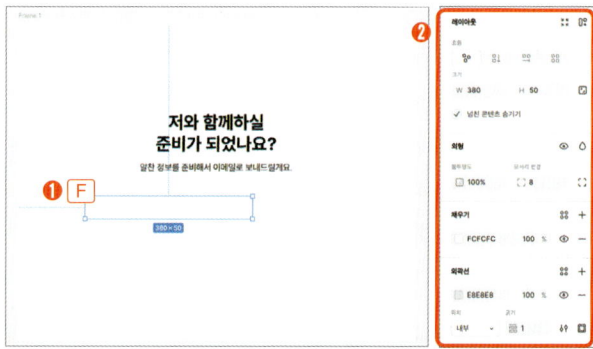

06 '구독 버튼'의 프레임을 만들어 보겠습니다. ❶ F를 눌러 프레임을 만듭니다. ❷ 레이아웃 섹션에서 '크기: 130×50', 외형 섹션에서 '모서리 반경: 8', 채우기 섹션에서 '색상: 9900FF'를 설정합니다.

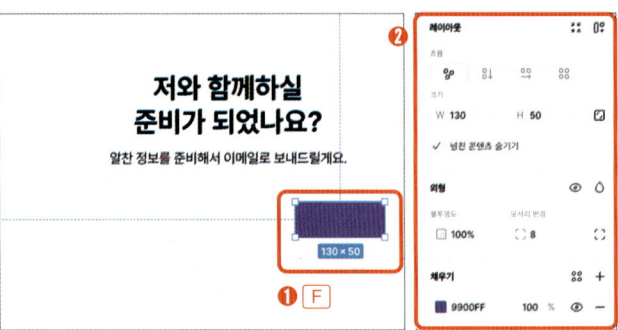

07 ❶ Shift 를 누른 채 이메일 입력 필드와 '구독 버튼'을 선택하고 Shift + A 를 눌러 오토레이아웃을 적용합니다. ❷ 오토레이아웃 섹션에서 '간격: 16'으로 설정합니다.

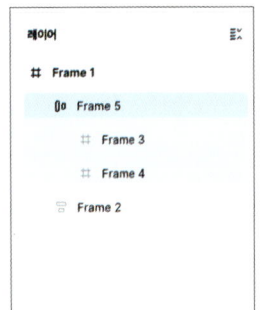 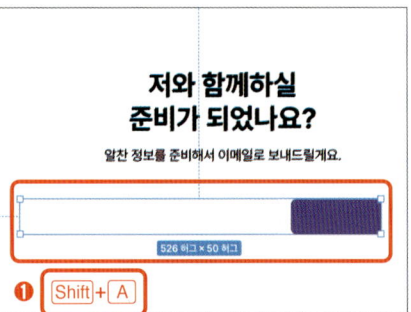 

08 ❶ T 를 눌러 '구독 버튼' 안에 '구독'을 입력합니다. ❷ 텍스트를 선택하고 글씨체 섹션에서 '폰트: Pretendard - Bold, 크기: 20, 행간: 자동, 자간: 0%, 정렬: 가운데 정렬', 채우기 섹션에서 '색상: FFFFFF'를 설정한 후, Alt + H + V 를 눌러 텍스트를 프레임 가운데에 배치합니다.

정렬align 단축키는 다음과 같습니다.
좌측 정렬 Alt + A , 우측 정렬 Alt + D , 상단 정렬 Alt + W , 하단 정렬 Alt + S ,
가로 중앙 정렬 Alt + H , 세로 중앙 정렬 Alt + V

09
❶ 드래그하여 프레임 안 요소를 모두 선택하고, Shift + A 를 눌러 오토레이아웃을 설정합니다.
❷ 오토레이아웃 섹션에서 'H: 내용에 맞게 조절, 간격: 50'으로 설정합니다.

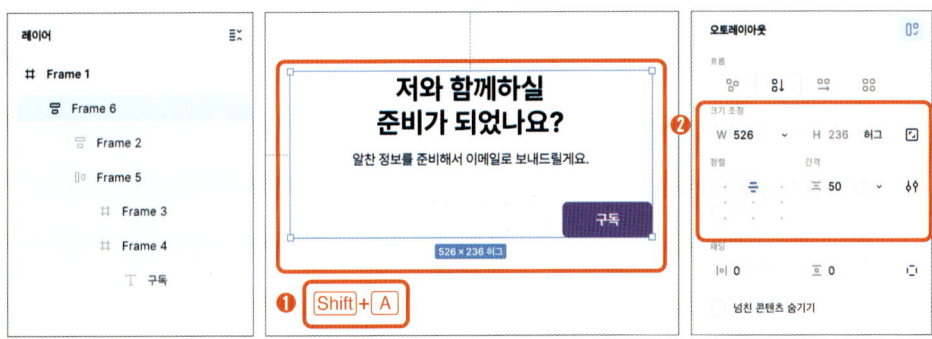

10
❶ 'Frame 1' 프레임을 선택합니다. Shift + A 를 눌러 오토레이아웃을 설정합니다. ❷ 오토레이아웃 섹션에서 '정렬: 가운데 정렬, 간격: 50, 가로 패딩: 40'으로 설정합니다.

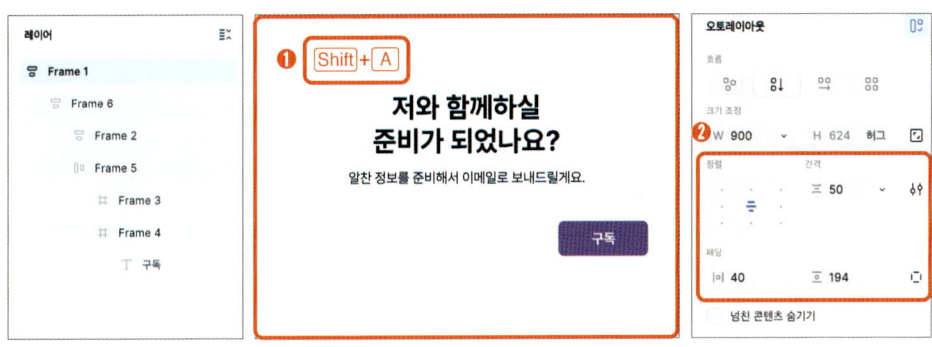

11
마지막으로 'Frame 5' 프레임을 선택하고, 오토레이아웃 섹션에서 '정렬: 가운데 정렬'을 설정해 마무리합니다.

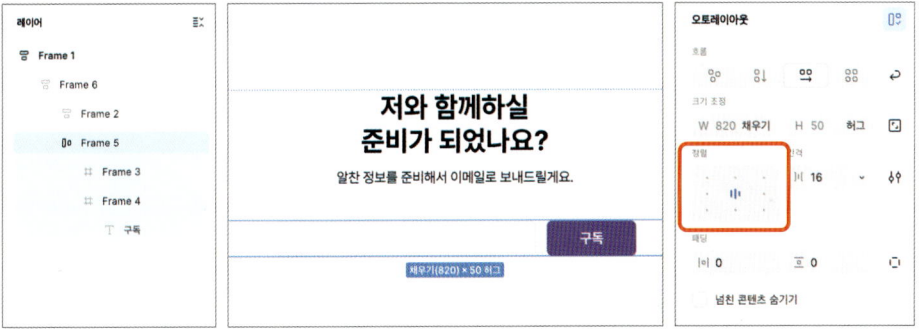

12 프레임을 다양한 크기로 조절해 보며 각 영역이 어떻게 반응하는지 확인합니다.

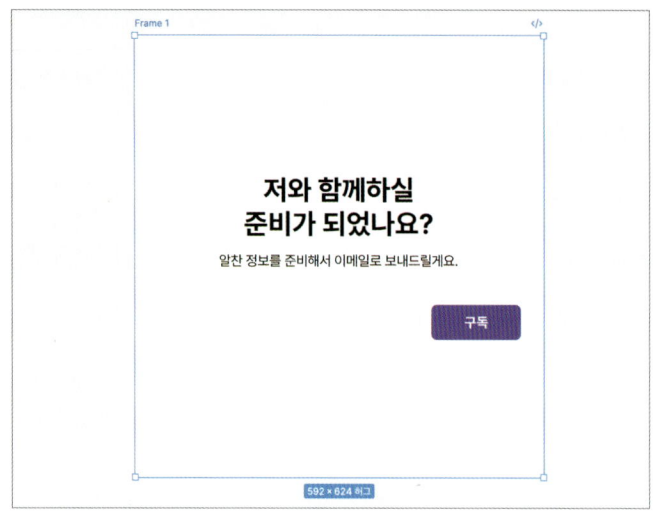

이처럼 텍스트와 입력창, 버튼을 하나의 프레임 안에 구성하고 오토레이아웃을 적용하면, 다양한 콘텐츠 변동에도 유연하게 대응할 수 있는 반응형 UI를 손쉽게 제작할 수 있습니다.

> 오토레이아웃을 사용하면 버튼이나 입력창의 길이가 달라지더라도 간격이나 정렬이 무너지지 않기 때문에, 실제 실무에서는 뉴스레터 구독 폼이나 로그인 화면, 팝업, 모달 창 등의 UI 제작에 널리 활용됩니다.

3. 댓글 화면 만들기

실제 웹사이트나 앱에서 자주 볼 수 있는 복잡한 카테고리 UI를 구현해 보겠습니다. 오토레이아웃 기능을 이용하면 댓글이 쌓여 있는 화면을 만들 수 있습니다. 이러한 화면은 기본 댓글, 대댓글, 작성자 정보 등 다양한 구성 요소가 반복되고 중첩되는 구조이기 때문에, 수작업으로는 정렬이 흐트러지기 쉽습니다.

오토레이아웃을 활용하면 이러한 중첩 구조를 그룹 단위로 관리할 수 있어, 댓글 수가 늘어나도 레이아웃이 안정적으로 유지됩니다. 또한 댓글을 수정해도 전체 레이아웃이 자동으로 조정되므로, 실무에서 효율적인 작업 흐름을 만드는 데 큰 도움이 됩니다.

01 새로운 디자인 파일을 생성합니다. ❶ `F`를 눌러 프레임을 만듭니다. ❷ 레이아웃 섹션에서 '**크기: 1200×230**'을 설정합니다.

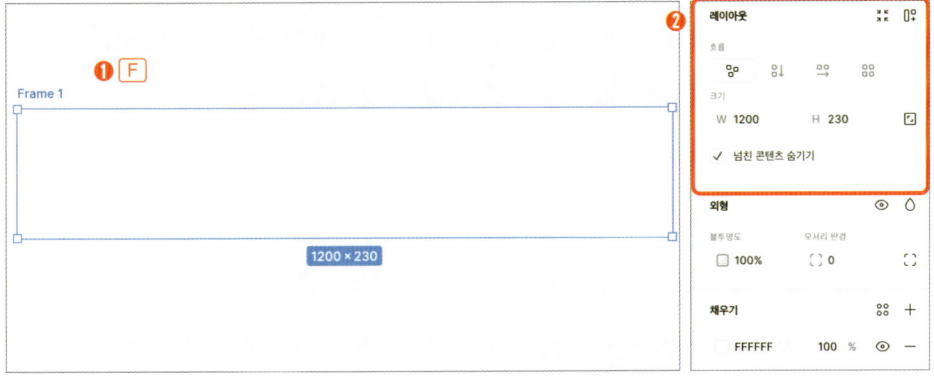

02 ❶ `Shift`+`A`를 눌러 오토레이아웃을 적용합니다. ❷ 오토레이아웃 섹션에서 '**흐름: 세로, 간격:16, 가로 패딩: 40, 세로 패딩 40**', 채우기 섹션에서 '**색상: F8F9FA**'를 설정합니다.

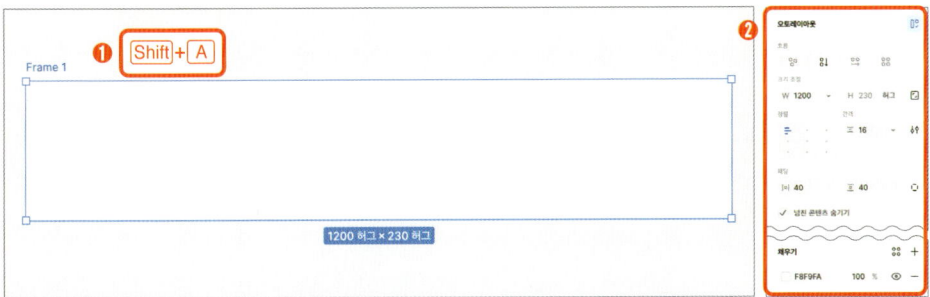

03

댓글 요소를 배치할 프레임을 만들겠습니다. ❶ `F`를 눌러 프레임을 만듭니다. ❷ 레이아웃 섹션에서 '**크기: 1120×76**'을 설정합니다.

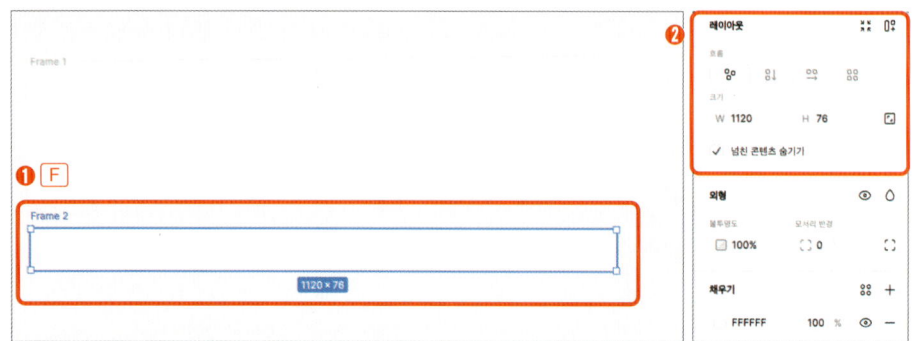

04

❶ 생성한 프레임을 선택하고 `Shift`+`A`를 눌러 오토레이아웃을 적용합니다. ❷ 오토레이아웃 섹션에서 '**흐름: 세로, 가로: 컨테이너 채우기, 세로: 내용에 맞게 조절, 간격: 0, 가로 패딩: 16, 세로 패딩: 16**', 외형 섹션에서 '**모서리 반경: 8**'을 설정하고, 'Frame 1' 프레임 안쪽에 배치합니다.

05

프로필 프레임을 만들겠습니다. ❶ `F`를 눌러 프레임을 만듭니다. ❷ 레이아웃 섹션에서 '**크기: 44×44**', 외형 섹션에서 '**모서리 반경: 22**', 채우기 섹션에서 '**색상: 9A17FF**'를 설정하고, 이미지와 같이 배치합니다.

06

❶ `T`를 눌러 '이름'을 입력합니다. ❷ 글씨체 섹션에서 **'폰트: Pretendard - Bold, 크기: 14'**, 채우기 섹션에서 **'색상: 000000'**을 설정합니다.

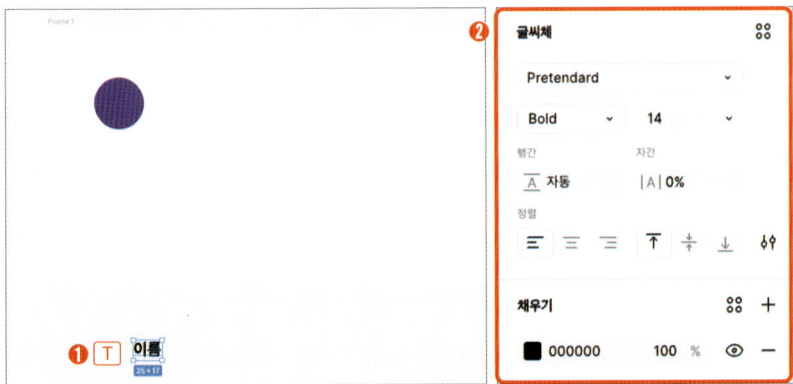

07

❶ `T`를 눌러 '25.12.31'을 입력합니다. ❷ 글씨체 섹션에서 **'폰트: Pretendard - Regular, 크기: 14'**, 채우기 섹션에서 **'색상: 777777'**을 설정합니다.

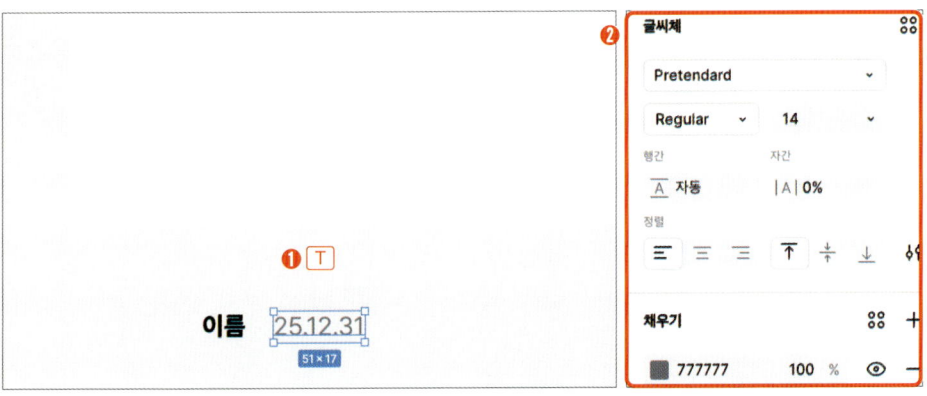

08

❶ '이름'과 '날짜'를 이미지와 같이 배치합니다. 두 텍스트를 드래그해 선택한 후, `Shift`+`A`를 눌러 오토레이아웃을 적용합니다. ❷ 오토레이아웃 섹션에서 **'간격: 8'**을 설정합니다.

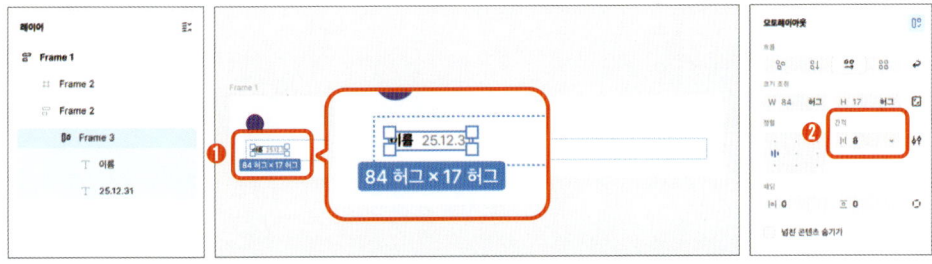

09
❶ T 를 눌러 '텍스트'를 선택하고, 댓글 영역으로 사용하세요.'를 입력합니다. ❷ 글씨체 섹션에서 **'폰트: Pretendard - Regular, 크기: 16, 행간: Auto'**, 채우기 섹션에서 **'색상: 000000'**을 설정합니다.

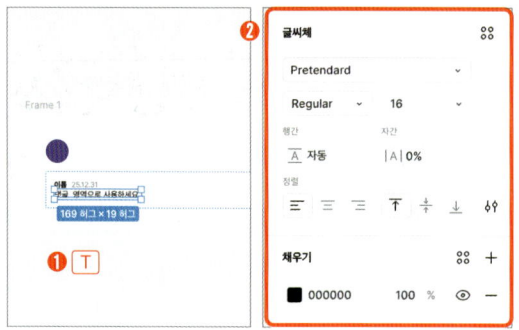

10
댓글 프레임을 선택하고 오토레이아웃 섹션에서 **'간격: 8'**을 설정합니다.

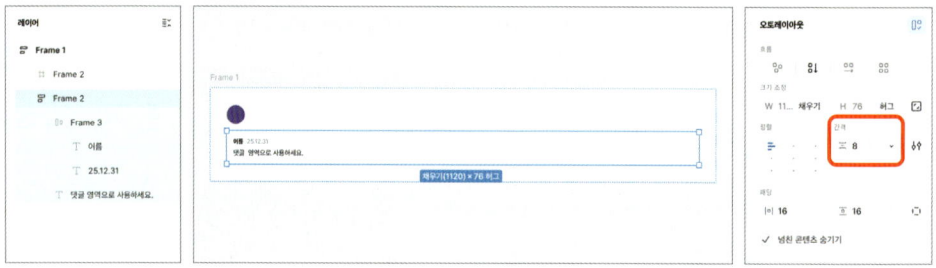

11
Shift 를 누르고 댓글 프레임과 프로필 프레임을 모두 선택합니다.

12 ❶ Shift + A 를 눌러 오토레이아웃을 적용하면 프로필 프레임과 댓글 프레임이 합쳐집니다. ❷ 오토레이아웃 섹션에서 '**흐름: 가로**'를 설정해 댓글 UI를 완성합니다.

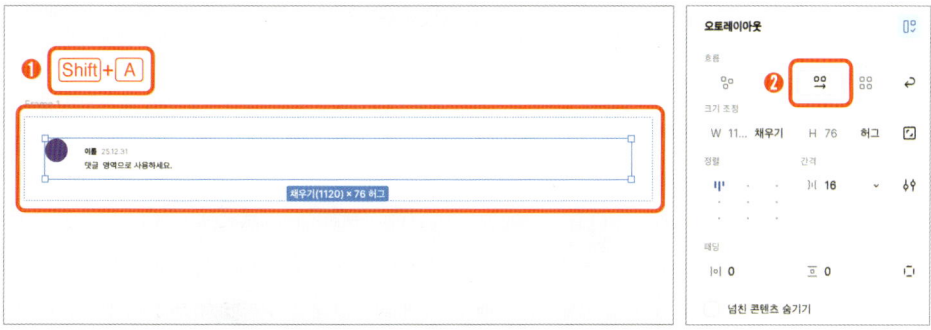

13 ❶ 합쳐진 프레임을 선택합니다. Ctrl + C , Ctrl + V 를 눌러 [복사 - 붙여넣기] 합니다. ❷ 복사한 프레임을 선택하고 오토레이아웃 섹션에서 '**개별 패딩**'을 클릭한 후, '**왼쪽 패딩: 60**'을 설정해 대댓글 UI를 완성합니다.

14 같은 방법으로 댓글 UI와 대댓글 UI를 [복사 - 붙여넣기] 하여 이미지와 같이 배치합니다. Shift 를 누른 채 모든 프로필 프레임을 [더블 클릭]해 선택합니다.

15 ❶ Ctrl + K 를 눌러 [플러그인 및 위젯] 탭에서 'Avartar'를 검색해 실행합니다. ❷ [Replace all]을 클릭하면 자동으로 프로필 사진이 배치됩니다.

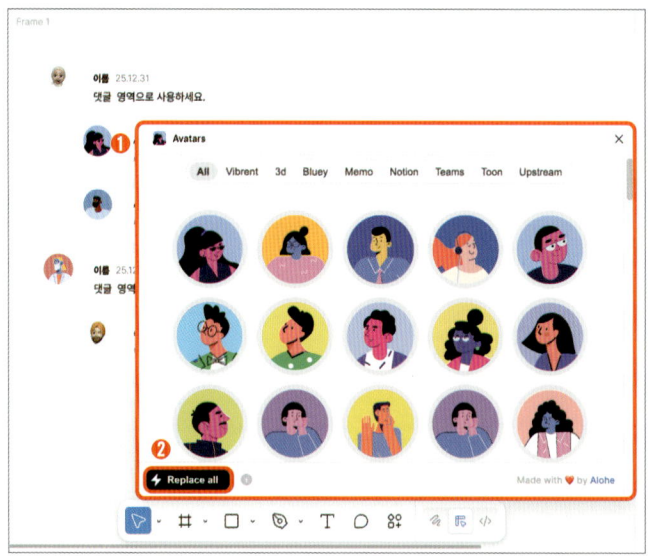

16 프레임을 다양한 크기로 조절해 보며 각 영역이 어떻게 반응하는지 확인합니다.

이번 예제를 통해 댓글과 대댓글이 자연스럽게 정렬되고, 항목이 삭제되어도 구조가 깨지지 않는 오토레이아웃 기반의 유연한 UI를 함께 만들어 보았습니다. 이런 구조는 커뮤니티 게시판, 피드, 고객 리뷰 등 실무에서 동적으로 콘텐츠가 변경되는 인터페이스를 설계할 때 특히 유용하게 활용할 수 있습니다.

4. 뉴스 기사 레이아웃 만들기

이번에는 뉴스 기사 레이아웃을 직접 제작해 반응형 인터페이스 설계 감각을 키워 보겠습니다. 오토레이아웃을 활용해 프레임 구조를 정확히 구성하고, 텍스트, 이미지, 버튼 등이 화면 크기에 따라 자연스럽게 정렬되도록 설정하는 것이 핵심입니다.

01 새로운 디자인 파일을 생성합니다. ❶ F 를 눌러 프레임을 만듭니다. Shift + A 를 눌러 오토레이아웃을 적용한 후, ❷ 오토레이아웃 섹션에서 '**흐름: 세로, W: 1440(고정너비), H: 800(내용에 맞게 조절), 가로 패딩: 50, 세로 패딩: 100**', 채우기 섹션에서 '**색상: FFFFFF**'를 설정합니다.

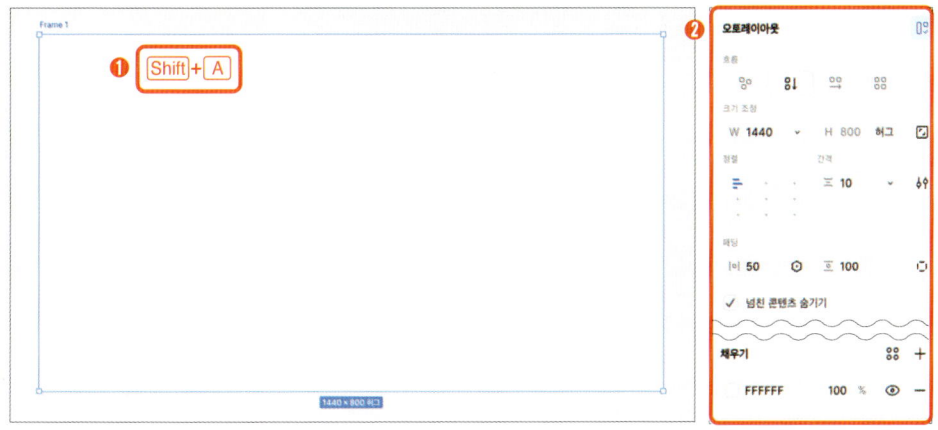

02 헤더 영역을 구성하겠습니다. ❶ F 를 눌러 'Frame 1' 프레임 안쪽에 새로운 프레임을 만듭니다. ❷ 레이아웃 섹션에서 '가로 세로 비율 고정'을 클릭한 후, '**W: 컨테이너 채우기, H: 600**', 채우기 섹션에서 '**색상: 949494**'를 설정합니다.

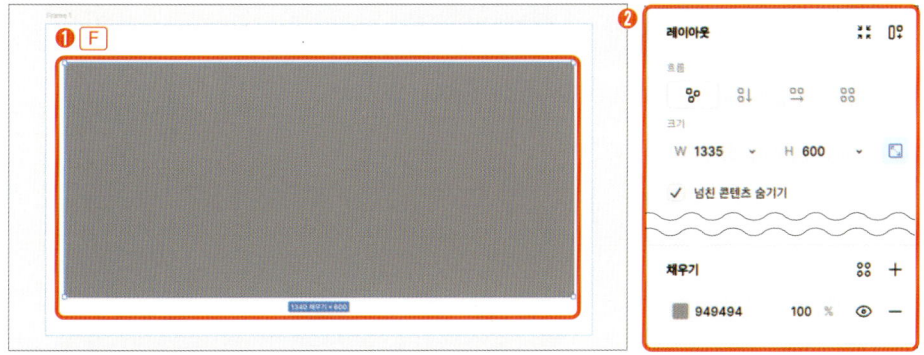

115

03

❶ [T]를 눌러 카테고리 텍스트 'TECHNOLOGY'를 입력합니다. ❷ 레이아웃 섹션에서 'W: 컨테이너 채우기', 글씨체 섹션에서 '폰트: Pretendard - Regualr, 크기: 17', 채우기 섹션에서 '색상: 777777'을 설정하고, 이미지와 같이 배치합니다.

04

❶ [T]를 눌러 제목 텍스트 'The Future of AI: How Machine Learning is Transforming Our World'를 입력합니다. ❷ 레이아웃 섹션에서 'W: 컨테이너 채우기', 글씨체 섹션에서 '폰트: Pretendard - Bold, 크기: 32', 채우기 섹션에서 '색상: 000000'을 설정하고, 이미지와 같이 배치합니다.

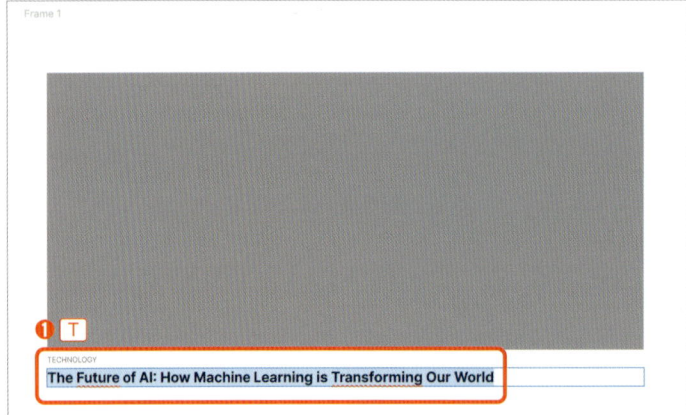 

05

❶ `T`를 눌러 부제목 텍스트 'A deep dive into the latest developments in artificial intelligence' 를 입력합니다. ❷ 레이아웃 섹션에서 'W: 컨테이너 채우기', 글씨체 섹션에서 '폰트: Pretendard - Regular, 크기: 20', 채우기 섹션에서 '색상: 666666'을 설정하고, 이미지와 같이 배치합니다.

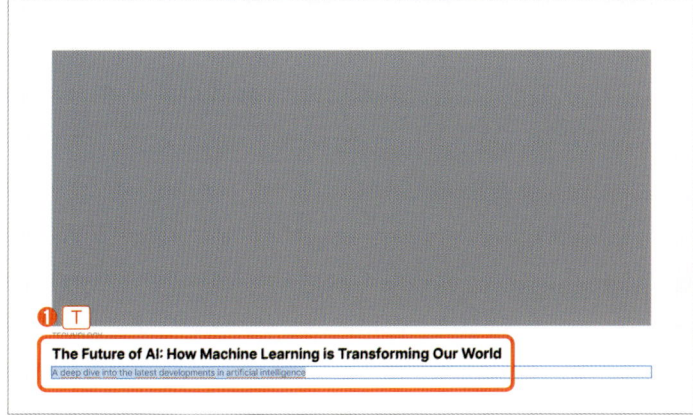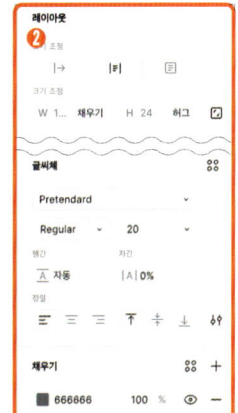

06

❶ `T`를 눌러 작성자 텍스트 'Written by Sarah Johnson'을 입력합니다. ❷ 글씨체 섹션에서 '폰트: Pretendard - Regular, 크기: 14', 채우기 섹션에서 '색상: 666666'을 설정하고, 이미지와 같이 배치합니다.

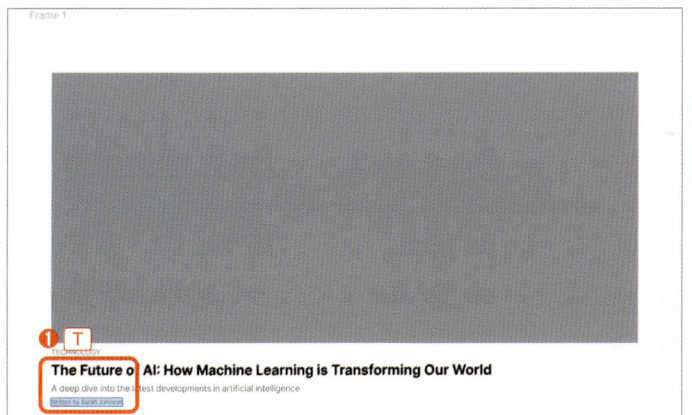

> Pretendard는 한국어와 영어를 모두 고려한 오픈소스 폰트로 웹과 인쇄 환경 모두에서 가독성과 균형감을 고려해 설계되었습니다. 글자 크기나 배율 변화에 따른 간격 보정 없이도 높은 가독성을 제공하며, 가변 폰트를 지원해 본문부터 헤드라인까지 폭넓게 활용할 수 있습니다.

07

❶ 제목과 부제목 텍스트를 선택합니다. [Shift]+[A]를 눌러 오토레이아웃('Frame 3' 프레임)을 적용하고, 오토레이아웃 섹션에서 **'간격: 4'**를 설정합니다. ❷ 'Frame 3' 프레임과 카테고리 텍스트를 선택합니다. [Shift]+[A]를 눌러 오토레이아웃('Frame 4' 프레임)을 적용하고, 오토레이아웃 섹션에서 **'간격: 8'**을 설정합니다. ❸ 'Frame 4' 프레임과 작성자 텍스트를 선택합니다. [Shift]+[A]를 눌러 오토레이아웃('Frame 5' 프레임) 적용하고, 오토레이아웃 섹션에서 **'간격: 12'**를 설정합니다.

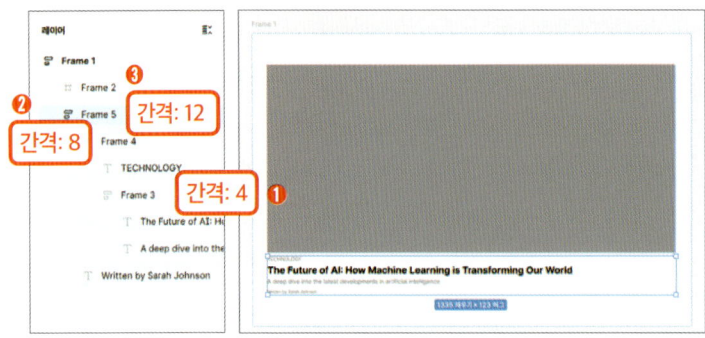

제목, 부제목, 카테고리, 작성자를 각각의 오토레이아웃으로 구분하면 요소 간의 간격과 정렬을 세밀하게 제어할 수 있습니다. 자동으로 간격이 유지되어 레이아웃이 깨지지 않고, 각 그룹의 오토레이아웃 속성을 개별적으로 조정할 수 있어, 다양한 카드형 콘텐츠나 기사 템플릿을 효율적으로 제작할 수 있습니다.

08

❶ [F]를 눌러 프레임을 만들고 [Shift]+[A]를 눌러 오토레이아웃을 적용합니다. ❷ 오토레이아웃 섹션에서 **'흐름: 가로, 랩 ↵ , W: 컨테이너 채우기, 최대 너비 추가: 960px, H: 100, 간격: 48'**을 설정합니다.

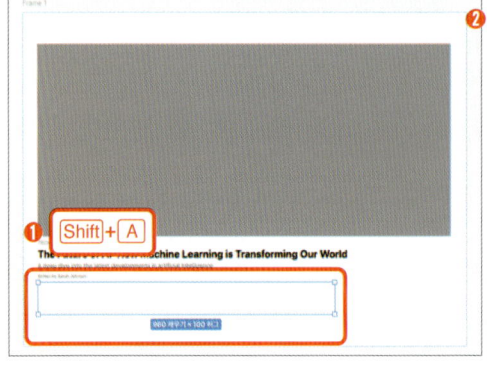

09

이미지 영역을 만들겠습니다. ❶ R을 눌러 'Frame 6' 프레임 안에 도형을 만듭니다. ❷ 레이아웃 섹션에서 '크기: 480×320', 채우기 섹션에서 '색상: E8E8E8'을 설정합니다.

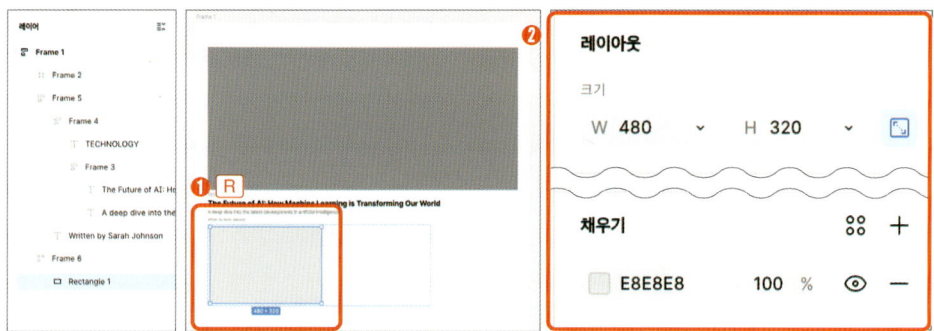

10

기사 영역을 만들겠습니다. ❶ F를 눌러 이미지와 같이 'Frame 6' 프레임 안에 새로운 프레임을 만들고, Shift + A를 눌러 오토레이아웃을 적용합니다. ❷ 오토레이아웃 섹션에서 '흐름: 세로, W: 컨테이너 채우기, H: 내용에 맞게 조절, 간격: 16, 가로 패딩: 0, 세로 패딩: 0'으로 설정합니다.

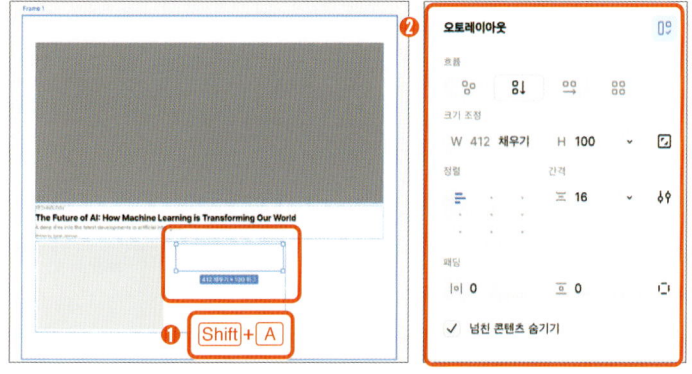

> 실무에서는 버튼이나 카드형 UI처럼 텍스트 길이에 따라 크기가 달라져야 할 때 '내용에 맞게 조절'을, 반응형 레이아웃처럼 프레임이 가로 폭 전체를 차지해야 할 때 '컨테이너 채우기'를 주로 사용합니다. 이번 예제와 같이 두 기능을 함께 사용하면 외부 레이아웃은 일정하게 유지하면서, 내부 콘텐츠는 유연하게 반응해 디자인의 일관성과 가독성을 모두 확보할 수 있습니다. 두 옵션을 상황에 맞게 조합하면 유연하고 유지보수가 쉬운 디자인을 만들 수 있습니다.

11 ❶ T를 눌러 기사 영역을 클릭하고, Ctrl+K를 눌러 [플러그인 및 위젯] 탭에서 'Lorem Ipsum'을 검색해 실행합니다. ❷ 창이 나타나면 **[Lorem Ipsum - 5 - Paragraphs - Generate]**를 클릭해 더미 텍스트^{dummy text}를 생성합니다.

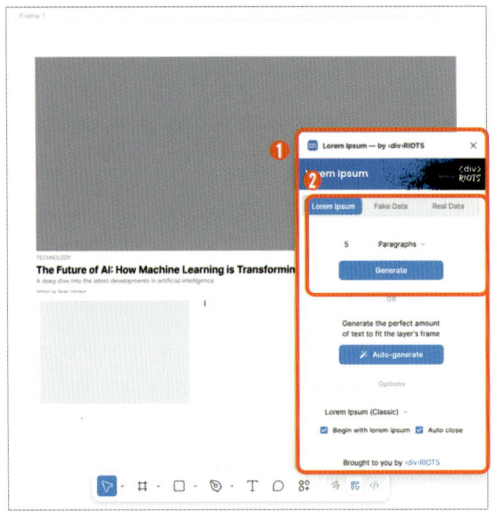

12 ❶ 텍스트 프레임을 선택합니다. ❷ 레이아웃 섹션에서 **'자동 높이 조절'**을 클릭하고, **W: 컨테이너 채우기, H: 내용에 맞게 조절**, 글씨체 섹션에서 **'폰트: Pretendard - Regular, 크기: 17, 행간: 자동, 자간: 0%, 정렬: 왼쪽 정렬'**을 설정합니다.

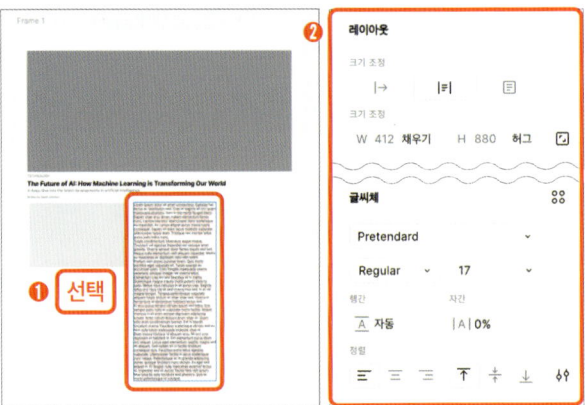

'내용에 맞게 조절'을 선택하면 내부 콘텐츠의 양에 따라 프레임의 높이가 자동으로 변경됩니다.
텍스트가 늘어나거나 줄어들 때 수동으로 크기를 조정할 필요가 없어,
반응형 카드나 동적 리스트 구성에 유용합니다.

13 ❶ 'Frame 1' 프레임을 선택하고 ❷ 오토레이아웃 섹션에서 '**간격 40**'을 설정해 완성합니다.

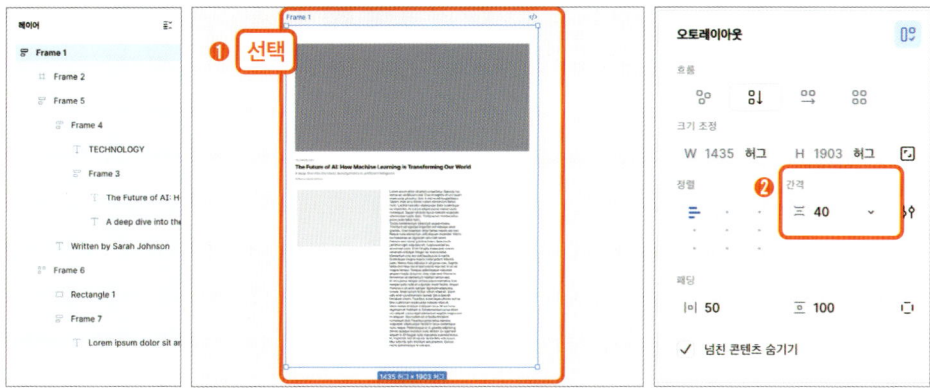

14 뉴스 레이아웃을 모바일에 적용해 보겠습니다. Alt + Shift 를 누른 채 오른쪽으로 드래그해 'Frame 1' 프레임을 복사합니다.

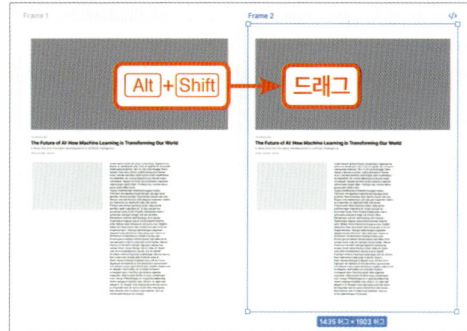

15 복사한 프레임 전체를 선택하고 오로레이아웃 섹션에서 '**W: 360, 간격: 24**'로 설정합니다. 프레임이 모바일 화면에 맞게 줄어듭니다.

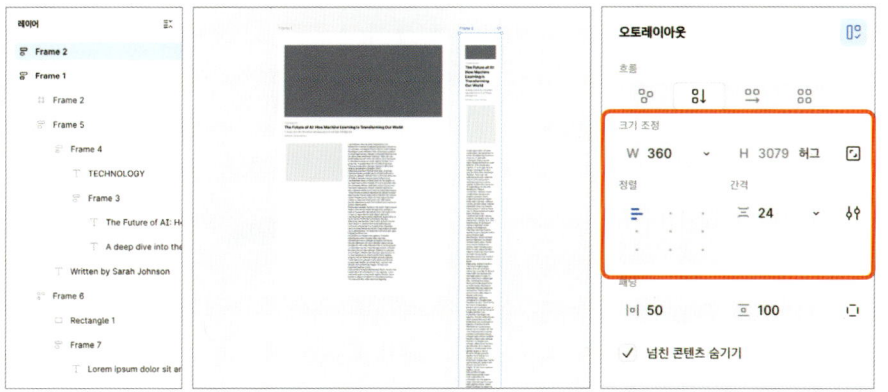

16 이미지 영역과 기사 영역을 선택하고 오토 레이아웃 섹션에서 '**간격 24**'로 설정합니다.

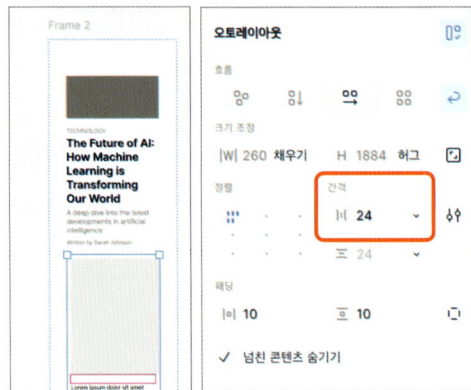

17 ❶ 이미지 영역을 선택합니다. ❷ 레이아웃 섹션에서 '**가로 최소 너비 추가: 230, W: 컨테이너 채우기**'를 설정합니다.

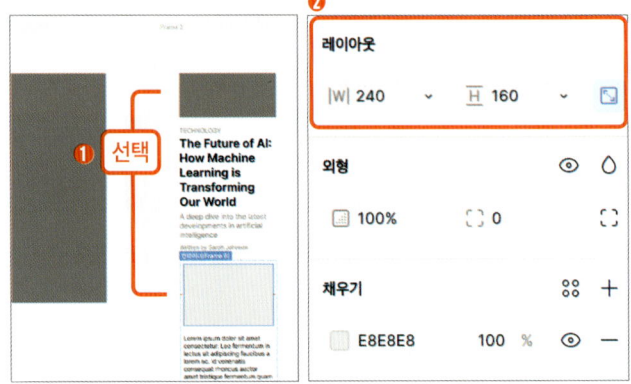

18 글씨체 섹션에서 ❶ 카테고리 텍스트는 '**크기: 14**', ❷ 제목 텍스트는 '**크기: 24**', ❸ 부제목 텍스트는 '**크기: 16**', 작성자 텍스트는 ❹ '**크기: 12**'를 설정합니다.

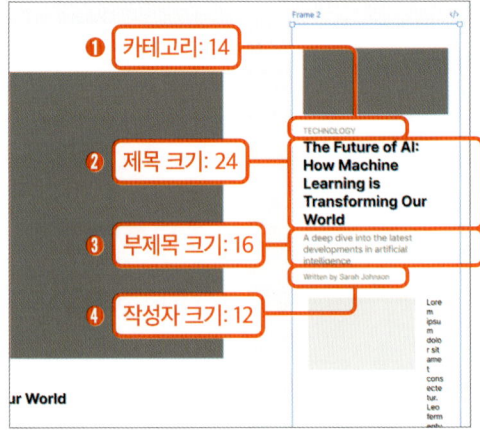

19 'Frame 2' 프레임을 선택하고 오토레이아웃 섹션에서 **'가로 패딩: 24, 세로 패딩: 50'**을 설정합니다.

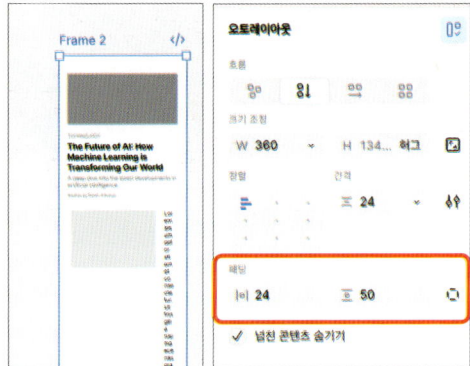

20 이미지 영역과 기사 영역을 선택합니다. 오토레이아웃 섹션에서 **'흐름: 세로'**를 설정해 완성합니다.

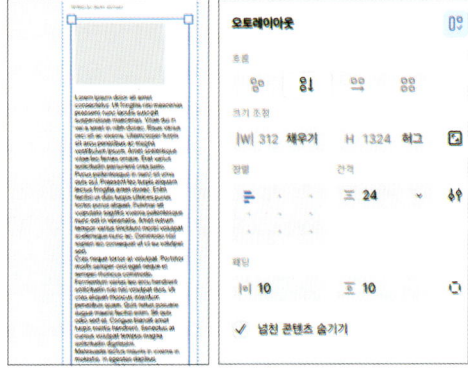

이렇게 설정된 레이아웃으로 각각의 디바이스 크기에서 최적화된 사용자 경험을 제공할 수 있습니다. 오토레이아웃을 이용해 다양한 디바이스 환경에서 더 다양한 디자인을 경험해 보세요.

Lesson 03

그리드를 이용한 레이아웃 구성하기

그리드 기능은 한방향 정렬이 아닌 가로와 세로를 동시에 설정하여 더욱 정밀한 화면 구성을 가능하게 합니다. 이 기능을 통해 행과 열을 동시에 설정해 더욱 정밀하게 화면을 구성할 수 있습니다.

1. 카드형 레이아웃으로 콘텐츠 정리하기

카드형 레이아웃은 상품 리스트, 블로그 글 목록처럼 여러 콘텐츠를 깔끔하게 정리할 때 효과적입니다. 콘텐츠 크기와 간격을 균일하게 유지하고 그리드의 열과 행을 설정해 보기 쉽고 사용자 친화적인 화면을 디자인할 수 있습니다.

01 예제 파일 '카드.fig'를 엽니다. ❶ 탐색 패널에서 'Design' 페이지를 클릭합니다. ❷ 'Frame 1' 프레임을 선택하고 ❸ 오토레이아웃 섹션에서 '<u>흐름: 그리드(3×2), 열 간 간격: 16, 행 간 간격: 16, 가로 패딩 40, 세로 패딩 24</u>'를 설정합니다.

02 탐색 패널에서 ❶ 'Card ui' 페이지를 클릭합니다. ❷ 'Card' 프레임을 Ctrl + C 를 눌러 복사합니다.

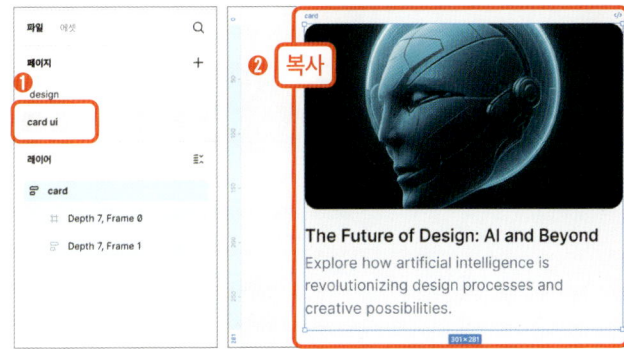

03 다시 'Design' 페이지로 돌아옵니다. 'Frame 1' 프레임 첫 번째 그리드에 Ctrl + V 를 눌러 붙여넣기 하고, 그리드 가로 사이즈에 맞춰 카드 크기를 조정합니다.

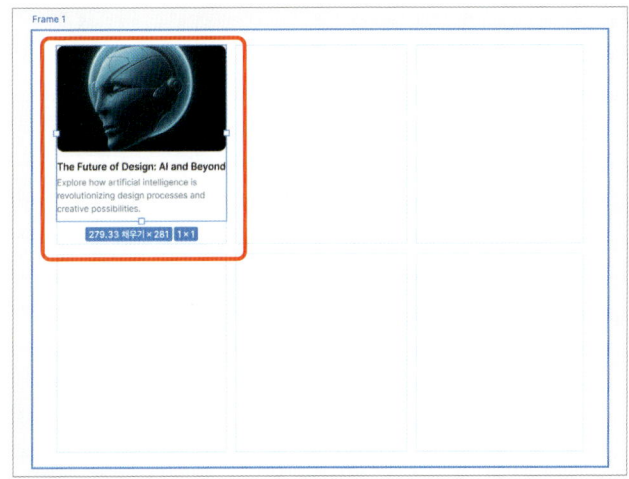

04 같은 방법으로 이미지와 같이 나머지 그리드에 카드를 [복사 - 붙여넣기] 합니다.

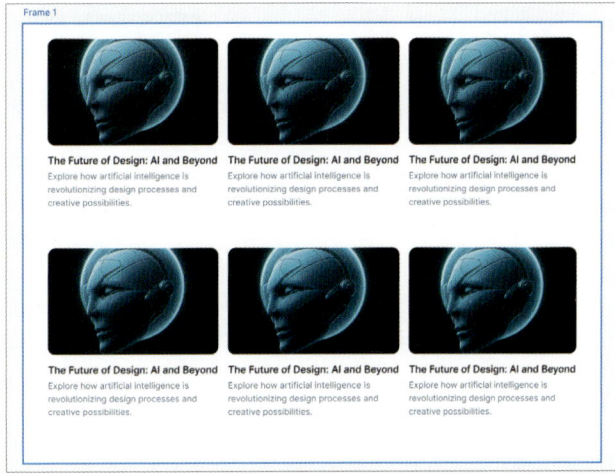

05 Ctrl + K 를 눌러 [플러그인 및 위젯] 탭에서 'Unsplash'를 검색해 실행합니다.

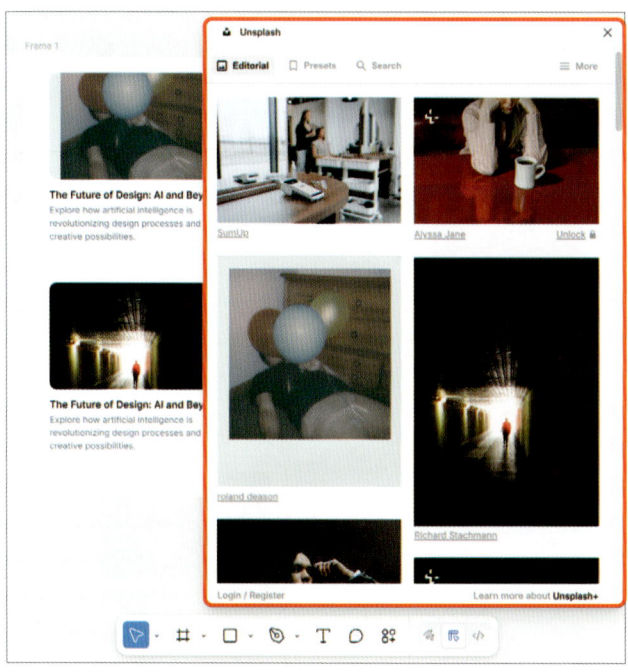

06 Ctrl 을 눌러 이미지 프레임을 선택하고, [Unsplash] 플러그인에서 사진을 하나 선택하면 프레임에 이미지가 들어갑니다. 같은 방법으로 이미지를 배치합니다. 프레임을 다양한 크기로 조절해 보며 각 영역이 어떻게 반응하는지 확인합니다.

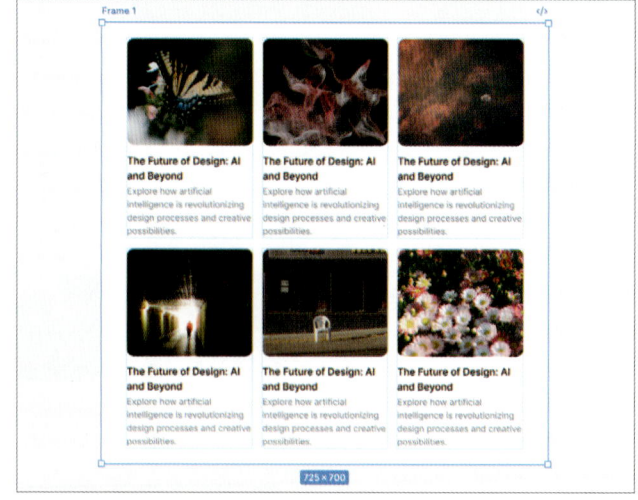

오토레이아웃을 활용하면 카드의 크기나 콘텐츠가 달라져도 전체 정렬이 무너지지 않도록 자동으로 조정되므로, 다양한 유형의 콘텐츠를 손쉽게 관리할 수 있습니다.

2. 대시보드 그리드로 보기 쉽게 정리하기

이번에는 여러 데이터와 정보를 한눈에 보여 주는 대시보드 화면을 그리드를 이용해 구성해 보겠습니다. 그리드 기능을 활용하면 다양한 크기와 형태의 콘텐츠 요소들을 시각적으로 균형 있게 배치할 수 있어, 복잡한 화면도 깔끔하게 정리할 수 있습니다. 대시보드 디자인에서 중요한 정보의 우선순위를 명확히 전달하는 레이아웃을 만들어 보세요.

01 예제 파일 '대시보드.fig'를 엽니다. ❶ 'Wireframe - 1' 프레임을 선택하고 Shift + A 를 눌러 오토레이아웃을 적용합니다. ❷ 오토레이아웃 섹션에서 '흐름: 그리드(12×8), 열 간 간격: 16, 행 간 간격: 16, 가로 패딩 40, 세로 패딩 24'를 설정합니다.

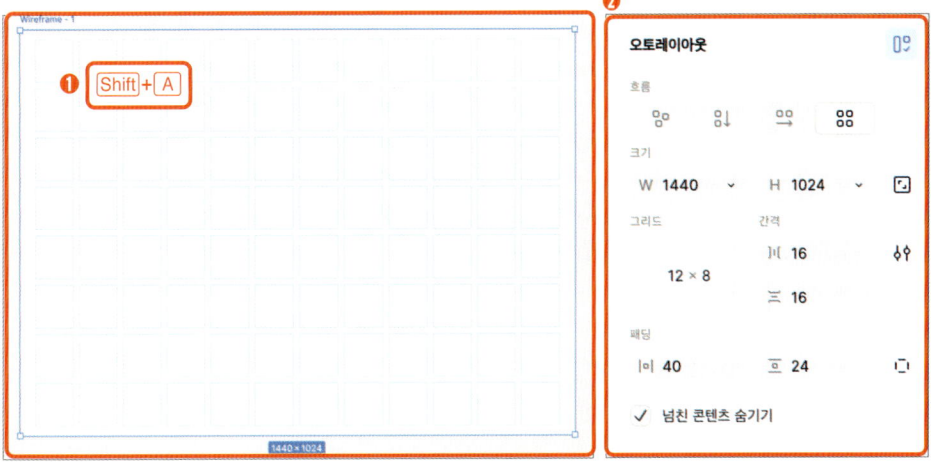

02 탐색 패널에서 'UI' 페이지를 클릭합니다. Ctrl + C 를 눌러 'UI' 페이지의 요소들을 복사합니다.

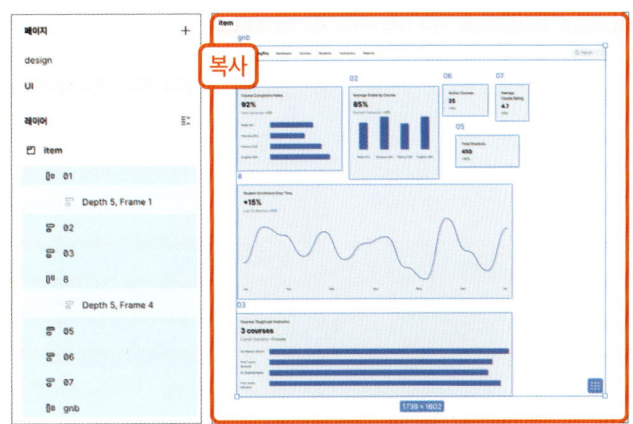

03 다시 'design' 페이지로 돌아와 Ctrl+V를 눌러 요소들을 붙여넣기 합니다.

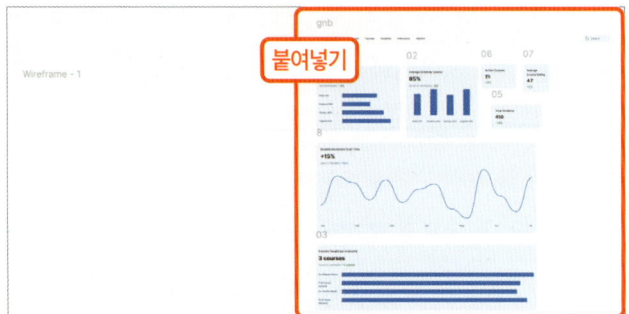

04 그리드에 맞춰 각 프레임을 조정해 이미지와 같이 넣습니다.

05 ❶ 해당 그리드만으로 간격을 맞추기 어려운 요소들을 선택하고, Shift+A를 눌러 오토레이아웃을 적용합니다. ❷ 오토레이아웃 섹션에서 '간격: 27'을 설정합니다.

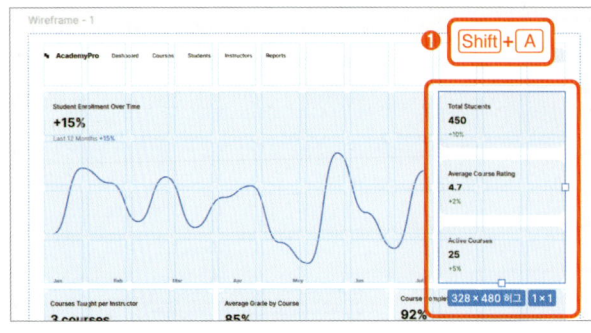
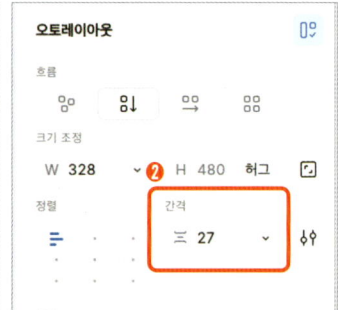

Part 05 오토레이아웃 마스터하기

06 프레임을 다양한 크기로 조절해 보며 각 영역이 어떻게 반응하는지 확인합니다.

레이아웃은 디자인에서 가장 기초적이지만 초보자들이 쉽게 어려움을 느끼는 부분입니다. 특히 다양한 콘텐츠를 정돈된 형태로 배치하는 것이 쉽지 않기 때문이죠. 그러나 위의 예시처럼 피그마의 그리드 기능을 활용하면 콘텐츠의 배치와 정리를 훨씬 쉽고 빠르게 할 수 있습니다. 그리드 기능으로 다양한 레이아웃을 미리 설정하면 복잡한 화면도 간단하게 만들 수 있어 디자인의 완성도와 효율성을 동시에 높일 수 있습니다. 다양한 사례를 연습하면서 그리드 사용법을 익혀 보세요.

Part 06
프로토타입으로 움직이는 디자인 완성하기

 내 디자인이 실제 앱이나 웹에서는 어떻게 움직일지 궁금해.

피그마에서는 프로토타입으로 미리 실제 같은 화면을 만들어 볼 수 있어.

정말 신기하다!

프로토타입으로 클릭이나 스크롤 같은 실제 동작을 간단히 설정해서 바로 확인해 보자.

프로토타입 시작하기

프로토타입에서 상호 작용은 단순한 화면 전환 이상의 역할을 합니다. 버튼 클릭, 페이지 스크롤, 메뉴 열림/닫힘 등 실제 사용 흐름을 그대로 재현해, 개발 전 단계에서 상호 작용을 사용자 입장에서 검증하고 피드백을 받을 수 있도록 돕습니다. 실무에서는 기획자·디자이너·개발자 간 커뮤니케이션 도구로 활용되어, 구현 전에 디자인 의도를 명확히 공유하고 불필요한 수정 비용을 줄이는 데 큰 효과가 있습니다.

1. 프로토타입 살펴보기

실무에서 프로토타입은 트리거, 작업, 애니메이션 등으로 세분화되어 있어 각각의 기능을 이해하고 적용하는 것이 중요합니다. 기본 기능별 동작 방식을 개별적으로 이해하면, 실제 프로젝트에서 필요한 상호 작용만 선택적으로 사용할 수 있습니다.

> 화면 전환 속도나 애니메이션 스타일은 사용자 경험에 큰 영향을 줍니다.
> 각각의 기능을 어떻게 쓰느냐에 따라 디자인 완성도를 높이는 데 도움이 됩니다.

1. 트리거

트리거는 프로토타입에서 상호 작용이 시작되는 조건을 의미합니다. 사용자가 버튼을 클릭하고, 탭하고, 마우스를 올리거나 드래그, 키를 입력하는 등의 모든 행동과 특정 시간의 경과 등을 트리거로 설정할 수 있습니다. 트리거가 발생하면 미리 정의한 액션(다른 프레임으로 이동, 오버레이 열기 등)이 실행되어 실제 사용 흐름을 재현합니다.

클릭 시	사용자가 요소를 클릭했을 때 인터랙션이 발생합니다.
드래그 시	요소를 클릭한 채 드래그할 때 동작이 실행됩니다.
마우스를 올리는 동안	마우스가 요소 위에 있을 때 동안만 효과가 적용됩니다.
누르는 동안	마우스를 누르고 있는 동안 상태가 유지됩니다.
키/게임패드	키보드나 게임패드 입력으로 트리거가 활성화됩니다.
마우스 들어옴	마우스 커서가 요소 위로 진입할 때 동작합니다.
마우스 나가기	마우스 커서가 요소 밖으로 벗어날 때 작동합니다.
마우스 버튼을 누를 때	마우스 버튼을 누르는 순간 인터랙션이 발생합니다.
마우스 버튼 떼기	마우스 버튼에서 손을 뗄 때 효과가 실행됩니다.
지연 후	설정한 시간만큼 지난 후 자동으로 트리거됩니다.

> 오버레이^{overlay}는 사용자가 있는 화면 위에 추가적인 UI 요소를 레이어처럼 띄우는 것을 말합니다.
> 알림창, 툴 팁, 팝업 메뉴 등 추가로 정보를 제공해야 할 때 유용합니다.

➔ 2. 작업

트리거를 통해 상호 작용이 시작된 이후에 무엇이 실제로 일어날지 지정하는 것을 의미합니다. 여러 작업을 조합해 더 자연스럽고 몰입감 있는 흐름을 만들 수 있습니다.

-로 이동	다른 프레임/페이지로 이동합니다.
변경	현재 프레임을 다른 프레임으로 변경합니다.
뒤로	이전 프레임으로 되돌아갑니다.
스크롤하여 이동	특정 영역으로 스크롤하여 이동합니다.
링크 열기	외부 링크를 엽니다.
변수 설정	변숫값을 설정합니다.
변수 모드 설정	하나의 변수에 여러 맥락^{context}에 따라 다른 값을 지정하고, 이를 프로토타입 상호 작용 내에서 전환합니다.
조건부	조건에 맞춰 반응하는 상호 작용을 지정할 수 있습니다.

오버레이 열기	오버레이 레이어를 엽니다.
오버레이 교체	현재 오버레이를 다른 오버레이로 교체합니다.
오버레이 닫기	오버레이 레이어를 닫습니다.

작업은 트리거 후 UI가 어떻게 반응할지를 설정하는 중요한 역할을 합니다. 실무에서는 이 기능들을 적절히 조합하여 사용자 경험을 시각적으로 검증하고, 클라이언트나 개발자와 효과적으로 소통하는 데 활용됩니다.

3. 애니메이션

프레임 간의 상태 전환을 시각적으로 자연스럽게 연결하는 기능입니다. 화면이 툭 튀어 나오거나, 서서히 사라지거나, 요소 간의 변화를 정교하게 표현하는 등을 설정할 수 있습니다. 이러한 애니메이션은 디자인의 몰입감을 높이고, 사용자가 현재 인터페이스 흐름을 직관적으로 이해하는 데 도움을 줍니다.

인스턴트	애니메이션 없이 즉시 화면이 전환되는 효과
디졸브	점점 흐려졌다가 다음 화면으로 부드럽게 전환되는 효과
스마트 애니메이트	두 화면 간 공통된 요소를 자연스럽게 이어 주는 애니메이션
안으로 이동	새로운 화면이 기존 화면 위로 안쪽에서 들어오는 효과
밖으로 이동	현재 화면이 밖으로 밀리며 사라지는 효과
푸시	새 화면이 들어오며 기존 화면을 밀어내는 효과
슬라이드 인	새 화면이 슬라이드 방식으로 들어오는 효과
슬라이드 아웃	현재 화면이 슬라이드 방식으로 사라지는 효과

실무에서는 주요 화면 전환이나 구성 요소의 상태 변화를 전달할 때 애니메이션을 활용해 사용자 경험을 강화합니다. 이를 통해 프로토타입이 단순한 화면 모형을 넘어 동작하는 제품처럼 느껴지게 만들 수 있습니다.

2. 프로토타입을 활용한 실무 예제 8가지

프로토타입은 단순한 화면 전환이 아니라, 사용자 흐름을 '직접 보고 확인하는' 실질적인 커뮤니케이션 도구입니다. 피그마에서는 코딩 없이도 다양한 상호 작용을 빠르게 구현할 수 있어, 개발 전에 사용자 경험을 조기 검증할 수 있습니다. 다양한 예제를 직접 만들어 보고, 이 과정에서 화면 간 연결 구조와 상호 작용 설정 방법을 익혀 보겠습니다.

먼저 프로토타입에 많이 활용되는 효과를 살펴보겠습니다. 디자인에 아래와 같은 효과를 사용하면 디자인의 밀도를 더해 사용자 인터페이스를 더욱 매력적으로 만들 수 있습니다. 적절한 효과 사용은 요소 간의 계층 구조를 명확하게 하고 상호작용의 힌트를 제공하여 전반적인 사용자 경험을 향상시킵니다.

- **Ⓐ 그림자:** 그림자를 통해 각 요소의 고도감을 표현.
- **Ⓑ 내부 그림자:** 요소 내부에 들어가는 그림자로 음각 효과를 생성.
- **Ⓒ 레이어 흐림:** 특정 요소에 초점을 맞추거나 깊이감을 표현.

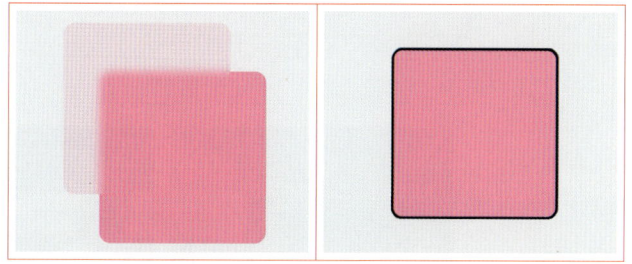

- **Ⓓ 배경 흐림:** 반투명 효과 및 콘텐츠 계층을 표현.
- **Ⓔ 선 효과:** 대체로 꾸밈 요소로 사용합니다.

→ 1. 그림자 효과 활용하기

버튼의 상태 변화는 사용자가 인터페이스를 이해하는 데 중요한 시각적 단서가 됩니다. 이번 예제에서는 마우스 오버 시 버튼 아래에 그림자 효과를 추가해, 사용자가 상호작용 가능 영역을 직관적으로 인지할 수 있도록 설정해 보겠습니다.

01 예제 파일 '효과카드.fig'를 엽니다. 'Card' 프레임을 클릭하고 효과 섹션의 **'효과 추가(+)'**를 클릭합니다.

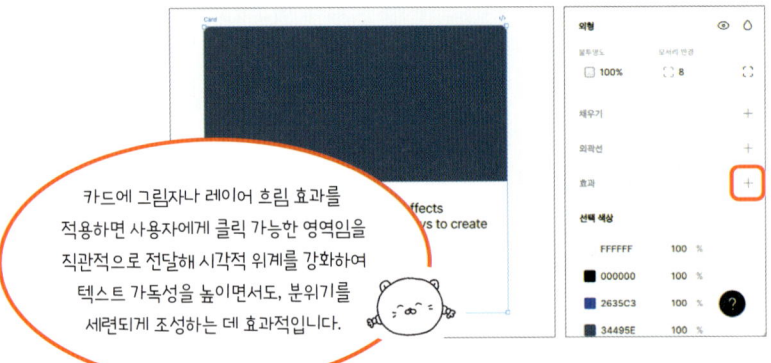

카드에 그림자나 레이어 흐림 효과를 적용하면 사용자에게 클릭 가능한 영역임을 직관적으로 전달해 시각적 위계를 강화하여 텍스트 가독성을 높이면서도, 분위기를 세련되게 조성하는 데 효과적입니다.

02 '효과 설정' 창이 나타나면 '바깥쪽 그림자'를 선택하고 **'X: 2, Y: 8, 흐림: 12, 스프레드: 0, 색상: 000000, 8%'**를 설정합니다.

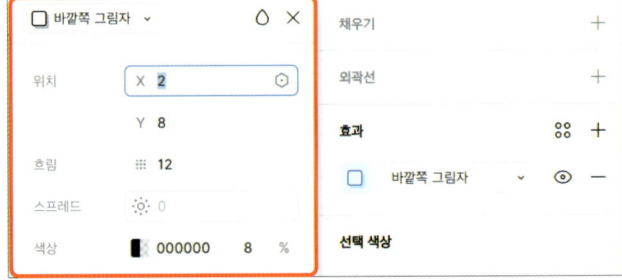

03 카드를 클릭하고, [Alt] +[Shift]를 누른 채 오른쪽으로 드래그해 도형을 옆의 이미지를 참고하여 복사합니다.

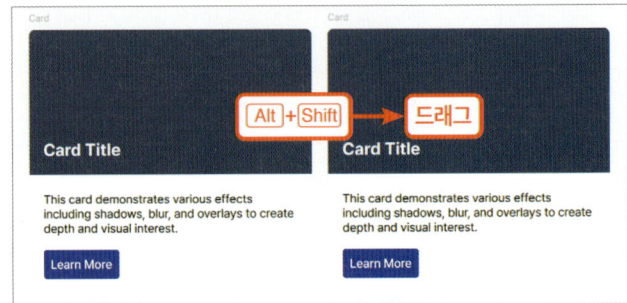

04

❶ 오른쪽 'Card' 프레임에서 Ctrl 을 누른 채 '파란색 버튼('Frame 3' 레이어)'을 클릭하고 ❷ 효과 섹션의 **'효과 추가(+)'** 를 클릭합니다.

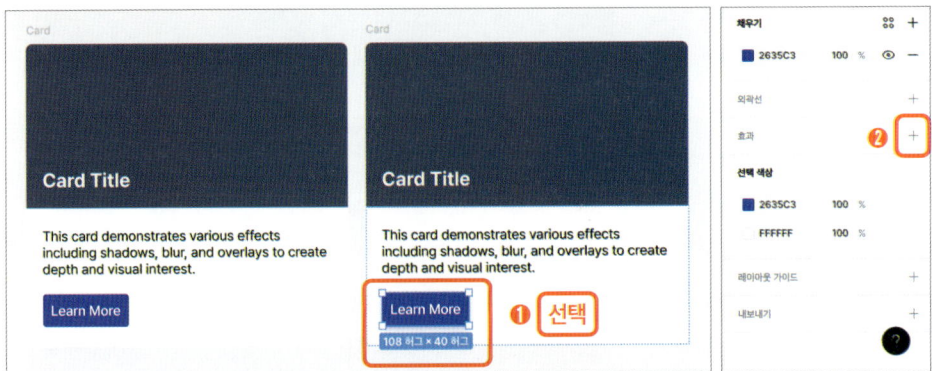

05

'효과 설정' 창이 나타나면 **'바깥쪽 그림자'** 를 선택하고 **'X: 0, Y: 4, 흐림: 8, 스프레드: 0, 색상: 1F2B9B, 34%'** 를 설정합니다.

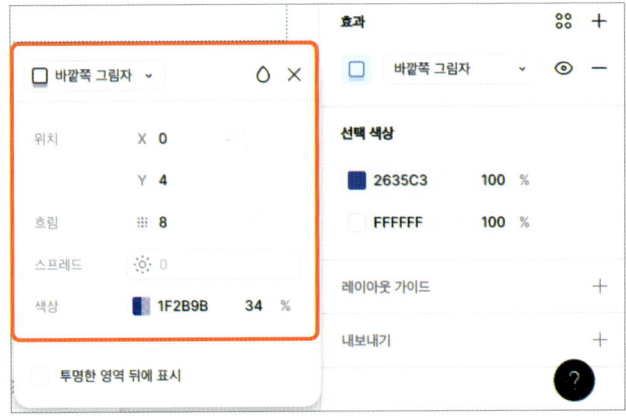

06

❶ [디자인] 패널 상단 [프로토타입]을 클릭합니다. ❷ Ctrl 을 누른 채 '파란색 버튼('Frame 3' 레이어)'을 클릭하고, '파란색 버튼' 오른쪽에 마우스를 올리면 '인터랙션 핸들 ⊕'이 나타납니다.

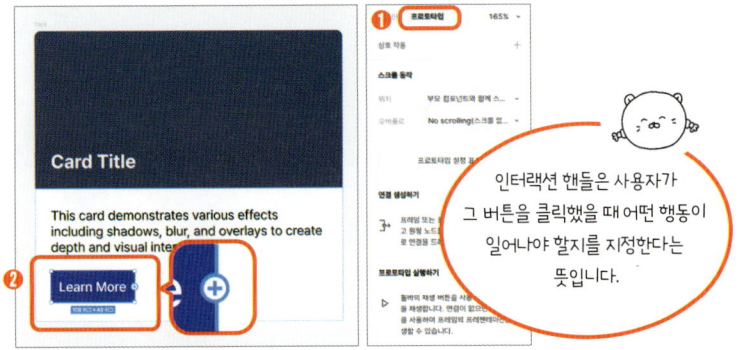

인터랙션 핸들은 사용자가 그 버튼을 클릭했을 때 어떤 행동이 일어나야 할지를 지정한다는 뜻입니다.

07 '인터랙션 핸들 ⊕'을 드래그해 이미지와 같이 오른쪽 'Card' 프레임에 연결합니다.

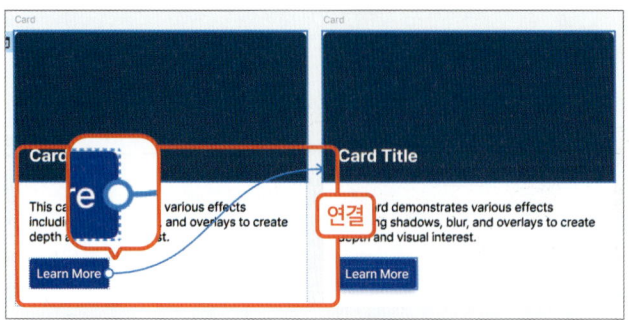

08 '상호 작용' 창이 나타나면 '트리거: 마우스 올리는 동안'을 설정합니다.

'마우스 올리는 동안'은 내비게이션 메뉴, 툴 팁, 상태 전환 효과 등에 유용하며, 사용자의 시각적 흐름을 끊지 않고 자연스럽고 직관적인 경험을 제공할 수 있어 실무에서도 자주 활용됩니다.

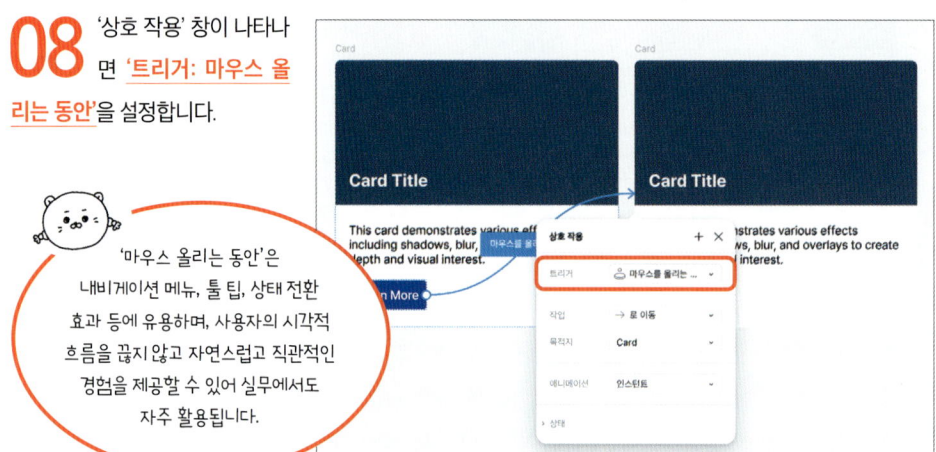

09 Shift + Spacebar 를 눌러 미리보기를 실행합니다. '파란색 버튼'에 마우스 커서를 올리면 그림자 효과가 나타나는 것을 확인할 수 있습니다.

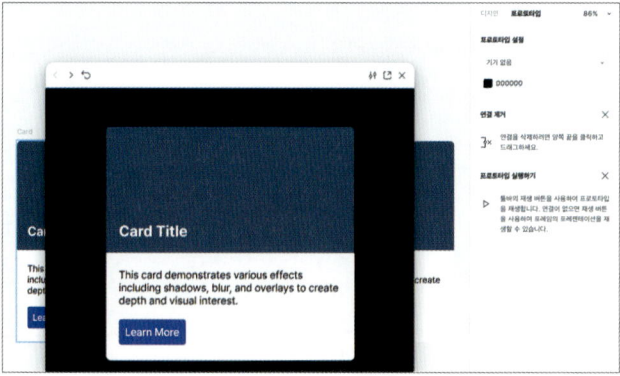

그림자 효과는 심미적인 역할뿐만 아니라, 이처럼 사용자가 상호 작용 버튼임을 바로 파악할 수 있도록 인지를 돕는 역할을 하기도 합니다.

→ 2. 그라데이션 활용하기

이미지에 그라데이션을 적용하면 텍스트 가독성을 높이거나 시각적 깊이를 더할 수 있습니다. 이번 예제에서는 단순한 이미지 위에 그라데이션을 더해, 디자인의 초점을 자연스럽게 유도하는 방법을 알아보겠습니다.

01 예제 파일 '효과카드.fig'로 돌아옵니다. ❶ [더블클릭]하여 왼쪽 'Card' 프레임의 이미지 영역을 선택하고, ❷ 채우기 섹션에서 [컬러 칩 - 이미지 ⊠]를 선택합니다.

> 그라데이션을 활용하면 디자인에 입체감과 깊이를 자연스럽게 추가할 수 있습니다.

02 [컴퓨터에서 업로드]를 클릭하고 예제 파일 '카드.jpg'를 선택합니다.

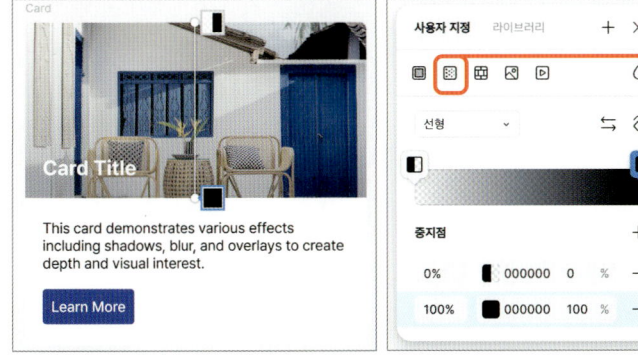

03 채우기 섹션에서 '채우기 추가(+)'를 클릭하고 '그라데이션 ▦ '을 선택합니다.

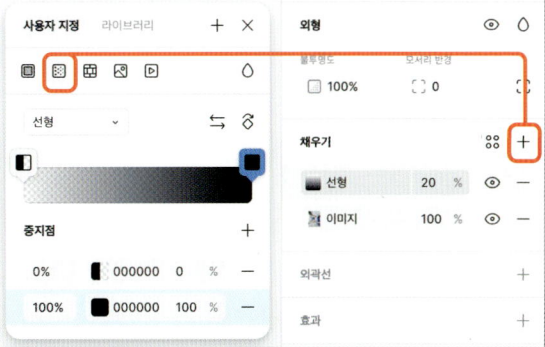

04 그라데이션 설정 창이 나타나면 중지점 섹션에서 두 번째 컬러 칩을 '50%'로 설정해 입체감을 줍니다.

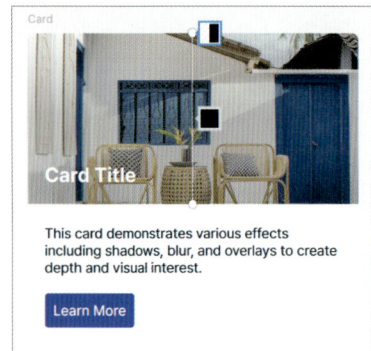 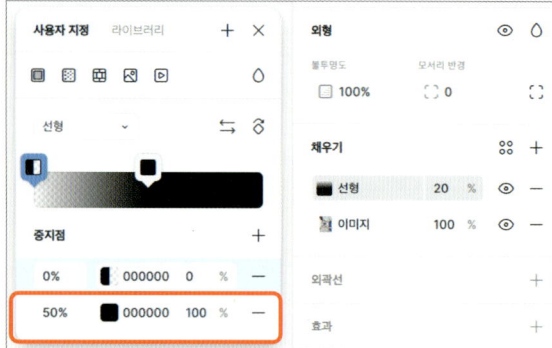

이번 예제에는 한 방향으로 점점 어두워지는 '선형' 그라데이션을 활용해 이미지 전체를 흐리지 않고도 콘텐츠의 집중도를 높여 보았습니다. 선형, 방사형, 각도형, 다이아몬드형 등 어떤 그라데이션을 활용하느냐에 따라 시선, 강조, 가독성, 흥미 등 다양한 효과를 줄 수 있습니다.

선형	색상이 직선 방향으로 부드럽게 전환되며, 배경, 버튼, 헤더 등에서 화면 흐름을 자연스럽게 유도할 때 주로 사용됩니다.
방사형	중심에서 바깥으로 퍼지는 형태의 그라데이션으로, 포커스 개체를 시각적으로 강조하거나 시선을 중심으로 이끌 때 효과적입니다.
각도형	중심을 기준으로 색이 시계 방향으로 회전하면서 전개되어, 다이나믹하고 방향성 있는 시각 표현에 적합합니다.
다이아몬드형	중앙에서 대각선 방향으로 색이 퍼지며, 중앙 집중적인 시선 유도 효과를 주기 좋아 버튼 배경이나 강조 요소에 유용합니다.

➜ 3. 텍스처 이미지와 블렌딩 활용하기

텍스처 이미지는 디자인에 미묘한 질감과 깊이를 더해, 단조로운 배경에 생동감을 부여할 수 있습니다. 이번 예제에서는 이미지 위에 노이즈 텍스처를 올리고, 불투명도와 블렌드 모드를 조정해 자연스럽게 어우러지는 질감 효과를 만들어 보겠습니다.

01 예제 파일 '효과카드.fig'로 돌아옵니다. ❶ 예제 파일 'Noise.jpg'를 캔버스로 드래그해 추가합니다. ❷ 이미지와 같이 왼쪽 'Card' 프레임의 'Card Title' 레이어와 'Noise texture' 레이어 사이에 배치하고, Alt + W 를 눌러 이미지를 정렬한 후, 영역에 맞게 크기를 조정합니다.

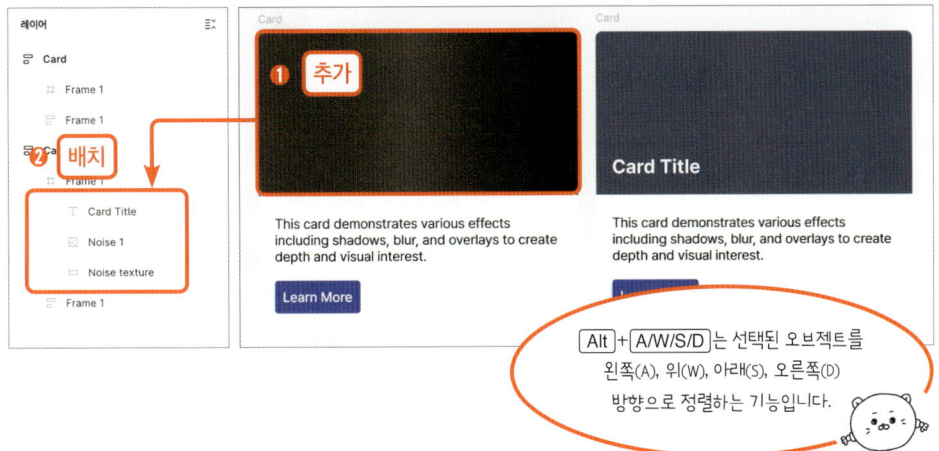

02 'Noise 1' 레이어를 선택합니다. 외형 섹션에서 **'불투명도: 50%, 블렌드 모드: 밝게'**로 설정합니다.

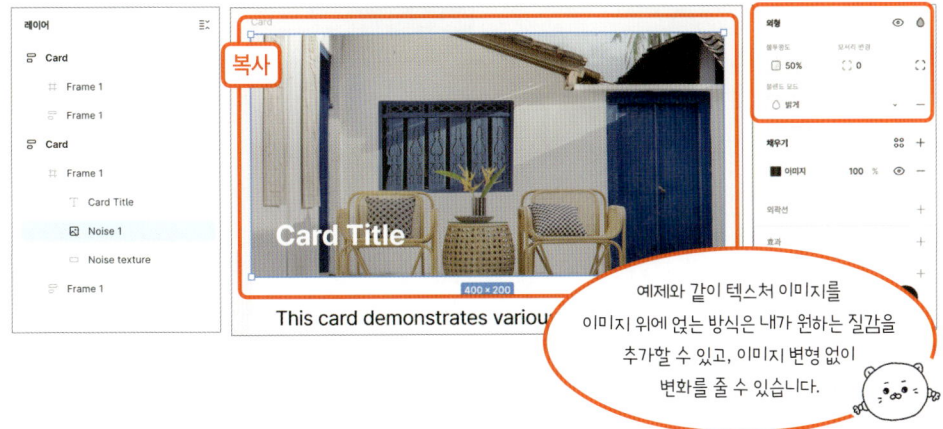

03 'Frame 1' 프레임을 선택하고, [Ctrl]+[C]를 눌러 복사합니다.

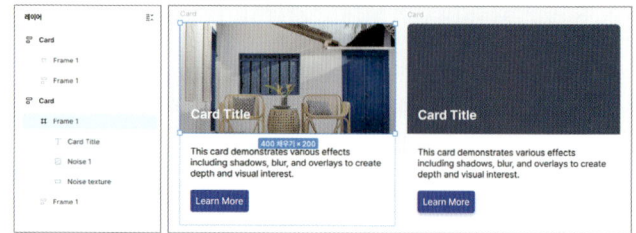

04 오른쪽 'Card' 프레임에서 이미지 영역을 선택하고, [마우스 우클릭 - 붙여넣어 교체]를 선택합니다.

'붙여넣어 교체'는 복사된 객체를 기존에 선택한 오브젝트와 정확하게 동일한 위치 및 계층에 있는 형태로 교체합니다. 즉, 새롭게 붙여넣기만 하는 것이 아니라, 원래 오브젝트 자리에 자동으로 바꿔치기하는 것입니다.

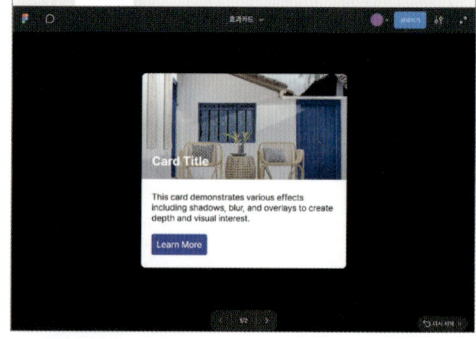

05 [Ctrl]+[Alt]+[Enter]를 눌러 프레젠테이션 모드^{Presentation Mode}를 열고, 프로토타입 흐름을 확인하여 완료합니다.

텍스처 이미지를 추가하고, 거기에 블렌딩 모드를 활용하면 단순한 배경 이미지에도 풍부한 분위기와 입체감을 더할 수 있습니다.

'밝게'는 원본 이미지의 색상은 유지하면서 자연스러운 질감이 더해져 고급스러운 느낌을 연출할 수 있습니다. 실무에서는 브랜드의 톤앤매너에 맞는 분위기를 손쉽게 구현할 수 있어 매우 유용한 기법입니다.

→ 4. 고정 내비게이션 구현하기

이번 예제에서는 프로토타입을 활용해 고정 내비게이션 fixed navigation 을 만들어 보겠습니다. 고정 내비게이션은 주요 메뉴, 검색창, 로그인 버튼 등 핵심 기능을 항상 접근 가능하게 유지할 때 활용합니다.

01 예제 파일 '프로토타입-오버레이.fig'를 엽니다. 화면을 아래로 스크롤해도 위의 메뉴 바는 상단에 유지되도록 작업해 보겠습니다.

고정 내비게이션은 긴 페이지에서도 사용자가 메뉴로 쉽게 이동할 수 있고, 주요 액션 버튼이나 브랜드 로고가 항상 노출되어 사용 편의성과 브랜드 노출 효과가 높아집니다.

02 상단 메뉴 바('GNB' 프레임)를 선택하고, ❶ 효과 섹션에서 '효과 추가(+)'를 클릭합니다. ❷ '효과 설정' 창이 나타나면 '배경 흐림'을 선택하고, '흐림: 20'을 설정합니다.

143

03 ❶ [디자인] 패널 상단 [프로토타입]을 클릭합니다. ❷ 스크롤 동작 섹션에서 [위치 - 스티커 메모(상단 가장자리에서 멈춤)]을 설정합니다.

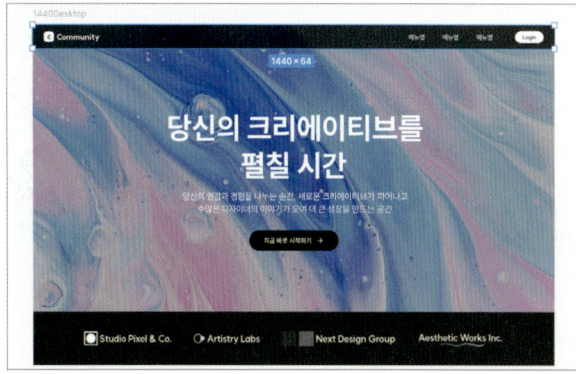 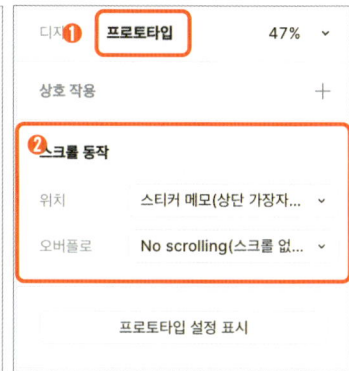

04 '1440Desktop' 프레임을 선택하고, 이미지와 같이 프레임을 아래로 늘립니다. Shift + Spacebar 를 눌러 미리보기를 실행합니다. 화면을 아래로 스크롤하면 상단 메뉴가 상단에 고정되어 있는 것을 확인할 수 있습니다.

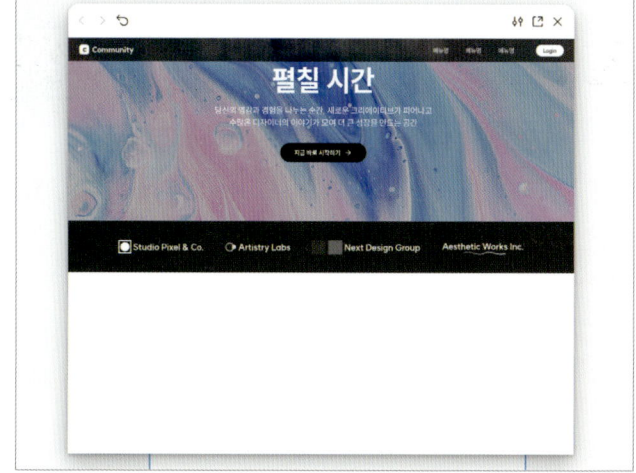

고정 내비게이션을 만들어 보았습니다. 이 구조는 z-index 레이어 구조화가 적용된 화면으로 다양한 환경에 활용해 볼 수 있습니다.

> z-index 레이어는 요소가 겹칠 때 어떤 것이 위에 보일지를 결정하는 속성입니다. 고정 내비게이션, 팝업, 모달 창 처럼 항상 위에 보여야 하는 UI는 z-index를 높게 설정합니다. 반대로, 배경 이미지나 장식 요소처럼 뒤에 있어야 하는 경우 z-index를 낮게 두면 레이아웃이 안정됩니다.

➜ 5. 스크롤 기능 구현하기

이번 예제에서는 스크롤 가능 영역scroll frame을 활용해 사용자가 콘텐츠를 자유롭게 스크롤 할 수 있는 인터페이스를 구현해 보겠습니다. 긴 리스트나 카드 섹션처럼 안 보이는 콘텐츠가 스크롤로 나타나는 웹/앱 환경을 그대로 체험해 볼 수 있습니다.

01 예제 파일 '**프로토타입-스크롤.fig**'를 엽니다. Shift + G 를 눌러 레이아웃 가이드를 숨깁니다. [더블 클릭]하여 'Explore'의 이미지 영역('card' 프레임)을 선택합니다.

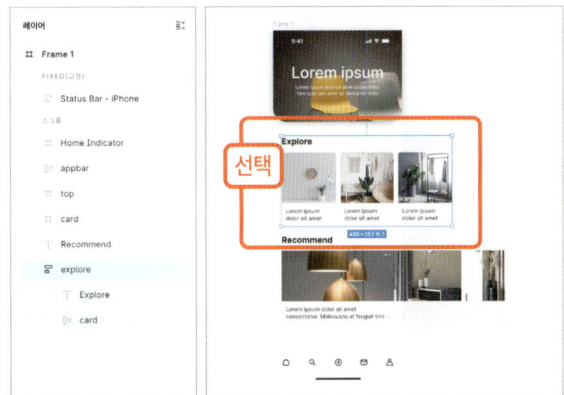

02 ❶ 'Explore'의 이미지 영역('card' 프레임)을 선택하고, ❷ 오토레이아웃 섹션에서 '**크기: 328×257**'를 설정합니다.

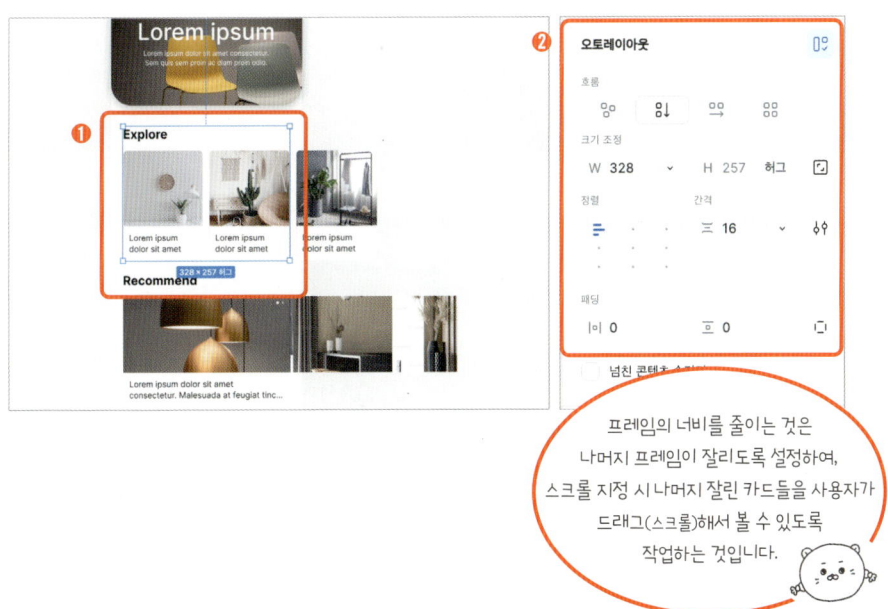

프레임의 너비를 줄이는 것은 나머지 프레임이 잘리도록 설정하여, 스크롤 지정 시 나머지 잘린 카드들을 사용자가 드래그(스크롤)해서 볼 수 있도록 작업하는 것입니다.

03

❶ [디자인] 패널 상단 [프로토타입]을 클릭합니다. ❷ 스크롤 동작 섹션에서 [오버플로 - 'Horizontal(가로)']를 설정합니다.

> 오버플로^{overflow}는 피그마 프로토타입에서 프레임 내부의 콘텐츠가 프레임 크기를 넘어설 때, 넘치는 부분을 어떻게 처리할지 설정하는 기능입니다.

04

❶ 'Recommend'의 이미지 영역('img' 프레임)을 선택합니다. ❷ [프로토타입]을 클릭하고 스크롤 동작 섹션에서 [오버플로 - 'Horizontal(가로)']를 설정합니다.

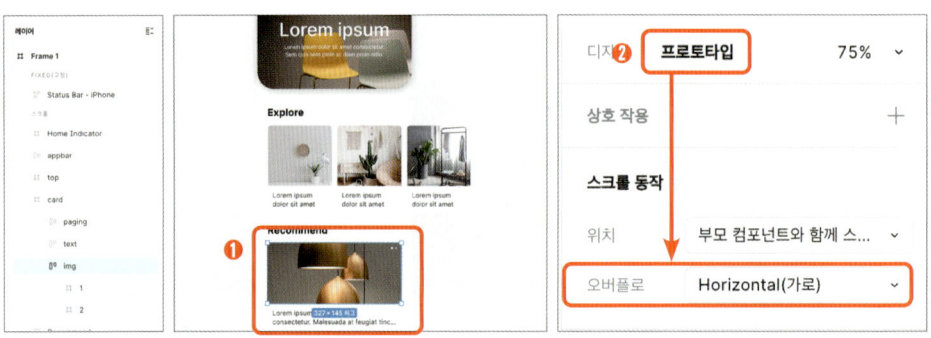

05

Shift + Enter 를 눌러 상위 프레임 'img' 프레임을 선택하고, 오토레이아웃 섹션에서 '넘친 콘텐츠 숨기기'를 체크합니다.

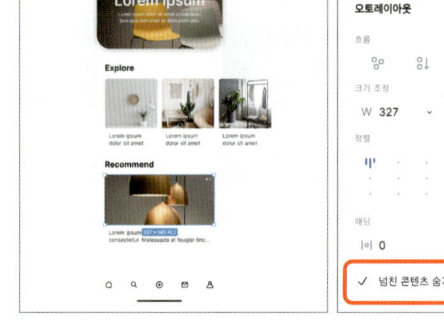

06 드래그하여 하단의 앱 바$^{app\ bar}$와 인디케이터^{indicator}를 선택합니다. [디자인] 패널 상단 [프로토타입]을 클릭하고, 스크롤 동작 섹션에서 **[위치 - 고정(위치 고정)]**을 설정합니다.

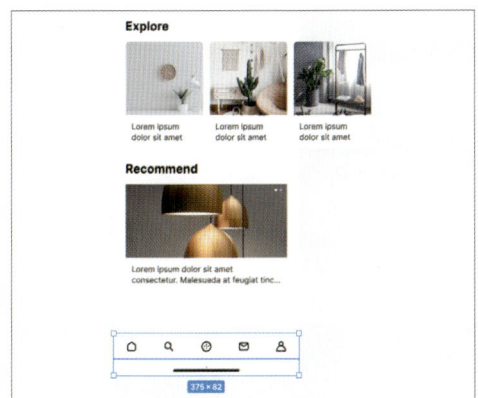 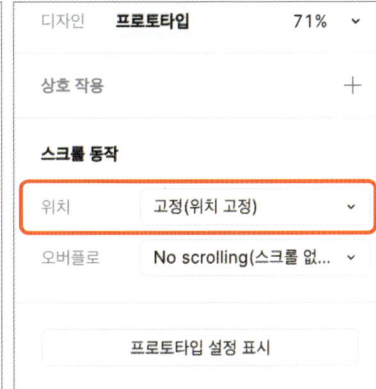

07 프레임 바깥 영역을 클릭한 뒤 프로토타입 설정 섹션에서 '**iPhone 13 mini**'를 설정합니다.

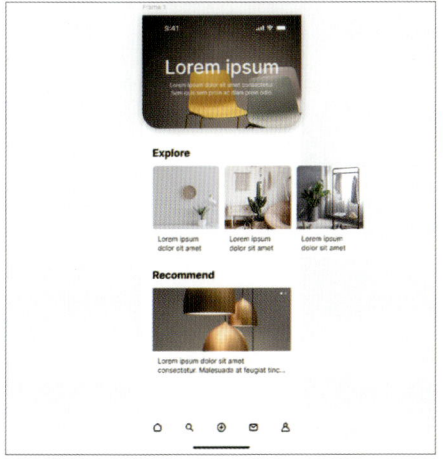 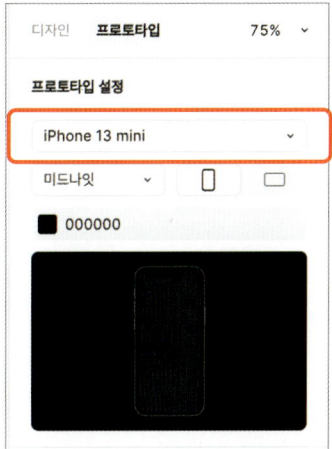

08

Ctrl+Alt+Enter를 눌러 프레젠테이션 모드를 열고, 이미지 영역을 스크롤해 프로토타입 흐름을 확인하여 완료합니다.

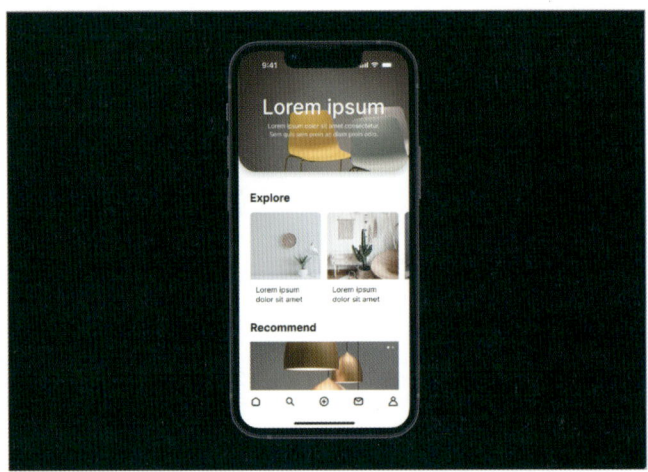

가로 스크롤은 콘텐츠 카드나 이미지 갤러리처럼 한정된 공간에서 많은 정보를 보여 줄 때 유용합니다. 프레임 크기와 콘텐츠 영역을 적절히 조정하면, 화면 밖의 요소가 자연스럽게 이어지는 흐름을 만들 수 있습니다.

6. 상세 이미지 오버레이와 닫기 동작 구현하기

이번 예제는 사용자가 목록 속 이미지를 클릭하면 해당 이미지가 확대되어 오버레이로 표시되고, 닫기 아이콘을 누르면 다시 홈 화면으로 돌아가는 흐름을 구현합니다.

> 실무에서는 제품 상세 미리보기, 이미지 갤러리, 팝업형 안내 창 등에서 자주 쓰이는 방식으로, 페이지 전환 없이도 핵심 정보를 빠르게 보여 줄 수 있어 사용자 경험을 크게 향상시킵니다.

01 ❶ 예제 파일 '프로토타입-스크롤.fig'로 돌아옵니다. ❷ 'Frame 1' 레이어를 선택하고, 레이아웃 섹션에서 '넘친 콘텐츠 숨기기'에 체크합니다.

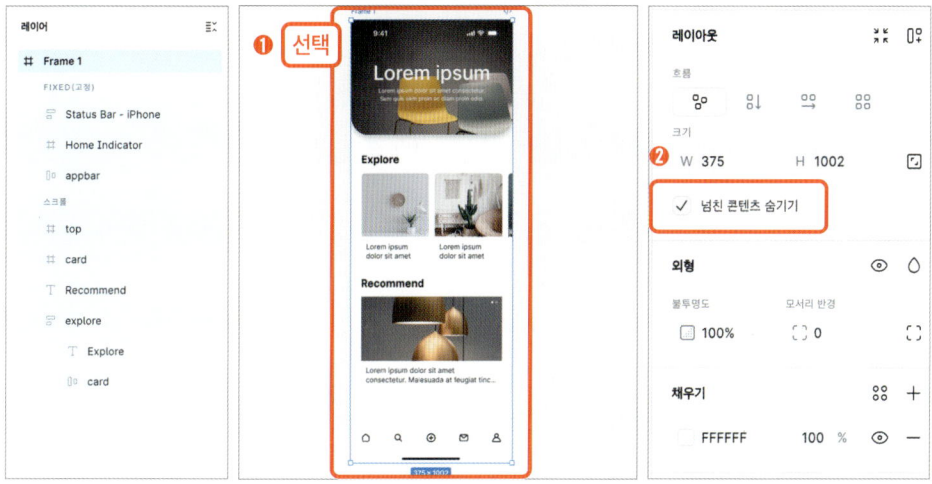

02 F 를 누르고, 'Frame 1' 레이어의 'Quick-add ⊕ 버튼'을 클릭해 프레임을 복사합니다.

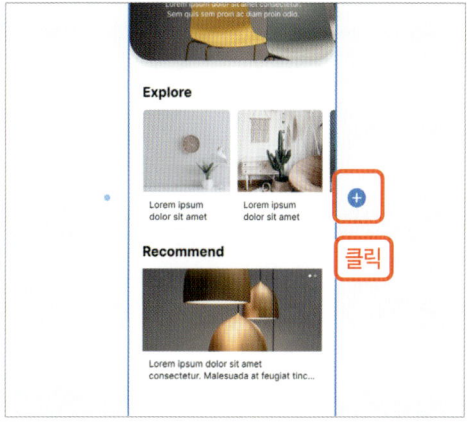

03 [더블 클릭]해 오른쪽 프레임에서 'Explore'의 이미지 영역('card' 프레임)의 첫 번째 이미지를 선택합니다. ❶ Ctrl + D 를 눌러 제자리에 [복사 - 붙여넣기] 하고, ❷ 복사한 이미지를 레이어 패널의 Fixed(고정) 아래에 배치합니다.

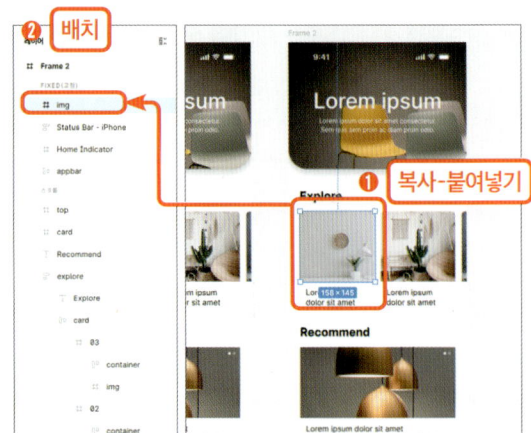

04 복사한 이미지를 선택하고, 레이아웃 섹션에서 '크기: 375×812'를 설정합니다.

05 채우기 섹션에서 [컬러 칩 - 이미지 🖼 - 맞추기]를 선택합니다.

06

❶ `Alt`+`W`를 눌러 이미지를 정렬하고, ❷ `Ctrl`+`Alt`+`G`를 눌러 '프레임 선택'을 선택하여 이미지를 하나의 프레임으로 감쌉니다.

> '프레임 선택'은 구성 요소들이 정리되지 않았을 때 프레임 하나로 깔끔하게 구조를 잡아 주며, 이후 레이어 관리나 프로토타입 연결에도 용이합니다.

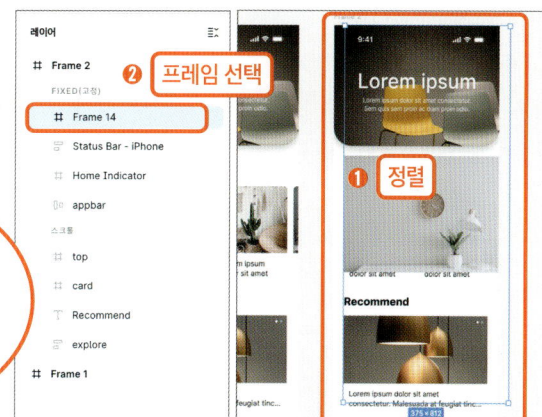

07

'Frame 14' 레이어를 선택합니다. ❶ 외형 섹션에서 '**불투명도: 40%**', 채우기 섹션에서 '**색상: 000000**, 효과 섹션에서 '배경 흐림'을 선택한 후, '**흐림: 20**'을 설정합니다. ❷ 'Frame 2' 레이어에 맞춰 위치를 조정합니다.

> 각 섹션에 옵션 설정 창이 나타나지 않으면 '+'를 클릭하세요.

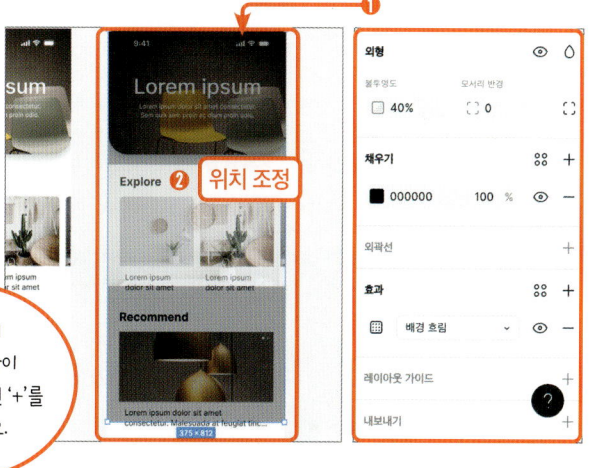

08

'Status Bar - iPhone' 레이어를 Fixed(고정) 아래에 배치합니다.

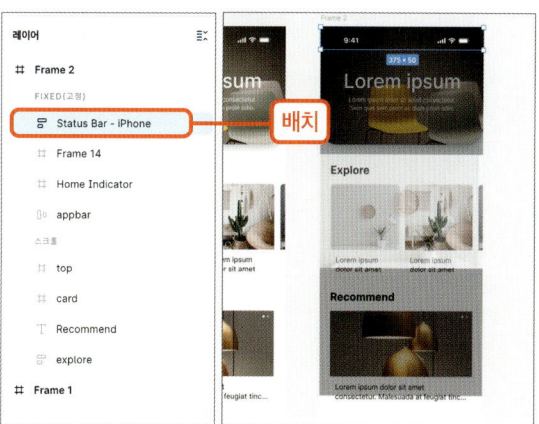

09 ❶ Ctrl + K 를 눌러 [플러그인 및 위젯] 탭에서 'icon close'를 검색하고, ❷ 'close' 아이콘을 클릭합니다.

Ctrl + K 를 눌러 내가 필요한 아이콘을 찾아 활용할 수 있습니다.

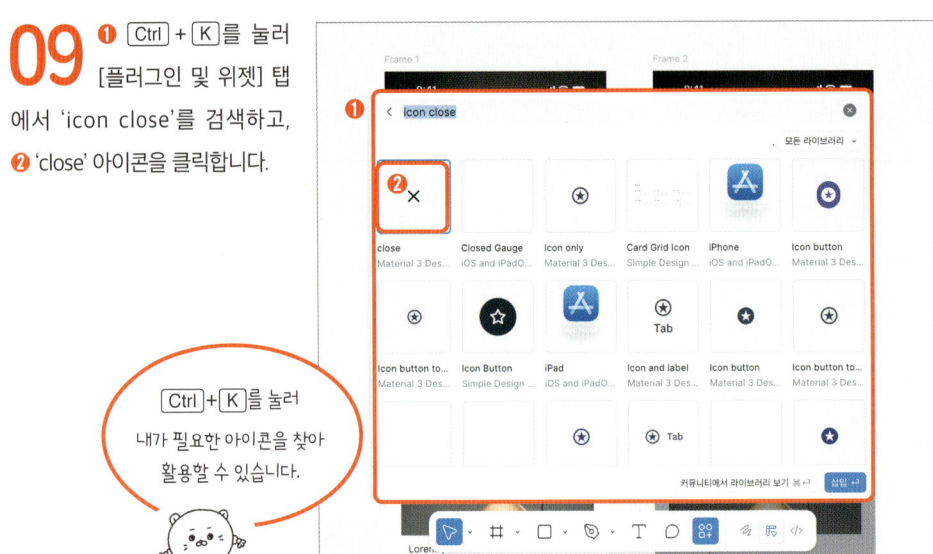

10 ❶ 'close' 아이콘을 'Status Bar - iPhone' 레이어 아래에 배치합니다. ❷ 위치 섹션에서 **'X: 331, Y: 70'**, 선택 색상 섹션에서 **'FFFFFF'**를 설정합니다.

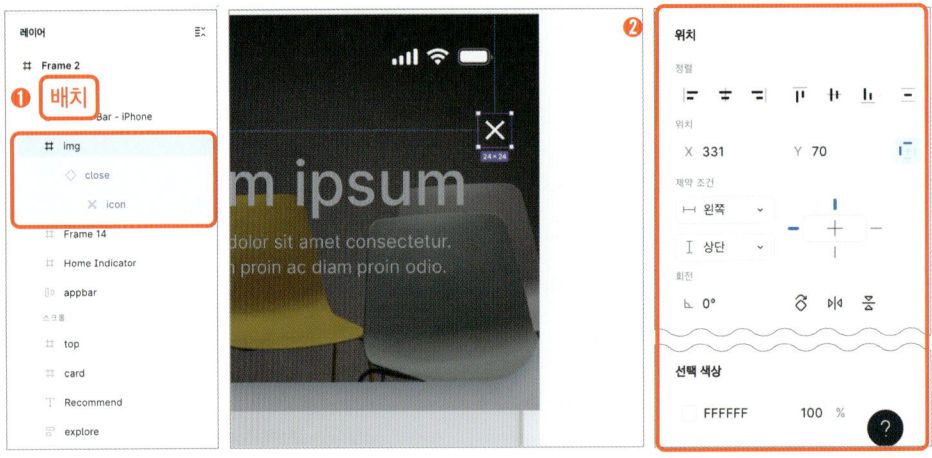

추가한 아이콘은 디자인에 맞게 색상, 크기 등 모든 요소를 수정할 수 있습니다.

11 [디자인] 패널 상단 [프로토 타입]을 클릭합니다. ❶ Ctrl 을 누른 채 왼쪽 프레임에서 'Explore'의 첫 번째 이미지를 선택하고, ❷ '상호 작용' 섹션에서 '**추가(+)**'를 클릭합니다.

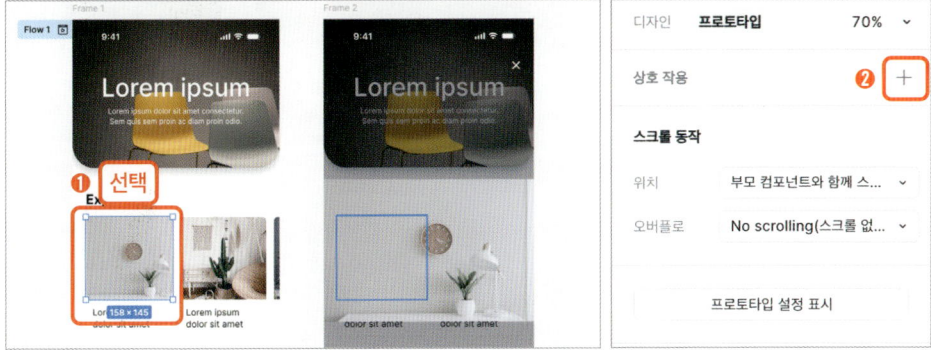

12 '상호 작용' 창이 나타나면 '**트리거: 탭, 작업: 로 이동, 목적지: Frame 2, 애니메이션: 디졸브, 곡선: 천천히 나감, 지속 시간: 200ms**'를 설정합니다.

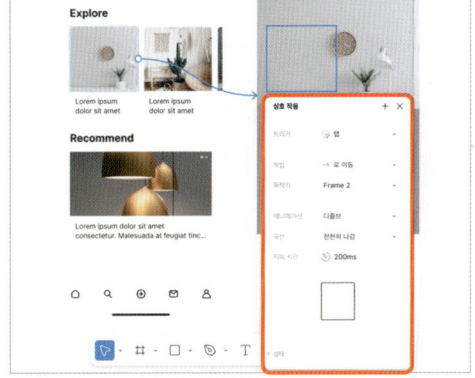

13 ❶ 'close' 아이콘을 선택하고, ❷ 다시 상호 작용 섹션에서 '**추가(+)**'를 클릭합니다.

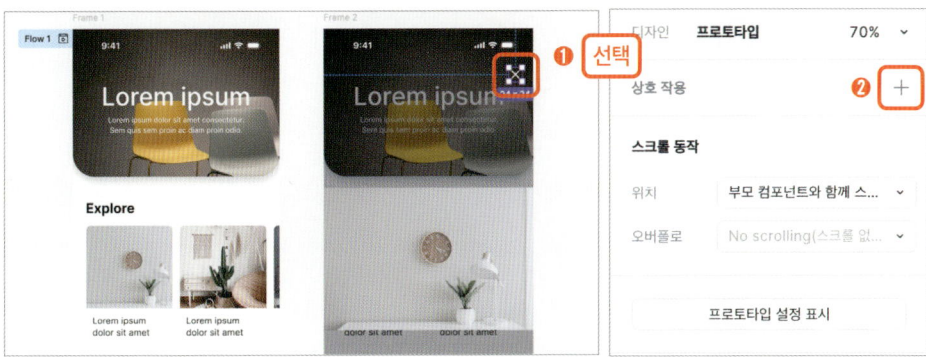

153

14 '상호 작용' 창이 나타나면 **'트리거: 탭, 작업: 로 이동, 목적지: Frame 1, 애니메이션: 인스턴트'**를 설정합니다.

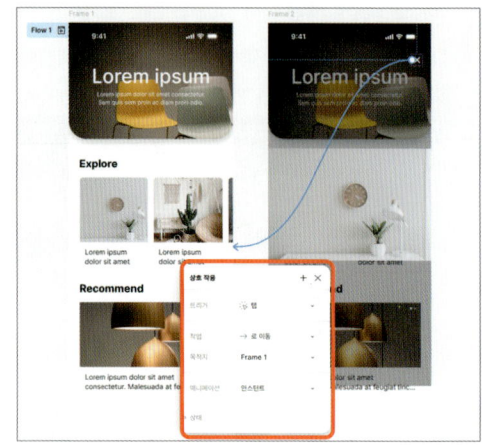

15 Shift + Spacebar 를 눌러 미리보기를 실행합니다. 이미지를 누르면 창이 나타나고, 닫기 아이콘을 누르면 다시 홈 화면으로 돌아갑니다.

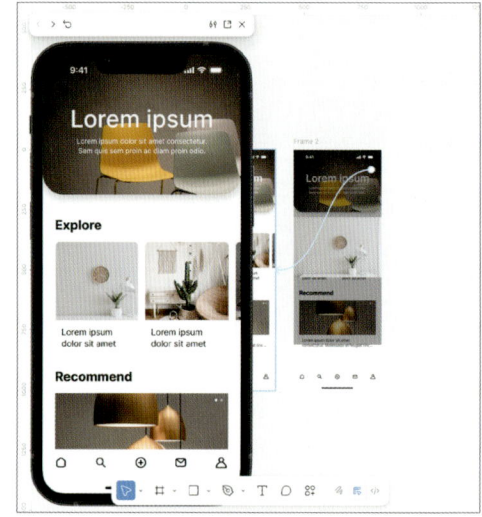

이번 예제를 통해 이미지 클릭 시 오버레이로 상세 페이지를 표시하고, 닫기 버튼을 눌러 원래 화면으로 복귀하는 흐름을 구현해 보았습니다. 이 방식은 상품 상세 보기, 이미지 갤러리, 지도 팝업 등 다양한 서비스에서 활용됩니다. 실무에서는 UI 요소 간의 전환 속도와 애니메이션 효과를 조정해 브랜드 톤에 맞는 상호 작용을 완성하는 것이 중요합니다.

→ 7. 롤 호버 구현하기

이번 예제에서는 사용자가 아이콘에 마우스를 올리면 색상이 바뀌도록 하여, 상호 작용 가능한 요소임을 직관적으로 전달하는 '롤 호버roll hover'를 구현해 보겠습니다.

> UI/UX 디자인에서 마우스를 올렸을 때 시각적인 변화를 주는 효과를 흔히 호버 효과hover effect라고 합니다. 호버 효과는 사용자에게 친절한 안내를 제공하고, 사용자 흐름을 부드럽게 만들어 전체 경험의 완성도를 높이는 역할을 합니다.

01 예제 파일 '아이콘.fig'를 엽니다. 드래그해 아이콘을 모두 선택합니다. 프레임 섹션의 **[컴포넌트 옵션 만들기(∨) - 여러 컴포넌트 만들기]**를 클릭합니다.

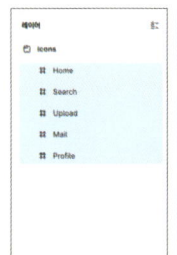
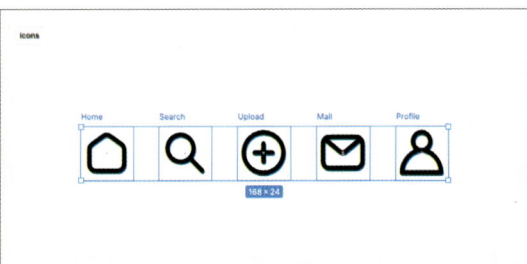
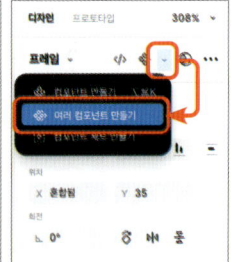

02 ❶ 홈 아이콘을 선택하고, ❷ '배리언트 추가 '를 누릅니다.

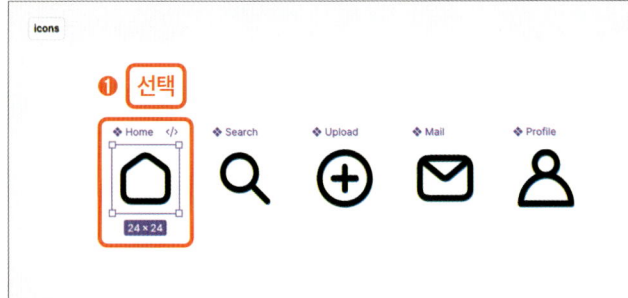

155

03 하단에 홈 아이콘이 추가되면, 아래 홈 아이콘을 선택하고 선택 색상 섹션에서 '**색상: 9747FF**'를 설정합니다.

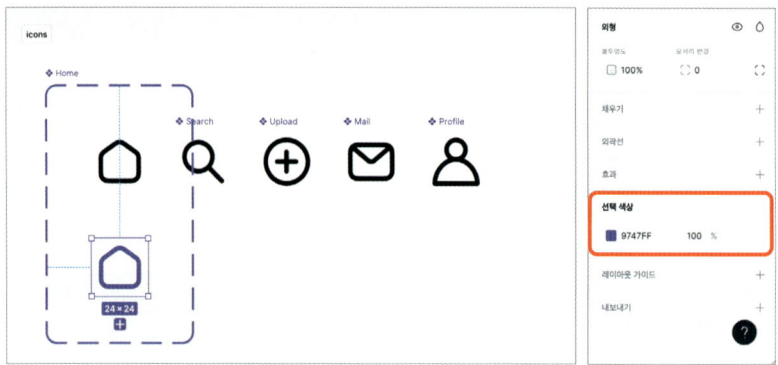

04 상단의 홈 아이콘을 선택하고, [디자인] 패널 상단 [프로토타입]을 클릭합니다. 상호 작용 섹션에서 '**추가(+)**'를 클릭합니다.

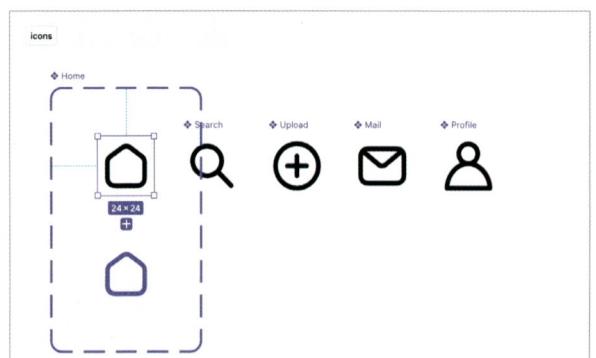

05 '상호 작용' 창이 나타나면 '**트리거: 마우스를 올리는 동안, 작업: 변경, 목적지: 배리언트2, 애니메이션: 인스턴트**'를 설정합니다.

06 모든 아이콘에 배리언트를 추가하고, 위와 같은 방법으로 '상호 작용' 창에서 옵션을 설정합니다.

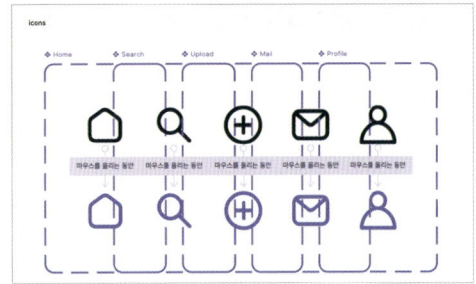

07 ❶ 드래그해 위의 모든 아이콘을 선택합니다. [Alt]+[Shift]를 누른 채 아래로 드래그해 모든 아이콘을 복사하고, ❷ [Shift]+[A]를 눌러 오토레이아웃을 적용합니다. ❸ 오토레이아웃 섹션에서 **'크기: 375 × 50, 가운데 정렬(더블 클릭), 가로 패딩: 24'**, 채우기 섹션에서 **'색상: FFFFFF'**을 설정합니다.

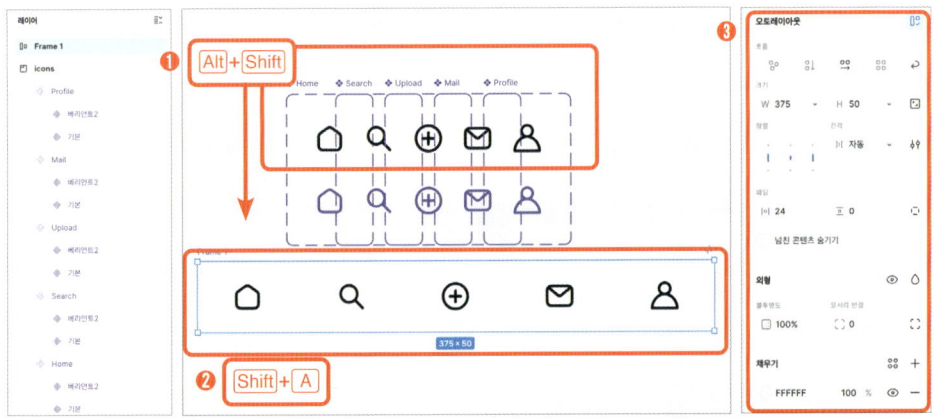

08 [Shift]+[Spacebar]를 눌러 미리보기를 실행합니다. 아이콘에 마우스를 올리면 색이 변하는 것을 확인할 수 있습니다.

이번 예제를 통해 간단한 색상 변화만으로도 사용자가 즉시 반응을 느낄 수 있는 상호 작용을 구현해 보았습니다. 실무에서는 버튼, 아이콘, 카드 등 클릭 가능한 요소에 이런 호버 효과를 적용해 직관적이고 세련된 사용자 경험을 제공할 수 있습니다.

8. 온보딩 페이지 구현하기

이번 예제에서는 스마트 애니메이트를 활용해 이미지에서 로고로 자연스럽게 전환되는 온보딩onboarding 화면 흐름을 구현합니다. 이미지와 텍스트가 단계적으로 나타나 사용자의 시선을 유도하고 몰입도를 높일 수 있습니다.

> 온보딩이란 사용자가 새로운 앱이나 서비스를 처음 접했을 때, 제품을 이해하고 활용하도록 돕기 위해 설계된 UX 흐름을 의미합니다. 실무에서는 온보딩을 통해 사용자가 제품의 핵심 가치를 빠르게 이해하도록 유도하며, 초기 이탈을 줄이고 사용자 지속성을 높이는 것이 핵심 목표입니다.

01 예제 파일 '온보딩.fig'를 엽니다. ❶ [T]를 눌러 'MODE'를 입력합니다. ❷ 글씨체 섹션에서 '**폰트: Inter - Black, 크기: 1500, 행간: 100%, 자간: 0%**', 채우기 섹션에서 '**색상: FFFFFF**'을 설정하고 [Alt]+[H]+[V]를 눌러 화면 가운데 배치합니다.

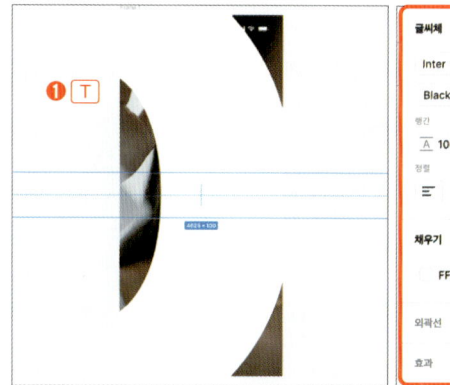

02 ❶ 텍스트 레이어를 'img' 레이어 아래 배치하고, 두 레이어를 모두 선택합니다. ❷ **[추가 액션(…) - 마스크로 사용]**을 클릭합니다.

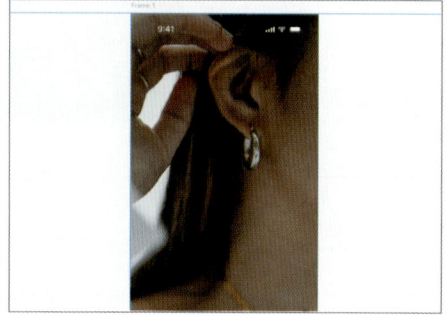
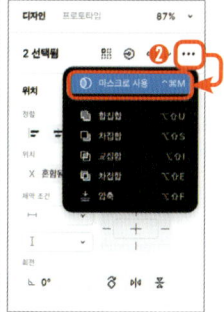

03 'Frame 1' 프레임을 선택하고, Alt + Shift 를 누른 채 오른쪽으로 드래그해 복사합니다. 복사한 프레임에서 텍스트 레이어를 선택하고, K 를 누르면 오른쪽 디자인 패널에 확대/축소 섹션이 나타납니다.

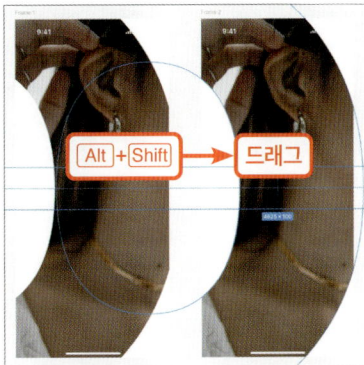 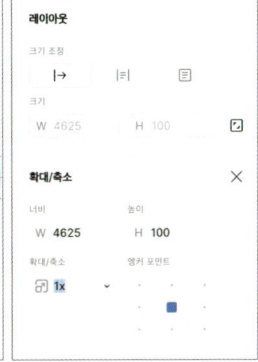

04 확대/축소 섹션에서 '확대/축소: 0.04x'를 설정합니다.

05 ❶ 'Frame 1' 레이어를 선택하고, ❷ [디자인] 패널 상단 [프로토타입]을 클릭합니다. 상호 작용 섹션에서 '추가(+)'를 클릭합니다.

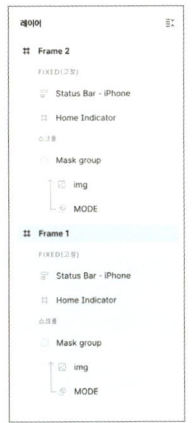 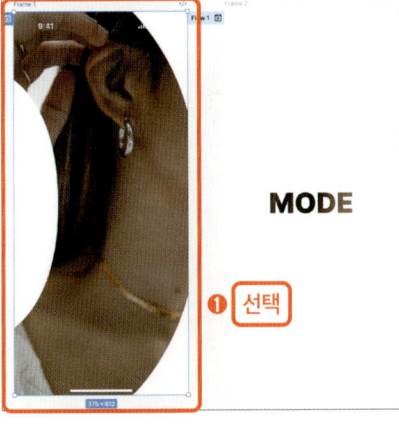 

06

'상호 작용' 창이 나타나면 **'트리거: 지연 후, 지연: 200ms, 작업: 로 이동, 목적지: Frame 2, 애니메이션: 스마트 애니메이션, 곡선: 천천히 나감, 지속 시간: 500ms'**를 설정합니다.

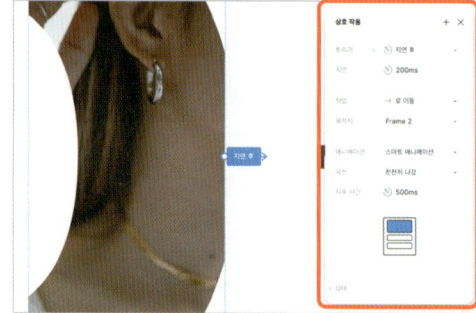

07

❶ 왼쪽 프레임에서 Ctrl + Shift 를 누른 채 상태 표시줄 요소와 인디케이터를 선택하고, ❷ 채우기 섹션에서 **'색상: 000000'**을 설정합니다.

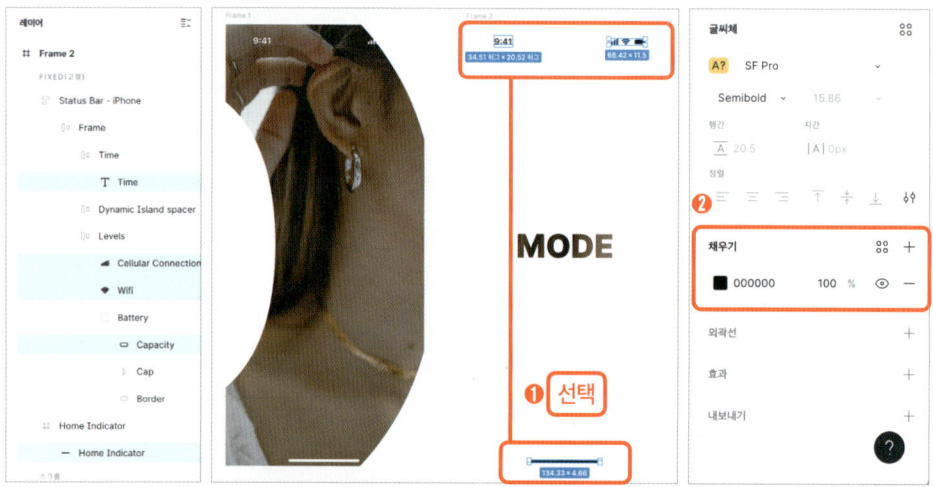

08

Shift + Spacebar 를 눌러 미리보기를 실행합니다.

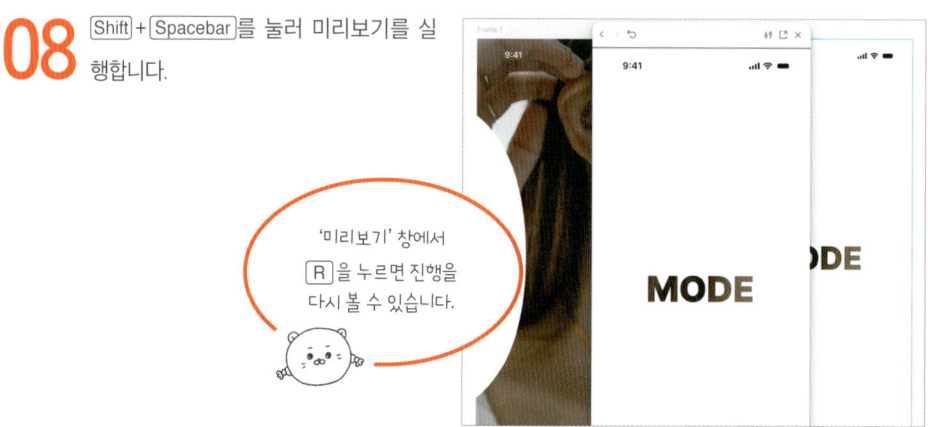

'미리보기' 창에서 R 을 누르면 진행을 다시 볼 수 있습니다.

Lesson 02 사용자 입장에서 사용성 테스트하기

사용성 테스트는 디자인이 실제 사용자에게 얼마나 효과적인지 검증하는 과정입니다. 테스트 프로토타입을 설정하고 공유하는 방법, 피드백 받는 방법을 익혀 실제 프로젝트에서 사용자 경험을 빠르게 개선해 보세요.

1. 프로토타입 공유하기

완성된 프로토타입은 공유 링크를 생성해 다른 사람에게 전달할 수 있으며, 누구나 브라우저에서 바로 확인하고 피드백을 남길 수 있습니다.

01 프로토타입을 공유해 보겠습니다. 예제 파일 '온보딩.fig'로 돌아옵니다. [디자인] 패널 상단의 '프레젠테이션 ▷'을 클릭합니다.

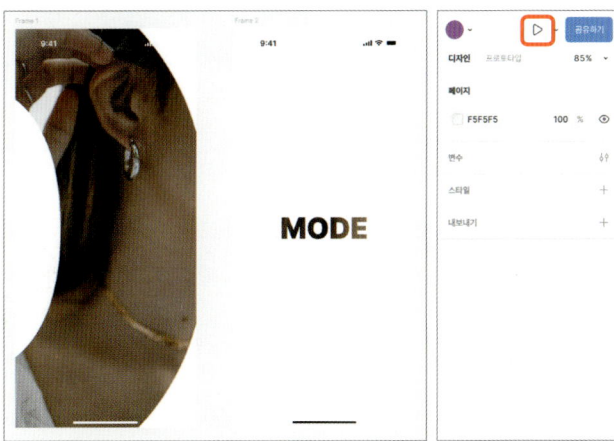

02 '프레젠테이션' 모드 상단의 [프로토타입 공유]를 클릭합니다.

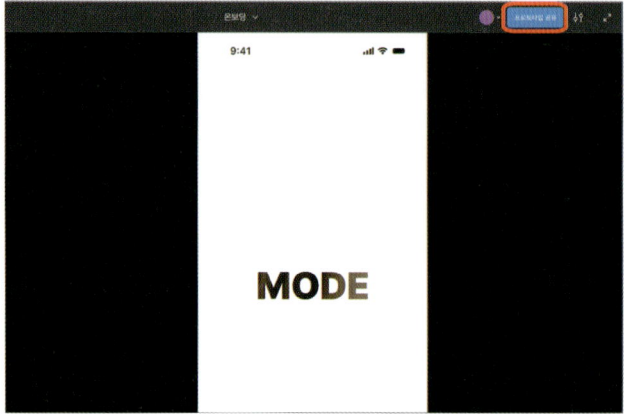

03 '이 프로토타입 공유하기' 창이 나타나면 [링크 복사]를 클릭합니다. 복사한 링크를 이용해 공유할 수 있습니다.

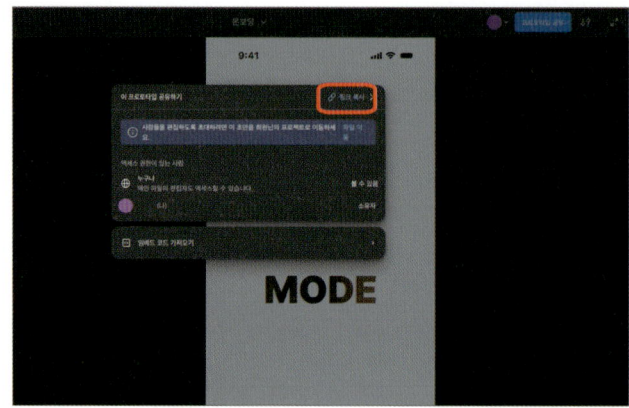

완성된 프로토타입은 단순히 결과물을 보여 주는 용도에 그치지 않고, 팀 내 협업과 피드백 수집의 핵심 도구로 활용됩니다. 공유 링크를 생성하면 개발자, 기획자, 클라이언트 등 누구나 별도의 프로그램 설치 없이 브라우저에서 바로 확인할 수 있습니다. 무엇보다 디자인 수정 요청이나 구현 이슈를 한눈에 파악할 수 있어, 프로젝트의 커뮤니케이션 효율이 크게 향상됩니다.

2. 피그마 슬라이드를 이용해 피드백 수집하기

피그마 슬라이드Figma Slides를 사용하면 프로토타입을 전체 화면으로 프레젠테이션하듯 보여 줄 수 있어 디자이너나 클라이언트로부터 직관적인 피드백을 쉽게 받을 수 있습니다.

01 예제 파일 '슬라이드.fig'를 엽니다. ❶ 피드백을 받을 'A' 프레임, 'B' 프레임을 드래그해 Ctrl + C를 눌러 복사하고, ❷ 상단 '+'를 클릭해 파일을 추가합니다.

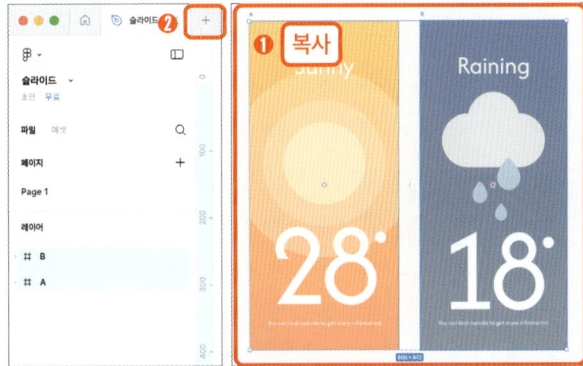

02 '새 파일' 화면이 나타나면 'Slides'를 클릭합니다.

03 슬라이드 화면이 나타나면 '빈 슬라이드 추가(+)'를 누릅니다.

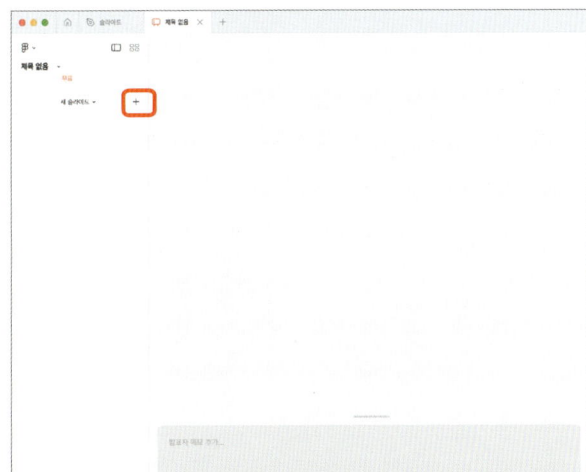

04 ❶ 위에서 복사한 프레임을 Ctrl + V 를 눌러 붙여넣기 하고, ❷ 툴 바에서 **[실시간 상호 작용 - 설문조사]**를 클릭합니다.

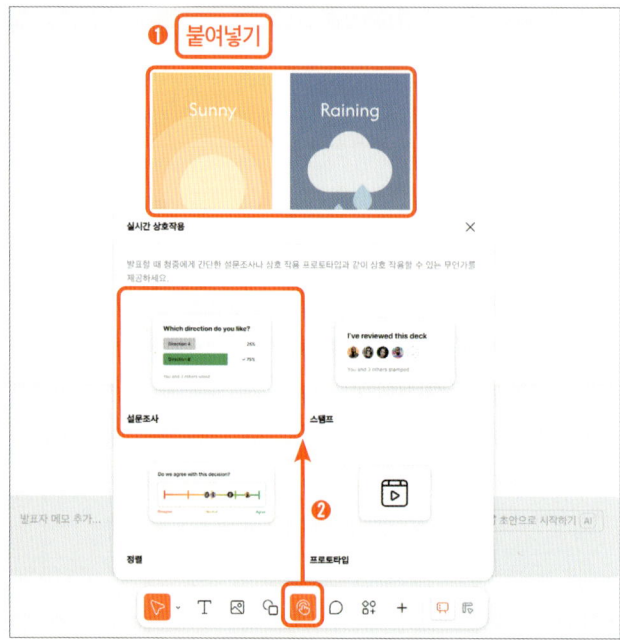

05 이미지와 같이 질문과 관련 항목을 작성합니다.

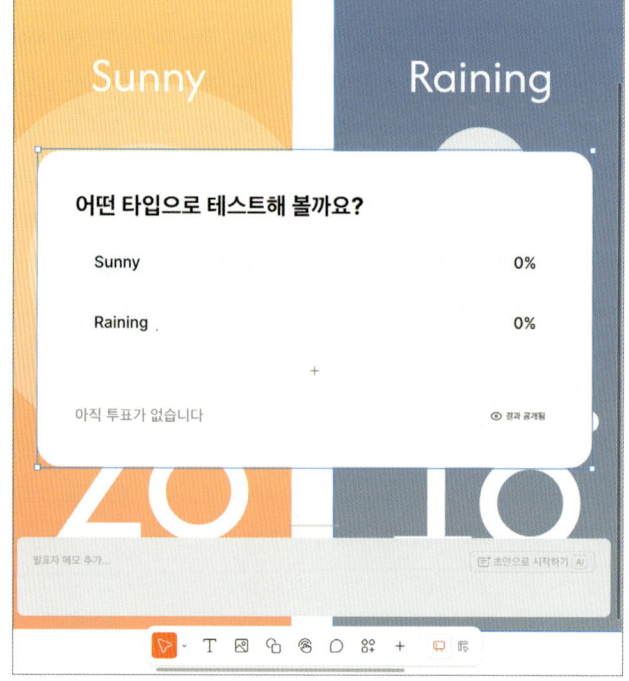

06 ❶ 이미지와 설문조사 창을 적절히 배치합니다. ❷ [디자인] 패널 상단의 '프레젠테이션 ▷'을 클릭하고, 창이 나타나면 '프레젠테이션'을 클릭합니다.

07 프레젠테이션 화면이 나타나면 ❶ 상단의 [프레젠테이션 공유]를 클릭합니다. '프레젠테이션 공유' 창이 나타나면 ❷ [청중 링크 복사]를 클릭해 링크를 복사합니다. 복사한 링크를 이용해 공유할 수 있습니다.

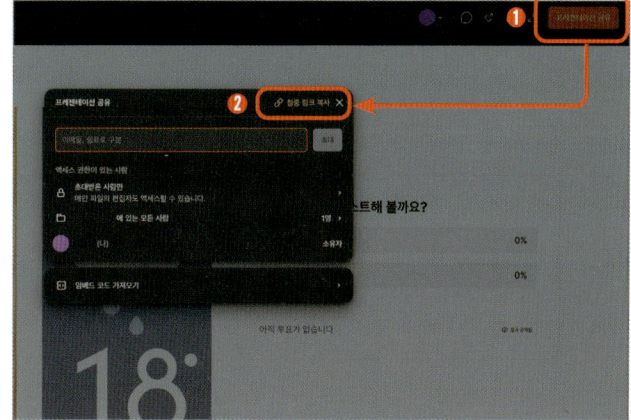

08 투표 결과는 실시간으로 확인이 가능합니다.

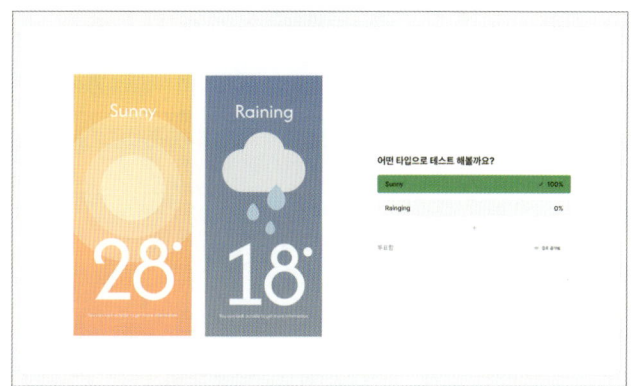

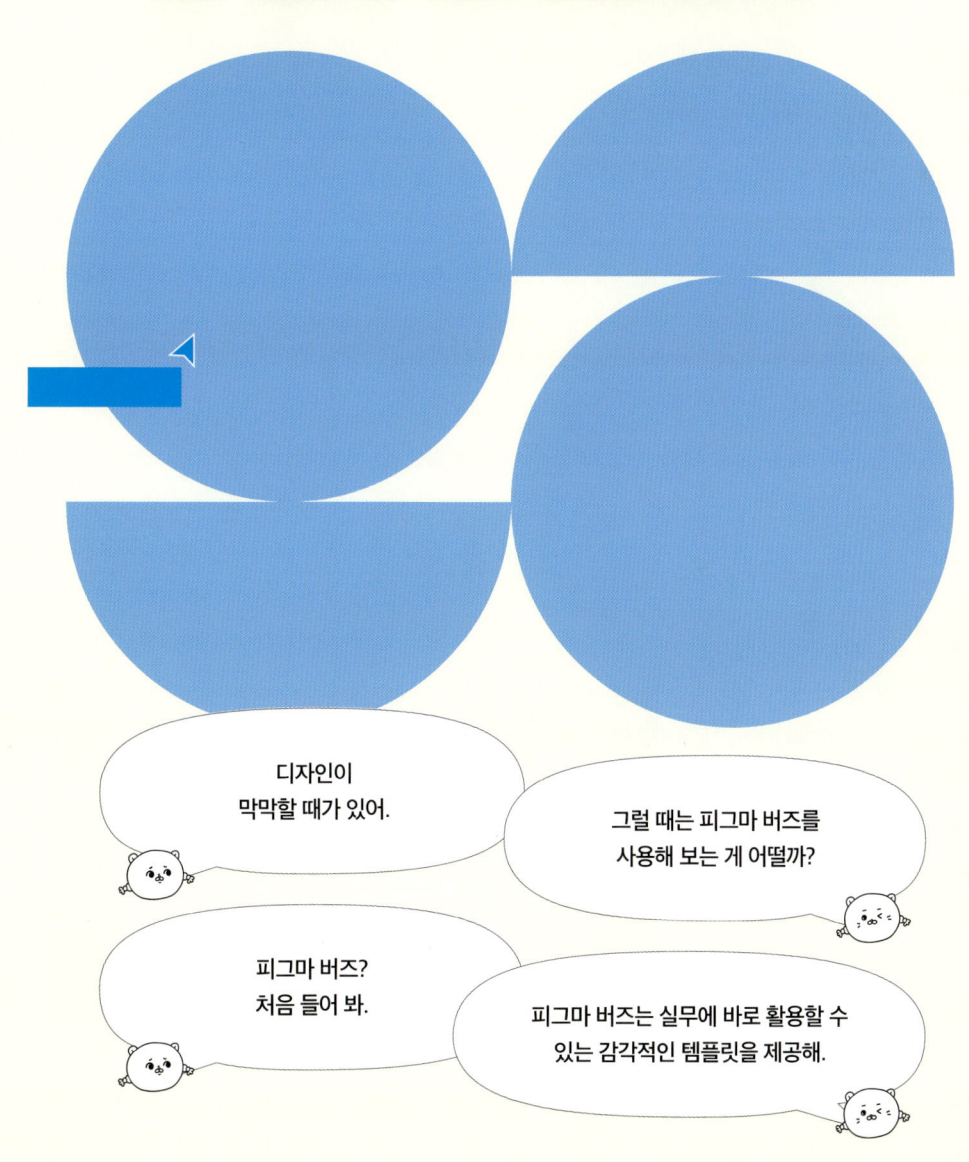

Lesson 01

피그마 버즈 시작하기

피그마 버즈Figma Buzz는 브랜드 콘텐츠를 빠르고 일관되게 제작할 수 있게 해 주는 새로운 AI 기반 툴로, 브랜드 가이드와 디자인 시스템을 기반으로 수백, 수천 건의 콘텐츠를 단 몇 분 만에 제작할 수 있도록 돕습니다. 피그마 버즈를 어떻게 사용하는지 알아보겠습니다.

1. 피그마 버즈로 브랜드 콘텐츠 제작하기

피그마 버즈는 피그마에서 디자인 콘텐츠를 빠르게 공유하고 반응을 받을 수 있는 기능으로, 팀원이나 외부 사용자와 간편하게 디자인을 소통할 수 있습니다.

01 피그마 홈 화면 오른쪽 상단에서 [만들기 - Buzz]를 클릭합니다. '오늘은 무엇을 만들고 싶으신가요?' 창은 닫힙니다.

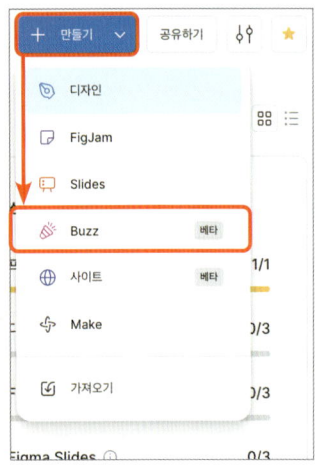
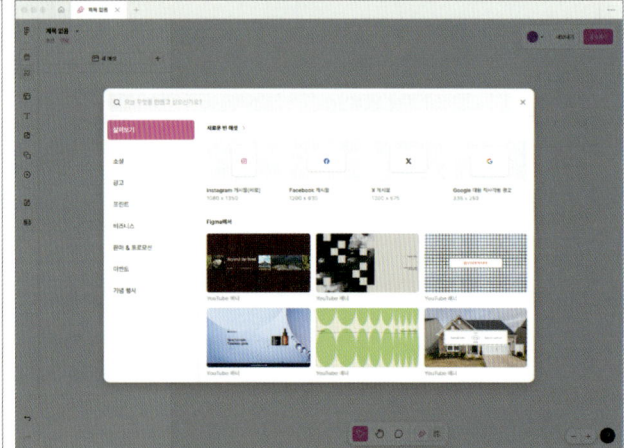

02 캔버스가 나타납니다. 왼쪽 패널에서 [템플릿]을 클릭하면 템플릿 목록이 나타납니다. 목록을 아래로 내려 'Instagram 광고'에서 이미지와 같은 템플릿을 찾아 클릭하면, 캔버스에 템플릿이 추가됩니다.

피그마 버즈의 템플릿은 인스타그램 광고, 썸네일, 포스터 등 다양한 콘텐츠 형식을 빠르게 제작할 수 있도록 미리 디자인된 레이아웃입니다.

03 템플릿 요소들을 교체해 보겠습니다. 날짜를 [더블 클릭]해 선택하고, 오늘 날짜로 변경합니다.

04

캐릭터 눈동자를 [더블 클릭]해 선택합니다. ❶ 툴 바에서 **[채우기 - 색상 - 색상 추가]**를 클릭하고, ❷ '색상' 창에서 **'색상: 792BFF'**를 설정합니다.

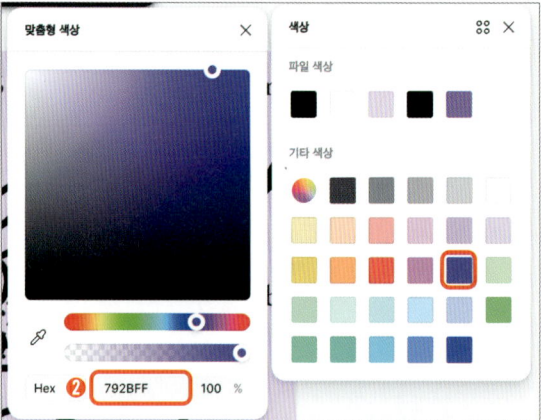

05

[V]를 눌러 '이동'을 선택한 상태에서 마우스로 드래그해 눈동자 크기를 키웁니다.

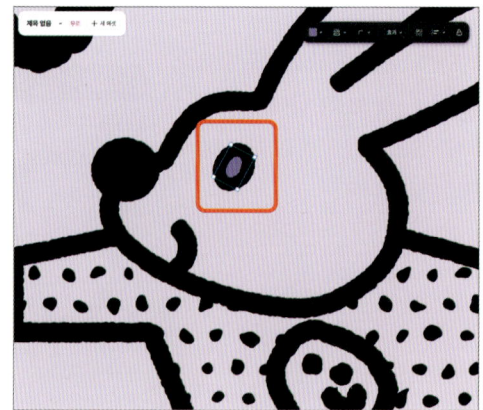

06

텍스트 'Sunday'를 선택합니다. 툴 바에서 **[테두리 - 단색]**을 클릭하고, **'테두리 너비: 10'**을 설정합니다.

07 왼쪽 패널에서 [삽입]을 클릭하면 '라이브러리' 목록이 나타납니다.

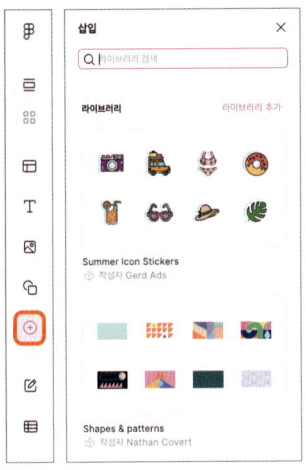

08 목록에서 'Summer Icon Stickers by Gred Ads'를 클릭합니다. 원하는 아이콘을 클릭해 이미지에 추가할 수 있습니다.

이와 같은 방법으로 디자인 입문자도 피그마 버즈에서 제공하는 소스를 이용해 쉽게 다양한 콘텐츠를 제작할 수 있습니다.

2. 피그마 버즈에서 콘텐츠 공유하기

피그마 버즈에서 그리드 보기 상태에서는 콘텐츠를 여러 형태로 만들어 비교하거나 테스트할 수 있습니다. 한눈에 다양한 시안들을 비교 분석할 수 있도록 정리하고, 공유를 통해 팀원들과 최적의 디자인을 선택해 보세요.

01 직전 예제로 돌아옵니다. F 를 누른 상태에서 템플릿 오른쪽의 'Quick-add ⊕ 버튼'을 클릭해 템플릿을 복사하고, 각각의 템플릿을 다양하게 수정합니다.

02 왼쪽 패널에서 [그리드 보기]를 클릭합니다.

03 '제목 없음'을 [더블 클릭]하여 '1번 시안', '2번 시안', '3번 시안', '4번 시안'과 같이 템플릿의 이름을 설정할 수 있습니다.

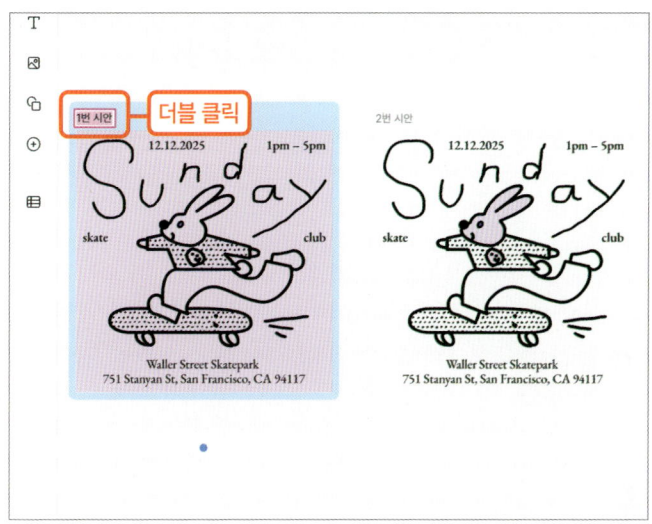

04 오른쪽 상단의 [공유하기]를 클릭합니다. '이 에셋 공유하기' 창이 나타나면 [링크 복사]를 클릭합니다. 복사한 링크를 이용해 공유할 수 있습니다.

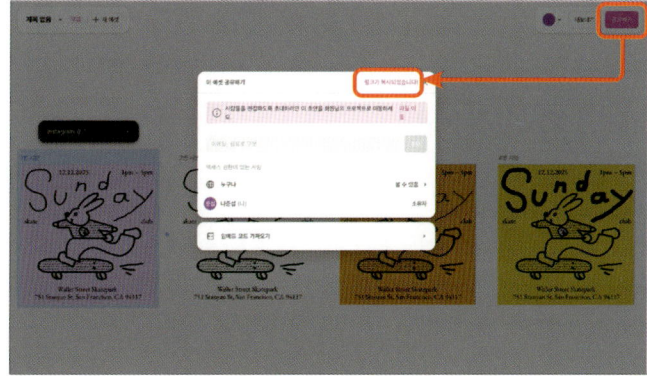

그리드 보기를 활용하면 다양한 디자인 시안을 한 번에 비교·검토할 수 있어, 최종 결정을 빠르고 정확하게 내릴 수 있습니다. 그리드 보기를 이용해 실무에서 시간 절약과 품질 향상을 동시에 실현해 보세요.

Lesson 02

피그마 버즈로 생산성 끌어올리기

피그마 버즈는 디자인을 다양한 형태로 공유하고 콘텐츠 제작 과정을 효율화할 수 있는 피그마의 강력한 협업 도구입니다. 피그마 버즈를 활용해 콘텐츠를 빠르게 배포하고, 반복 작업을 줄이며 팀과의 소통을 간편하게 만드는 방법을 알아봅니다.

1. 스프레드시트로 대량 콘텐츠 제작하기

피그마 버즈의 '일괄 만들기bulk create' 기능은 템플릿에 미리 텍스트와 이미지를 입력한 CSV 또는 XLSX 파일을 업로드하면, 각각의 정보를 템플릿에 자동으로 입력해 주는 기능입니다. 수백 개의 데이터를 하나하나 입력할 필요 없이 한 번에 빠르게 생성할 수 있어 반복 작업을 대폭 줄이고 생산성을 크게 높일 수 있습니다.

01 검색 페이지에서 '구글 스프레드시트'를 검색하거나, 직접 링크 https://docs.google.com/spreadsheets 를 입력해 접속합니다.

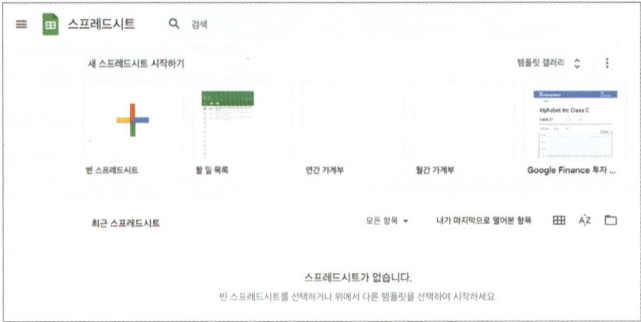

02 이미지와 같이 각각의 셀에 정보를 입력합니다.

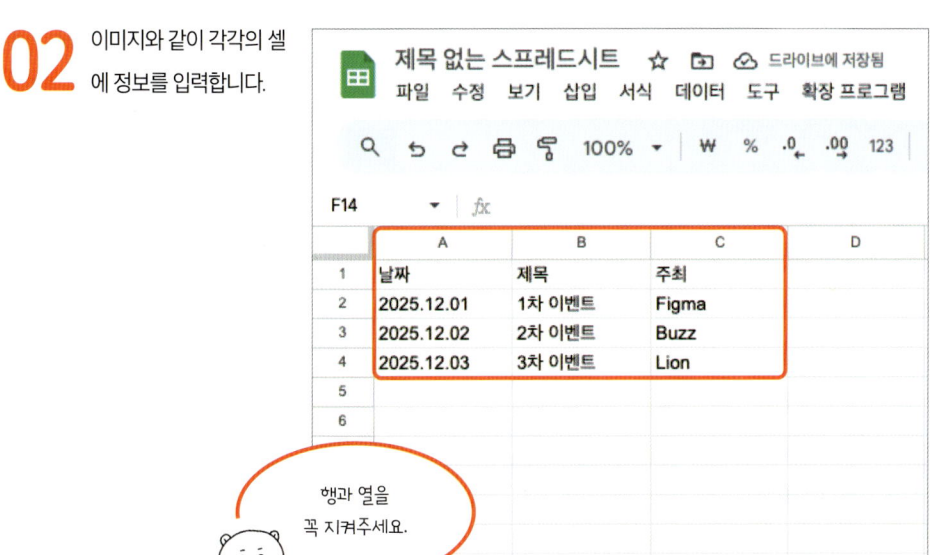

행과 열을 꼭 지켜주세요.

03 [파일 - 다운로드 - 쉼표로 구분된 값(.csv)]을 클릭해 'CSV' 파일을 다운로드합니다.

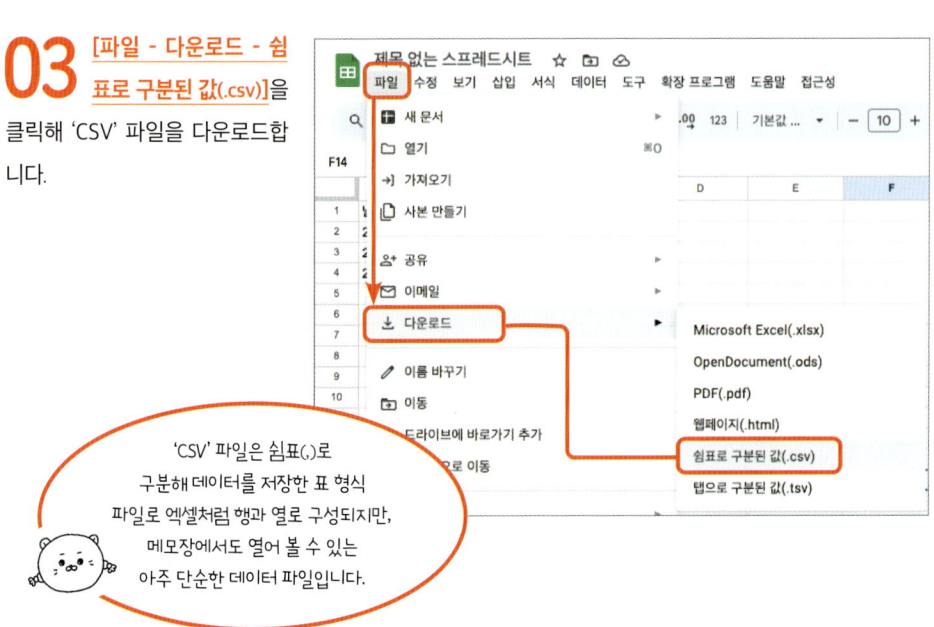

'CSV' 파일은 쉼표(,)로 구분해 데이터를 저장한 표 형식 파일로 엑셀처럼 행과 열로 구성되지만, 메모장에서도 열어 볼 수 있는 아주 단순한 데이터 파일입니다.

04 피그마 버즈에서 ❶ 왼쪽 패널에서 [텍스트]를 클릭합니다. ❷ 텍스트 목록이 나타나면 목록에서 'Add a title', 'Add a headline', 'Add a body text'를 클릭해 캔버스에 이미지와 같이 배치합니다.

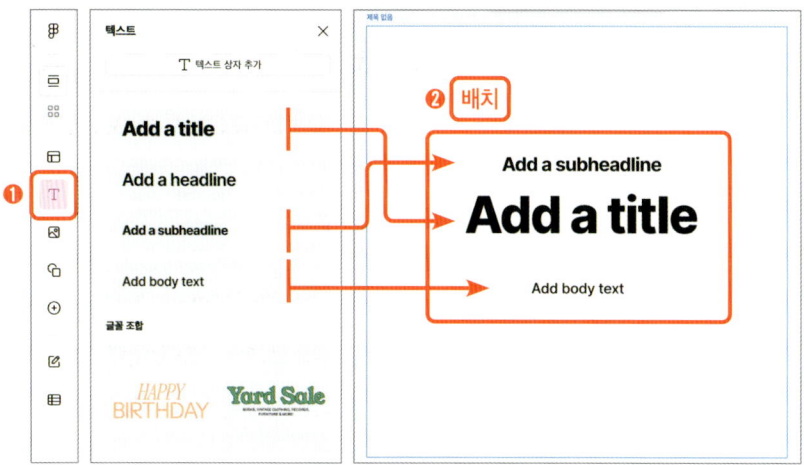

05 ❶ 왼쪽 패널에서 [일괄 만들기]를 클릭하고, ❷ [업로드]를 눌러 앞서 저장한 'CSV' 파일을 업로드합니다.

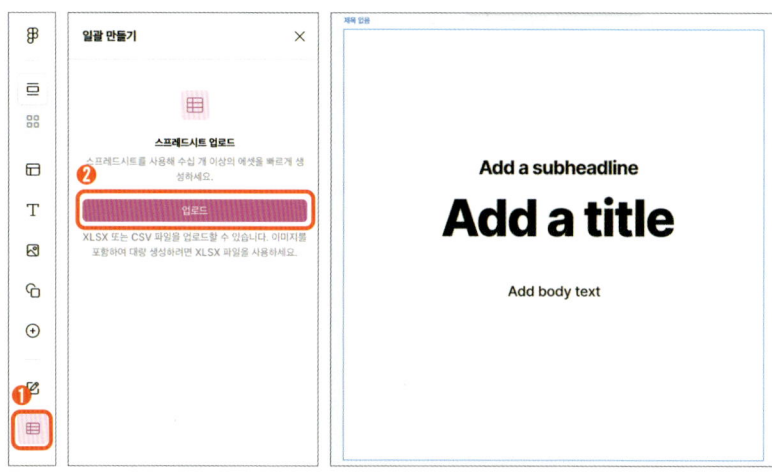

06

'먼저 에셋에서 텍스트 또는 이미지를 선택한 후 아래 데이터 필드에 연결하세요.' 메시지가 나타나면 ❶ 템플릿에서 텍스트 'Add a subheadline'를 클릭하고, ❷ 왼쪽 패널에서 '날짜'를 클릭해 에셋과 데이터 필드를 연결합니다.

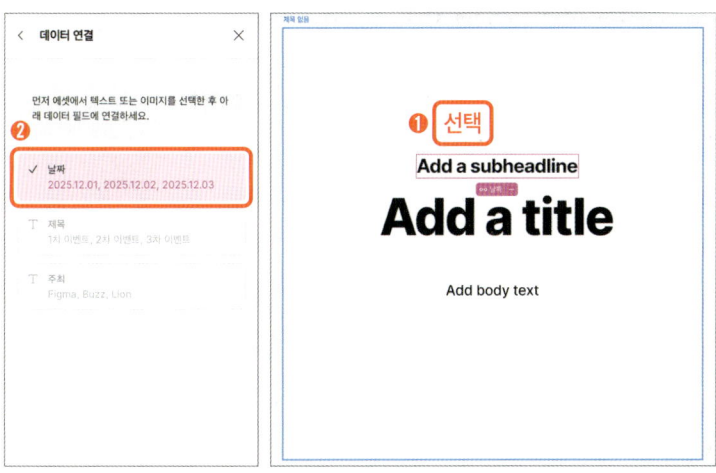

07

❶ 같은 방법으로 [Add a title - 제목], [Add body text - 주최]를 연결하고 ❷ [3개의 에셋 만들기]를 클릭합니다.

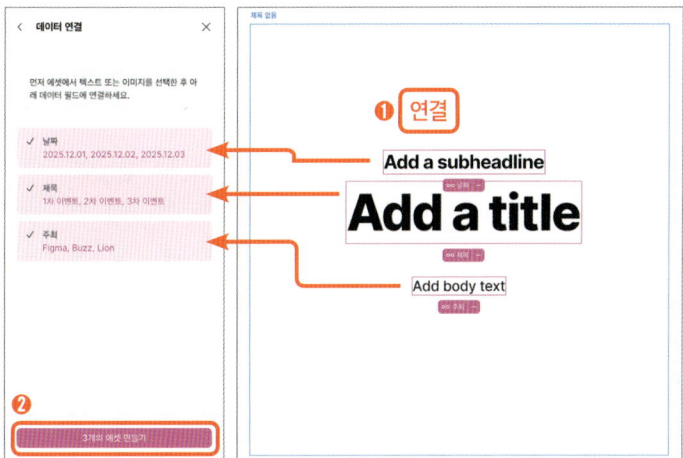

08 템플릿 레이아웃을 유지하면서, 엑셀에 입력한 정보가 템플릿에 입력된 것을 확인할 수 있습니다.

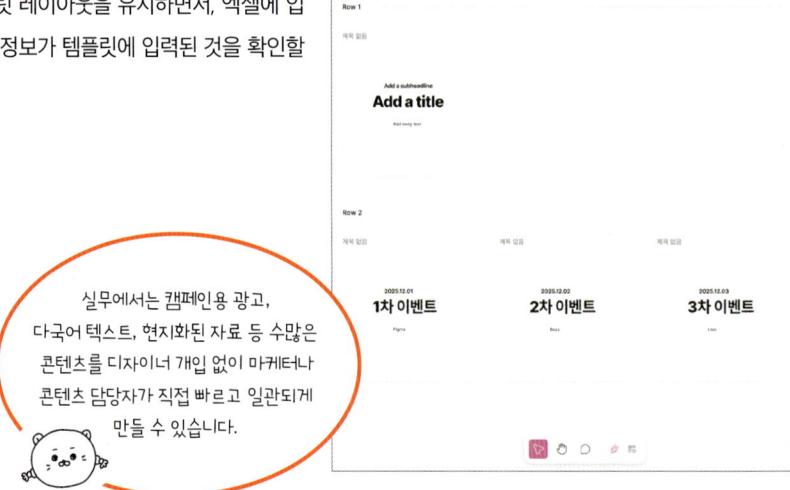

실무에서는 캠페인용 광고, 다국어 텍스트, 현지화된 자료 등 수많은 콘텐츠를 디자이너 개입 없이 마케터나 콘텐츠 담당자가 직접 빠르고 일관되게 만들 수 있습니다.

피그마 버즈의 '일괄 만들기Bulk Create' 기능은 수백 개의 데이터를 하나하나 입력할 필요 없이 한 번에 빠르게 생성할 수 있어 반복 작업을 대폭 줄이고 생산성을 크게 높일 수 있습니다. 특히 프로모션 배너, 상품 카드, 섬네일, 소셜 콘텐츠처럼 동일한 구조에 다른 데이터를 반복적으로 입력해야 할 때 유용하고, 디자이너가 템플릿 구조를 만들고, 마케터가 스프레드시트만 업데이트하는 협업 방식도 가능해 팀 간 커뮤니케이션 비용을 줄일 수 있습니다.

2. 피그마 AI 시작하기

피그마 버즈는 AI를 활용해 텍스트나 이미지를 프롬프트로 생성, 편집할 수 있는 기능을 지원합니다. 이런 기능을 통해 마케팅 콘텐츠 제작의 속도를 크게 높이면서, 크리에이터들의 창의성과 전략적 기획에 더 집중할 수 있게 만들어 줍니다. 특히 단순한 자동 생성 기능을 넘어, 스타일이나 톤앤매너까지 반영한 콘텐츠 초안을 빠르게 제시해 주기 때문에 초기 기획 단계에서도 아이디어를 구체화하는 데 큰 도움이 됩니다. 단, 원하는 결과를 얻기 위해서는 프롬프트 작성이 매우 중요하며, 상황에 맞는 키워드나 문장 구조를 고민하는 것이 핵심입니다.

> 피그마 AI를 사용하기 위해서는 '프로페셔널' 이상의 요금제에 가입되어 있어야 합니다.

01 ❶ 피그마 버즈에서 왼쪽 패널에서 [템플릿]를 클릭합니다. ❷ 템플릿 목록을 아래로 내려 '페이스북 광고(세로)'에서 이미지와 같은 템플릿을 찾아 추가합니다.

02 이미지 영역을 선택합니다. 툴 바에서 [AI 도구 - 이미지 편집]을 선택합니다.

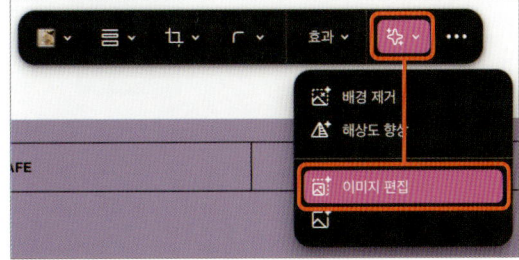

03 ❶ 프롬프트 입력 창에 '블랙과 베이지톤의 모던한 카페 테이블 이미지로 변경해 줘.'라고 입력하고 ❷ [이미지 편집]을 클릭합니다.

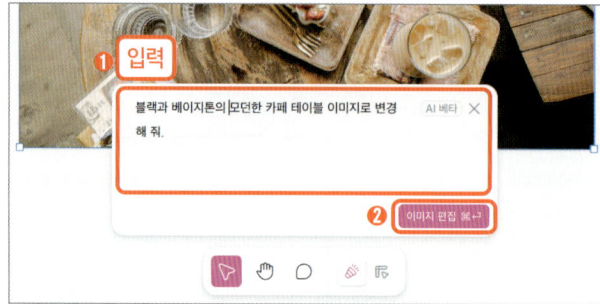

04 피그마 AI가 프롬프트에 맞게 이미지를 제안합니다. 마음에 드는 이미지를 클릭해 적용할 수 있습니다.

➡ 2. 피그마 AI로 여러 언어 생성하기

01 제목 텍스트을 클릭합니다. ❶ 프롬프트 입력 창에 '케이크 전문 카페라는 내용이 포함될 수 있도록 영어로 작성해 줘'라고 입력하고 ❷ [다시 쓰기]를 클릭합니다.

02 작성된 내용이 길다면 [AI 도구 - 줄이기]를 클릭해 텍스트를 다시 작성해 보세요.

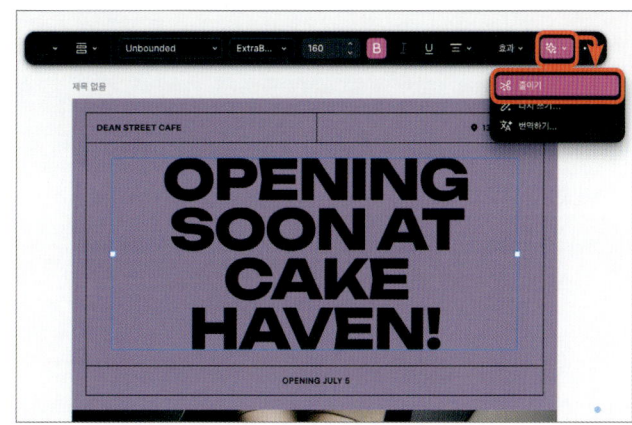

03 다음은 제목 텍스트를 일본어로 번역해 보겠습니다. 템플릿을 복사하고, 제목 텍스트를 선택한 후 [AI 도구 - 번역하기]를 클릭합니다.

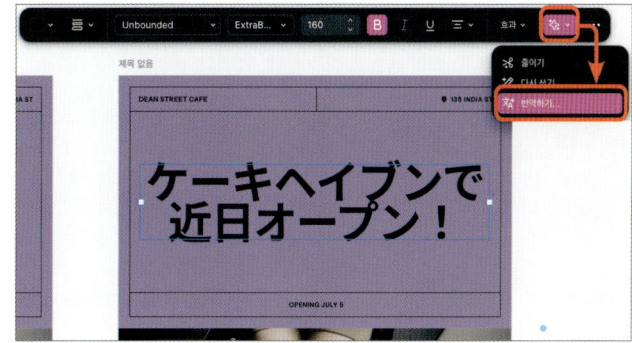

이처럼 피그마 버즈에서는 피그마 AI를 활용해 하나의 템플릿을 다양한 버전으로 제작할 수 있습니다. 템플릿으로 여러분이 원하는 멋진 콘텐츠를 만들어 보세요.

3. 템플릿 게시하기

템플릿을 게시해 두면 신규 프로젝트나 캠페인 시작 시 매번 디자인을 새로 만들 필요 없이, 검증된 포맷을 그대로 불러와 작업 속도를 크게 단축할 수 있습니다. 이를 통해 팀 내 협업 시 디자인의 변형이나 누락을 방지해 효율적인 품질 관리를 할 수 있습니다.

> 템플릿을 게시하기 위해서는 '프로페셔널' 이상의 요금제에 가입되어 있어야 합니다.

01 직전 예제로 돌아옵니다. 오른쪽 상단 **[공유하기]**를 클릭합니다. '이 에셋 공유하기' 창이 나타나면 **'템플릿 게시'**를 클릭합니다.

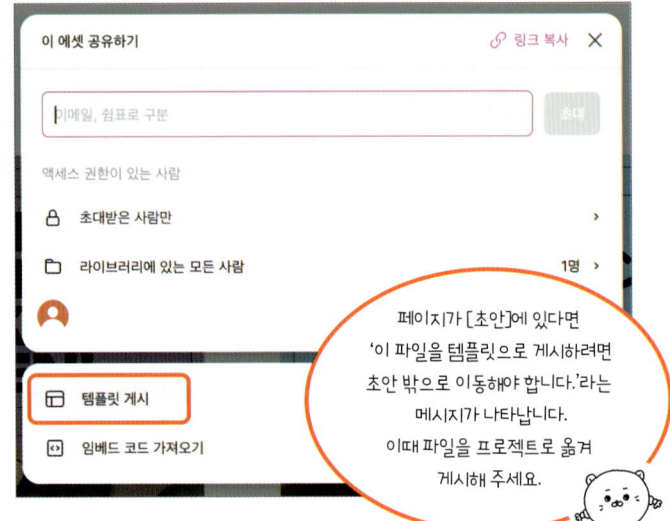

페이지가 [초안]에 있다면 '이 파일을 템플릿으로 게시하려면 초안 밖으로 이동해야 합니다.'라는 메시지가 나타납니다. 이때 파일을 프로젝트로 옮겨 게시해 주세요.

02 '브랜드 템플릿 게시' 창에서 이름(Cake Haven), 설명(Facebook-Event Banner)을 입력하고, [게시]를 클릭합니다.

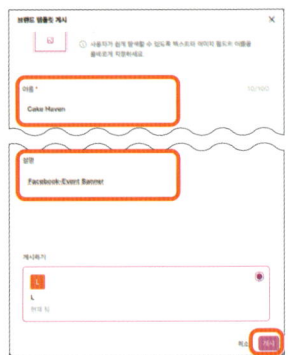

03 피그마 버즈를 엽니다. '오늘은 무엇을 만들고 싶으신가요?' 창이 나타나면 하단에 **[새로운 파일에서 사용]**을 클릭합니다. **[추가]**를 누르면 템플릿이 캔버스에 배치됩니다.

04 불러온 템플릿은 콘텐츠를 추가·변형할 수 없고, 이미 지정되어 있는 이미지와 텍스트만 수정 가능합니다.

05 수정이 필요하다면 '**가이드라인 제거**'를 클릭해 수정할 수 있습니다.

일관된 템플릿은 팀 모두가 혼란 없이 동일한 디자인 안에서 업무를 진행할 수 있도록 돕습니다. '템플릿 게시하기' 기능을 통해 혼란 없는 디자인 관리로 보다 효율적인 협업을 시작해 보세요.

Part 08
변수로 디자인의 가능성 넓히기

내 디자인은 단순하고 정적인 느낌이라 아쉬워.

변수나 스마트 애니메이트 같은 기능들로 더 다양한 디자인을 해볼 수 있어.

사용 방법이 복잡하지 않을까?

예제를 한 번만 따라 해 보면 금방 이해할 수 있을 거야.

Lesson 01 변수 시작하기

변수 variable 는 디자인 속성이나 프로토타이핑 스타일 등을 저장해 두고, 이를 쉽게 재사용할 수 있는 기능입니다. 변수는 '디자인 토큰 design token'처럼 작동하여, 디자인 시스템 전체에서 일관된 속성을 유지하고, 수정이 있을 때 변수만 바꾸면 전반에 즉시 반영됩니다.

> 디자인 토큰이란 디자인 시스템에서 반복적으로 사용되는 스타일 값을 표준화하여 변수처럼 관리하는 개념입니다.

1. 라이트·다크 모드 디자인하기

색상 변수 모드를 활용해 라이트·다크 모드를 쉽게 반영해 보겠습니다. 각 변수 모드에 라이트·다크 값을 설정해 두면 별도의 수정 없이도 전체 디자인의 테마를 한 번에 전환할 수 있습니다.

01 새로운 디자인 파일을 생성합니다. ❶ 변수 섹션에서 '<u>변수 열기 </u>'를 클릭합니다. ❷ '변수' 창이 나타나면 [만들기 - 색상]을 클릭합니다.

02 '새로운 변수 모드(+)'를 클릭합니다. 오른쪽에 열이 추가되면 셀을 클릭해 이미지와 같이 이름과 색상을 설정합니다.

> 변수를 2개 이상 사용하기 위해서는 '프로페셔널' 이상의 요금제에 가입되어 있어야 합니다.

03 [변수 만들기(+) - 색상]을 클릭합니다. 아래 행이 추가되면 셀을 클릭해 이미지와 같이 이름과 색상을 설정합니다.

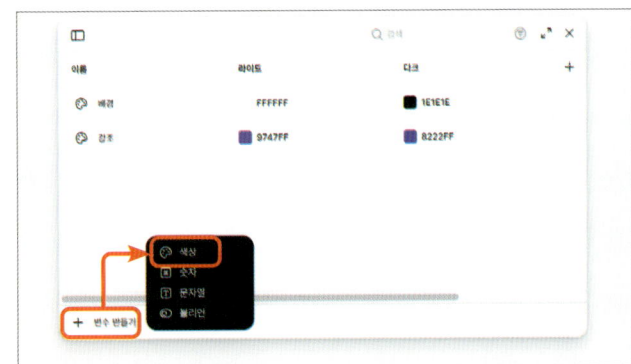

04 ❶ F 를 눌러 프레임을 만듭니다. 레이아웃 섹션에서 '크기: 375×812'을 설정하고, ❷ 채우기 섹션에서 [스타일 및 변수 적용(∷) - 배경]을 클릭합니다.

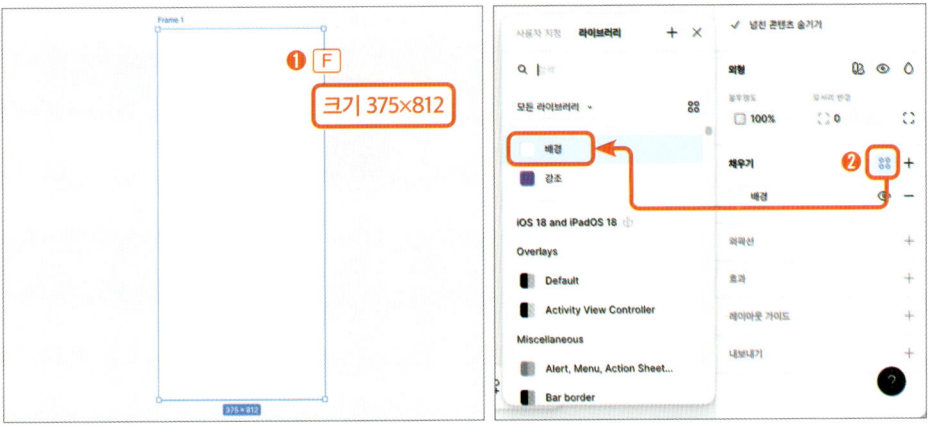

05

❶ [T]를 눌러 '텍스트'를 누르고 'Light'를 입력합니다. ❷ 글씨체 섹션에서 **'폰트: Pretendard - Black, 크기: 80, 자간: 0%'**를 설정하고, 채우기 섹션에서 **[스타일 및 변수 적용(::) - 강조]**를 클릭합니다.

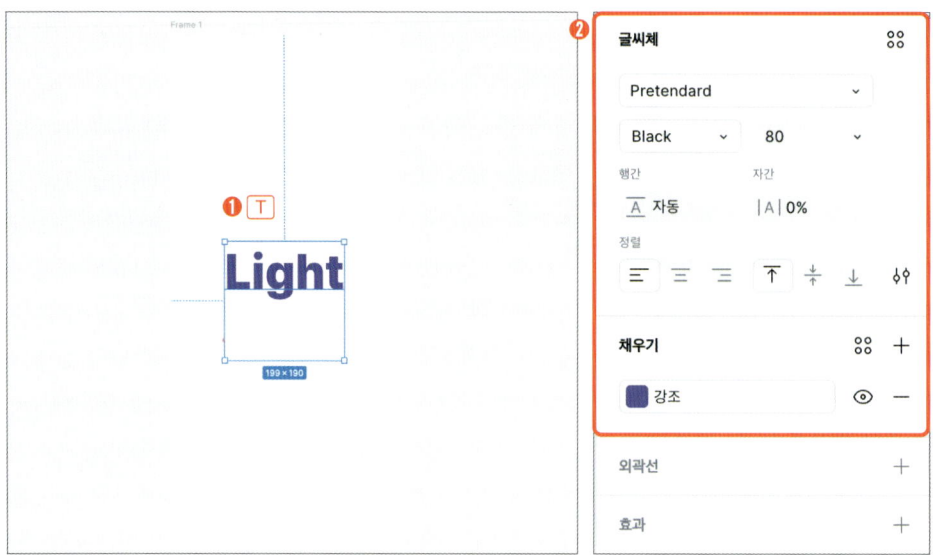

06

❶ 'Frame 1' 프레임을 선택하고, ❷ 외형 섹션에서 **[변수 모드 적용하기 ⓒ - 컬렉션 - 라이트]**를 클릭합니다.

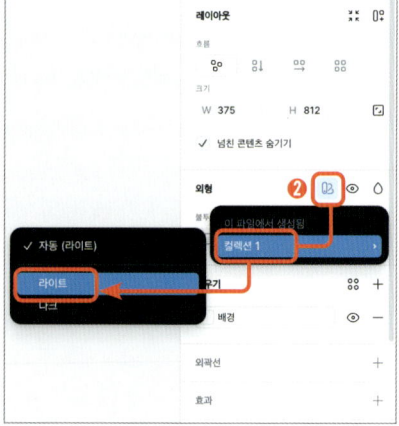

07 F를 누른 상태에서 'Frame 1' 레이어의 'Quick-add ⊕ 버튼'을 클릭해 프레임을 복사합니다.

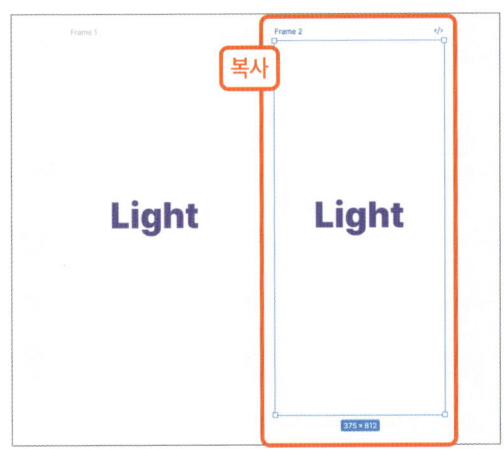

08 ❶ 'Frame 2' 레이어에 T를 눌러 'DARK'를 입력하고, 'Frame 2' 프레임을 선택한 후, ❷ 외형 섹션에서 [변수 모드 적용하기 ▩ - 컬렉션 - 다크]를 클릭해 완성합니다.

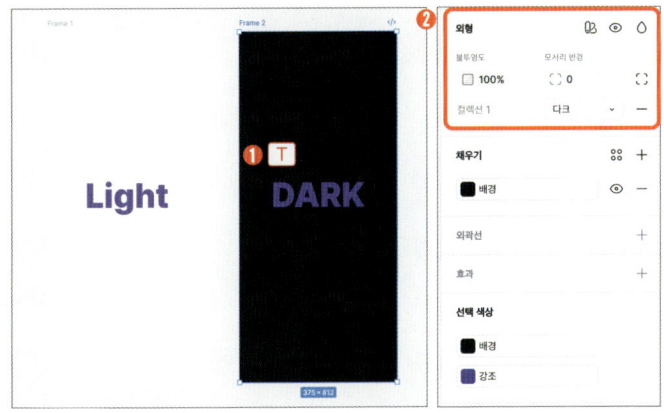

라이트와 다크 모드, 각각의 시스템에 맞춰 디자인 시안을 한눈에 보여 줄 수 있습니다.

이렇게 변수 모드를 활용하면 페이지마다 색상 스타일을 일일이 바꿀 필요 없이, 변수 모드만 변경하면 전체 UI에 일관되게 적용되어 작업 시간을 줄이고 유지 보수를 효율적으로 할 수 있습니다.

2. 버튼을 이용해 라이트·다크 모드 전환하기

다음은 라이트·다크 모드 버튼을 추가하여 각각의 환경에 맞게 빠르게 변경할 수 있도록 설정해 보겠습니다. 이 기능은 사용자의 환경에 따라 시각적 피로도를 줄이거나 브랜드 톤에 맞는 분위기를 제공할 수 있어, 실제 제품 디자인에서 자주 활용됩니다. 라이트·다크 모드에 맞는 값을 각각 지정한 후, 버튼 상호 작용을 통해 테마를 전환할 수 있습니다. 특히 디자인 시스템을 운영 중인 팀이라면, 색상 외에도 텍스트 스타일, 효과(그림자 등)를 함께 변수화하여 전환 효과를 더욱 정교하게 만들 수 있습니다.

01 다시 '변수' 창을 열고 ❶ [변수 만들기 - 문자열]을 클릭합니다. ❷ 문자열이 추가되면 라이트 열에 'Light', 다크 열에 'DARK'를 입력합니다.

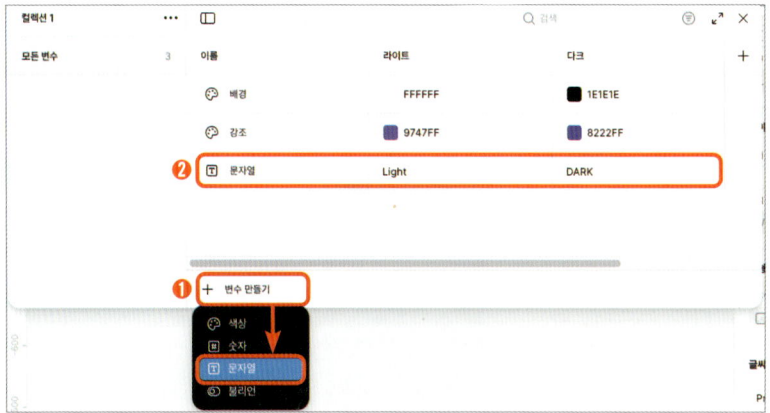

02 'Light'를 선택하고, 텍스트 섹션에서 [변수 적용(버튼1) - 문자열]을 클릭합니다.

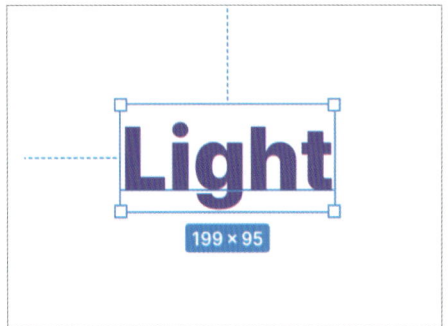
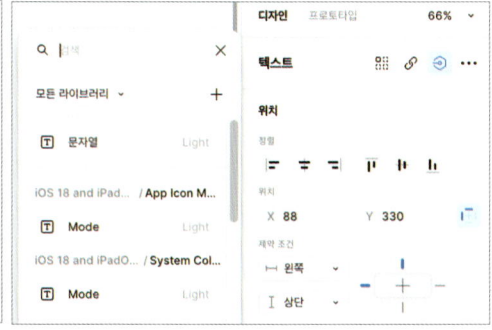

03 'Frame 1' 프레임을 선택하고, 외형 섹션에서 [변수 모드 적용하기(버튼2) - 자동(라이트)]를 선택합니다.

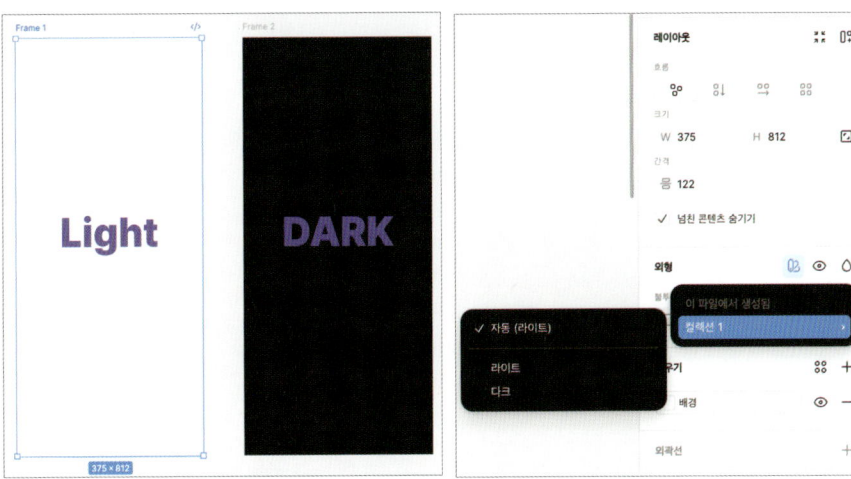

04 오른쪽에도 같은 설정을 적용하겠습니다. 'DARK'를 선택하고, 텍스트 섹션에서 [변수 적용(버튼1) - 문자열]을 클릭합니다. 'Frame 2' 프레임을 선택하고, 외형 섹션에서 [변수 모드 적용하기(버튼2) - 자동(다크)]를 선택합니다.

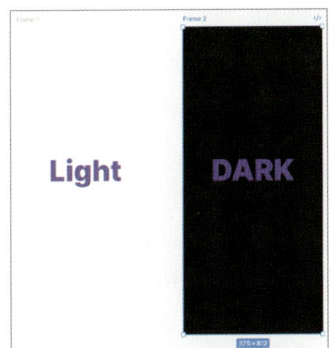  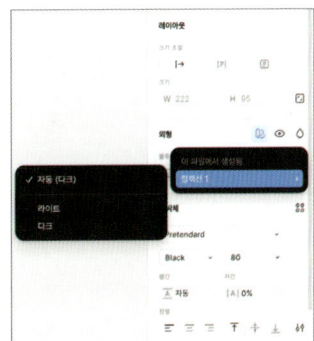

05

이전 예제로 돌아와, 프레임 아래에 '버튼 프레임'을 만들겠습니다.
❶ `F`를 눌러 프레임을 만들고 `Shift` + `A`를 눌러 오토레이아웃을 적용합니다. ❷ 오토레이아웃 섹션에서 '**W: 160(고정너비), H: 80(고정높이), 정렬: 왼쪽 정렬**', 외형 섹션에서 '**모서리 반경: 100**', 채우기 섹션에서 '**색상: E7E7E7**'을 설정합니다.

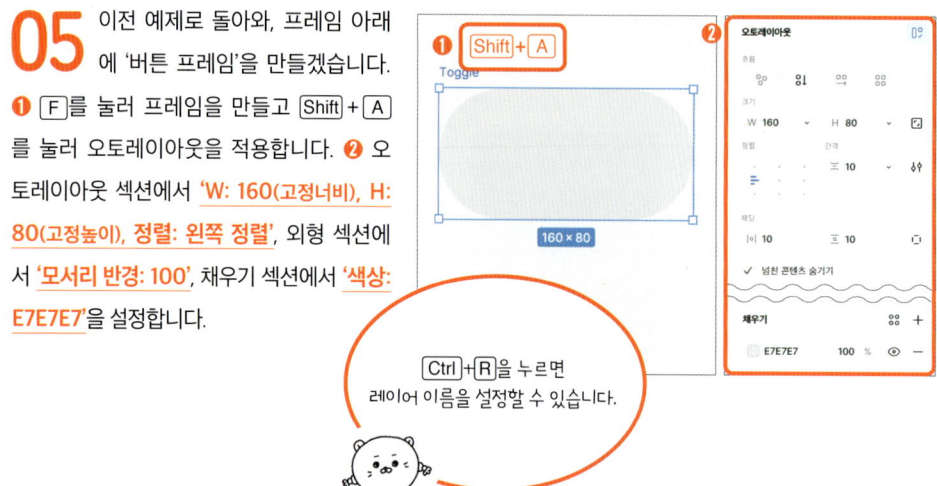

`Ctrl`+`R`을 누르면 레이어 이름을 설정할 수 있습니다.

06

'버튼'을 만들겠습니다. ❶ `O`를 눌러 타원을 만들고, ❷ 레이아웃 섹션에서 '**크기: 60×60**', 채우기 섹션에서 '**색상: 9747FF**'로 설정한 후, '버튼 프레임' 안에 배치합니다.

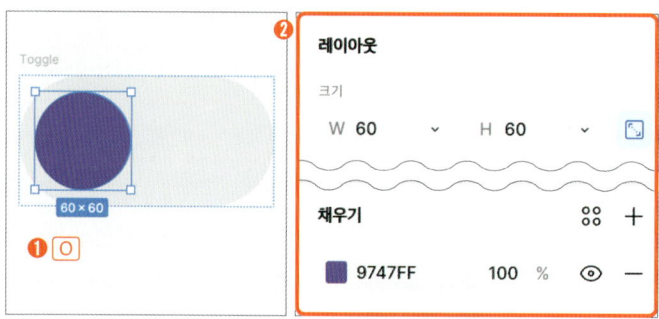

07

`Alt`+`Shift`를 누른 채 아래로 드래그해 토글을 복사합니다.

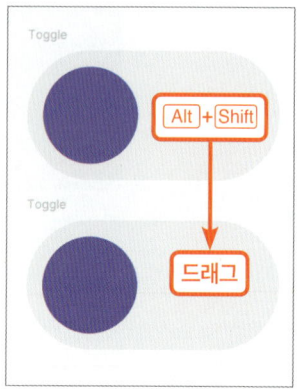

08 ❶ 복사한 하단 토글에서 버튼 프레임을 선택하고, 오토레이아웃 섹션에서 '**정렬: 오른쪽 정렬**', 채우기 섹션에서 '**색상: 2A2A2A**'를 설정합니다. ❷ 그리고 버튼을 눌러 선택 색상 섹션에서 '**색상: 8222FF**'를 설정합니다.

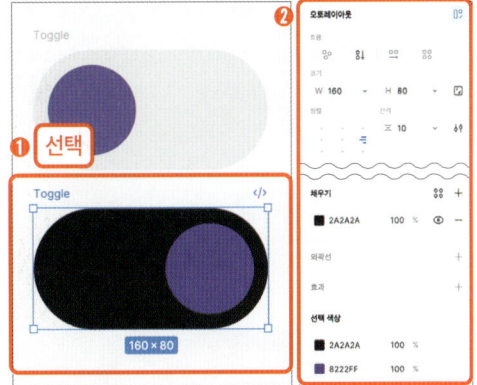

09 ❶ 드래그해 토글을 모두 선택하고, ❷ 프레임 섹션의 [**컴포넌트 옵션 만들기(∨) - 컴포넌트 세트 만들기**]를 클릭합니다.

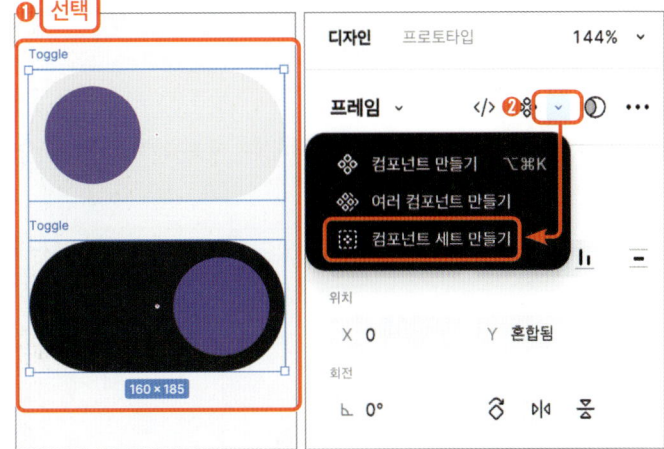

10 ❶ 상단 토글을 선택하고, ❷ Alt 를 누른 채 드래그해 이미지와 같이 배치합니다.

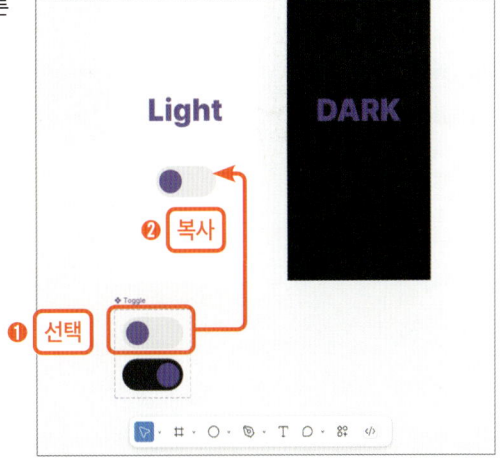

11 [디자인] 패널 상단 [프로토타입]을 클릭합니다. 상단 토글을 선택하고, '인터랙션 핸들ⓐ'을 [클릭 - 드래그]해 하단 토글에 연결합니다.

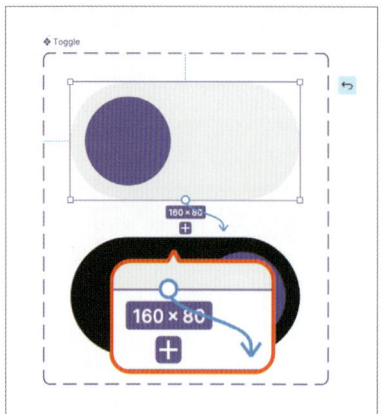

12 '상호 작용' 창이 나타나면 ❶ **'트리거: 클릭 시, 작업: 변경, 속성 1: Frame 4, 애니메이션: 스마트 애니메이션, 곡선: 선형, 지속 시간: 100ms'**를 설정하고, ❷ **[액션 추가(+) - 변수 모드 설정]**을 클릭합니다.

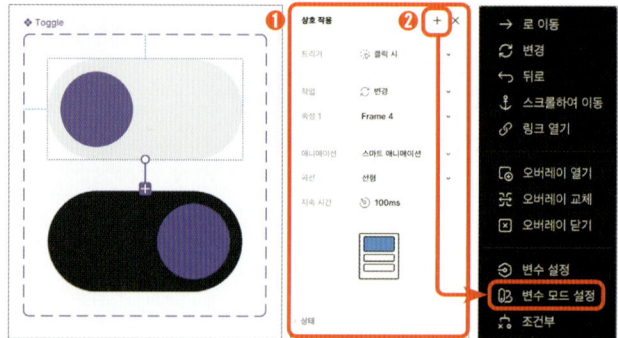

13 '변수 모드 설정' 창이 나타나면 **'모드: 다크'**를 설정합니다.

14 이번에는 ❶ 하단 토글을 선택하고, '인터랙션 핸들 ⊕'을 [클릭 - 드래그]해 상단 토글에 연결합니다.
❷ '상호 작용' 창이 나타나면 **트리거: 클릭 시, 작업: 변경, 속성 1: Frame 3, 애니메이션: 스마트 애니메이션, 곡선: 선형, 지속 시간: 100ms**'를 설정하고, ❸ **[액션 추가(+) - 변수 모드 설정]**을 클릭합니다.

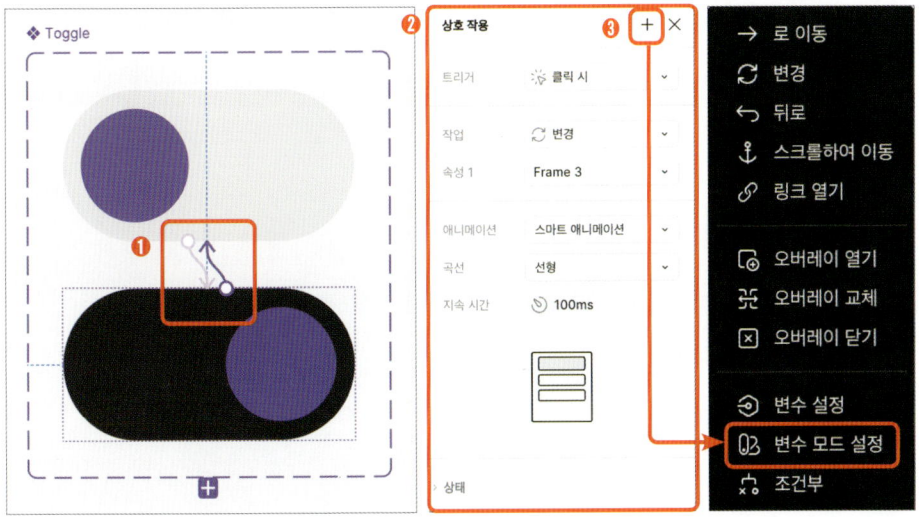

15 '변수 모드 설정' 창이 나타나면 '**모드: 라이트**'를 설정합니다.

16 ⎡Shift⎦+⎡Spacebar⎦를 눌러 미리보기를 실행합니다. '토글 버튼'을 클릭해 라이트 모드에서 다크 모드로 전환되는지 확인합니다.

'토글 버튼'을 활용하면 복잡도가 높은 화면에서도 쉽게 모드 전환이 가능합니다. 단순히 기능을 넘어 어떻게 작동하는지 원리를 이해하는 것이 중요하며, 컬러 외의 텍스트와 사이즈 등 다양한 곳에 응용할 수 있습니다.

Lesson 02 변수로 다양한 인터랙션 구성하기

피그마의 스마트 애니메이트와 조건부 프로토타입 기능을 활용하면 더욱 현실적이고 동적인 화면을 제작할 수 있습니다. 클릭, 드래그, 스크롤과 같은 사용자의 행동에 따라 자연스럽게 변화하는 인터랙션도 구성할 수 있습니다. 또한 사용자의 선택이나 특정 조건에 따라 달라지는 화면을 만들면, 실제 제품과 유사한 경험을 미리 시뮬레이션할 수 있어 매우 유용합니다.

1. 펼쳐지고 접히는 메뉴 만들기

변수와 인터랙션을 함께 활용하면 버튼 클릭 시 메뉴가 펼쳐졌다가 다시 접히는 동작을 구현할 수 있어 실제 앱과 유사한 사용자 경험을 만들 수 있습니다.

01 예제 파일 '메뉴드로어.fig'를 엽니다. 'list' 프레임을 선택하고, 'main' 프레임 안에 배치합니다. 이때 배치하는 위치는 'main' 프레임 안이라면 아무 곳이나 괜찮습니다.

02 위치 섹션의 '**오토레이아웃 무시**[◯]'를 클릭한 후 이미지와 같이 배치합니다.

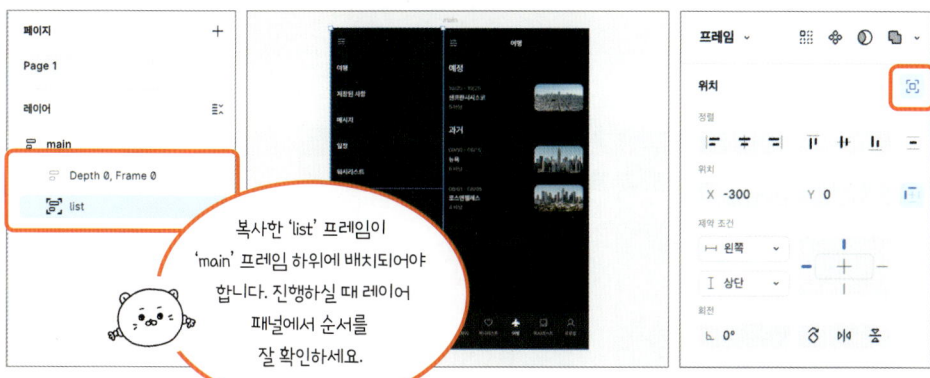

복사한 'list' 프레임이 'main' 프레임 하위에 배치되어야 합니다. 진행하실 때 레이어 패널에서 순서를 잘 확인하세요.

03 'main' 프레임을 선택하고, Ctrl + C, Ctrl + V 를 눌러 [복사 - 붙여넣기] 합니다.

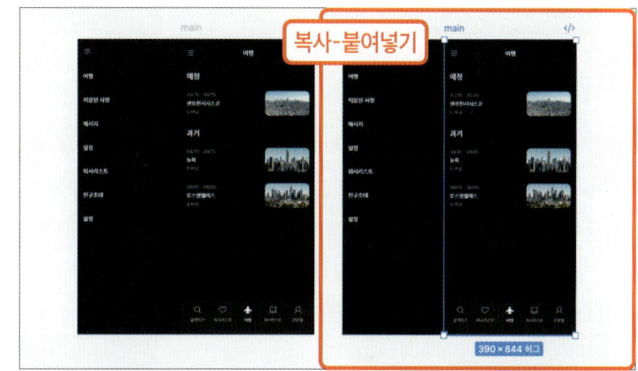

04 오른쪽 'main' 프레임의 'list' 프레임을 선택하고 Alt + A 를 눌러 이미지와 같이 프레임을 배치합니다.

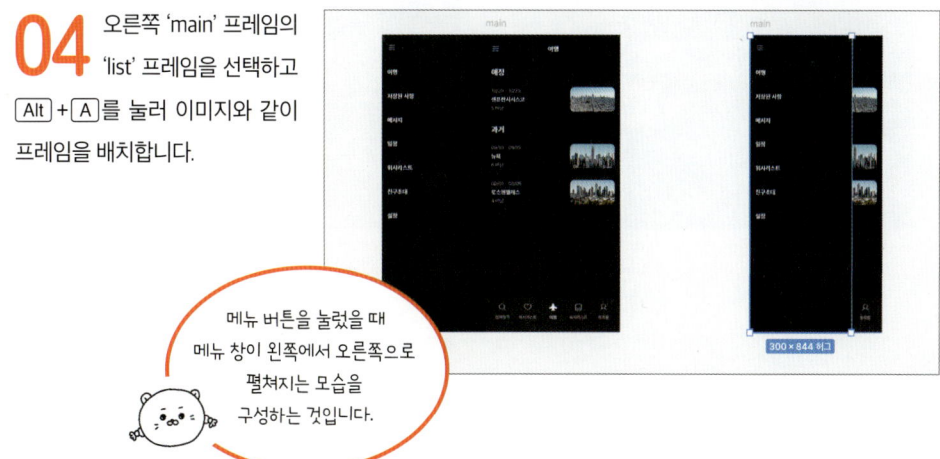

메뉴 버튼을 눌렀을 때 메뉴 창이 왼쪽에서 오른쪽으로 펼쳐지는 모습을 구성하는 것입니다.

05

[디자인] 패널 상단 [프로토타입]을 클릭합니다. ❶ [더블 클릭]해 왼쪽 'Main' 프레임의 '메뉴(≡) 버튼'을 선택하고, ❷ 'Quick-add ➕ 버튼'을 [클릭 - 드래그]해 오른쪽 'main' 프레임에 연결합니다. ❸ '상호 작용' 창에 **'트리거: 클릭 시, 작업: 로 이동, 애니메이션: 스마트 애니메이션, 곡선: 천천히 나감, 지속 시간: 300ms'**를 설정합니다.

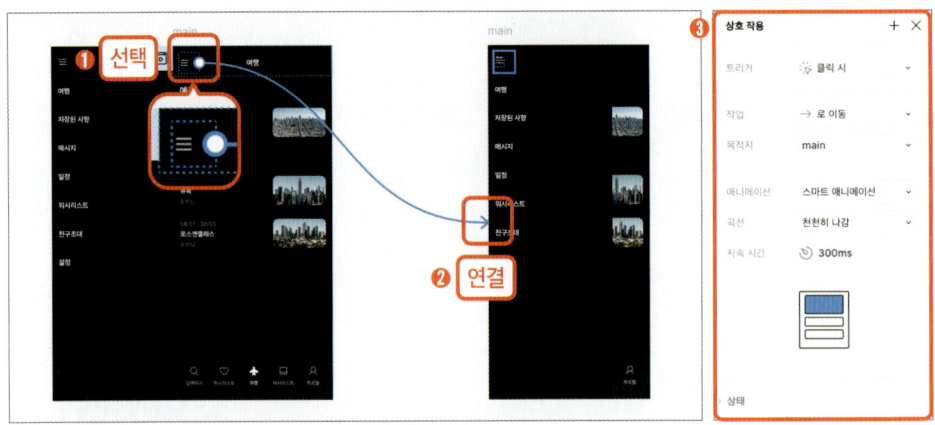

06

❶ [더블 클릭]해 오른쪽 'Main' 프레임의 '메뉴(≡) 버튼'을 선택하고, ❷ 'Quick-add ➕ 버튼'을 [클릭 - 드래그]해 왼쪽 'main' 프레임에 연결합니다. ❸ '상호 작용' 창에 **'트리거: 클릭 시, 작업: 로 이동, 애니메이션: 스마트 애니메이션, 곡선: 천천히 나감, 지속 시간: 300ms'**를 설정합니다.

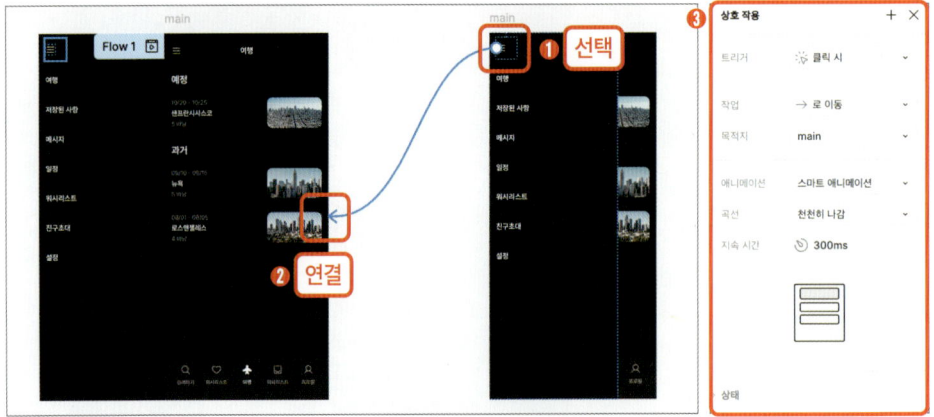

> 곡선 옵션이나 지속 시간 옵션을 다양하게 설정해 보세요.
> 상호 작용이 어떻게 이루어지는지 감을 잡아 볼 수 있습니다.

07 Shift + Spacebar 를 눌러 미리보기를 실행합니다. '메뉴(≡) 버튼'을 클릭해 메뉴가 자연스럽게 펼쳐지고 접히는지 확인합니다.

펼쳐지고 접히는 메뉴는 단순한 인터랙션 이상의 역할을 합니다. 제한된 공간 안에서도 정보의 우선순위를 자연스럽게 드러내고, 사용자가 필요한 순간에만 내용을 마주할 수 있도록 돕죠. 특히 이번 예제처럼 어두운 배경 위에 구성된 디자인에서는 메뉴의 움직임이 구조를 더 명확하게 만들어 줍니다. 조용하지만 분명한 변화가 화면에 리듬을 만들어 주고, 전체적인 인상도 훨씬 정돈돼 보입니다.

2. 조건부 프로토타입으로 토스트 구현하기

조건부 변수와 흐름 설정을 이용하면 사용자의 선택에 따라 다른 화면으로 이동하거나 내용을 다르게 보여 주는 프로토타입을 구현할 수 있습니다. 예를 들어, 퀴즈 앱에서 정답을 선택하면 축하 메시지가 나타나고, 오답을 선택하면 해설 화면으로 전환되는 방식처럼, 하나의 화면 안에서도 다양한 시나리오를 유연하게 설계할 수 있습니다.

01 예제 파일 '**조건부프로토타이핑.fig**'를 엽니다. 변수 섹션에서 '**변수 열기 ◊◊**'를 클릭합니다. '변수' 창이 나타나면 [**만들기 - 숫자**]를 클릭합니다.

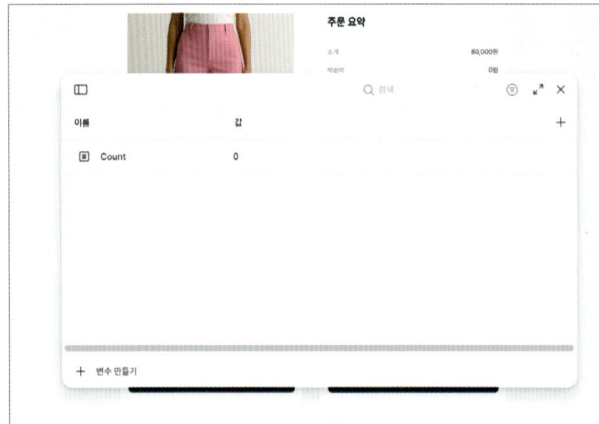
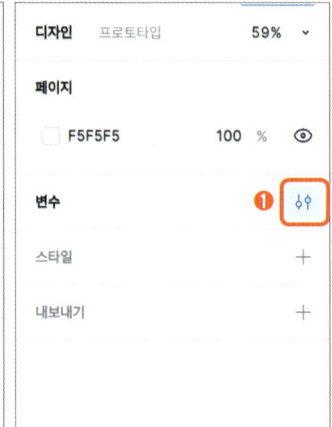

02 셀을 클릭해 이미지와 같이 이름과 숫자를 설정합니다.

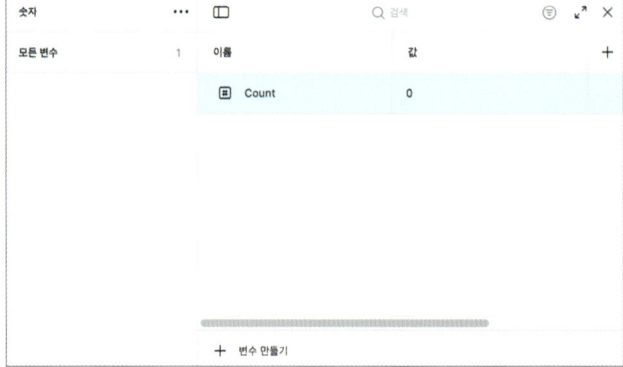

03 [디자인] 패널 상단 [프로토타입]을 클릭합니다. ❶ [더블 클릭]해 왼쪽 프레임하단의 '+ 버튼'을 선택하고, ❷ 상호 작용 섹션에서 '**추가(+)**'를 클릭합니다. ❸ '상호 작용' 창이 나타나면 '**트리거: 클릭 시, 작업: 변수 설정, 대상 Count, 값: Count+1**'을 설정합니다.

04 ❶ [더블 클릭]해 왼쪽 프레임의 '- 버튼'을 선택합니다. ❷ 상호 작용 섹션에서 '추가(+)'를 클릭합니다. ❸ '상호 작용' 창이 나타나면 '**트리거: 클릭 시, 작업: 변수 설정, 대상: Count, 값: Count - 1**'을 설정합니다.

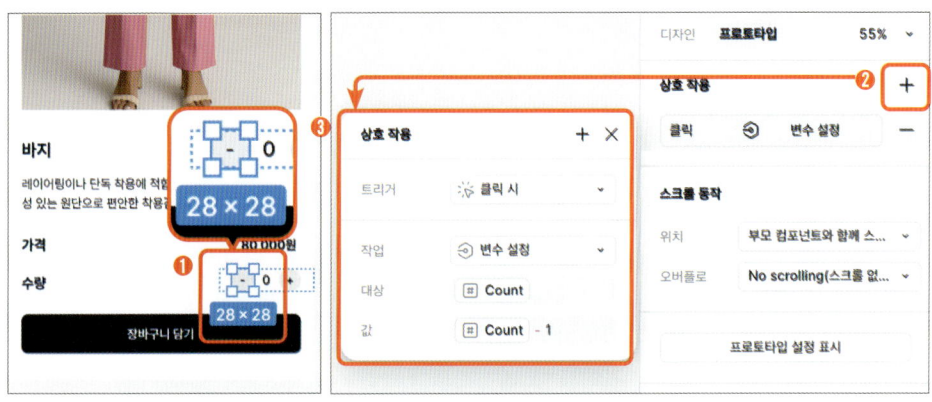

05 ❶ 텍스트 '0'을 선택하고 ❷ [변수 적용 ⊙ - Count]를 클릭합니다.

201

06 [디자인] 패널 상단 [프로토타입]을 클릭합니다. ❶ '장바구니 담기 버튼'을 선택하고 ❷ 상호 작용 섹션에서 '추가(+)'를 클릭한 후, '상호 작용' 창이 나타나면 '트리거: 클릭 시, 작업: 조건부'를 설정합니다.

07 '상호 작용' 창이 나타나면 '만약에: Count>=1'을 설정합니다.

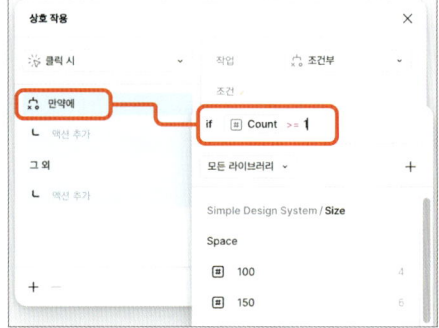

08 액션 추가를 선택하고 '작업: →로 이동, 목적지: design'을 설정합니다.

상호 작용은 '장바구니 담기' 버튼을 눌렀을 때 만약 수량이 0 이하라면, '장바구니 담기' 버튼 위에 메시지 팝업이 나타나게 하는 변수 설정입니다. 변수를 바꾸고, 메시지를 수정하면 다양한 상황에서 활용할 수 있습니다.

09

❶ 그 외 액션 추가를 선택하고 '**작업: 오버레이 열기, 오버레이: toast**'를 설정하고, ❷ 'toast' 레이어가 '장바구니 담기 버튼' 위에 나타나면 이미지와 같이 배치합니다.

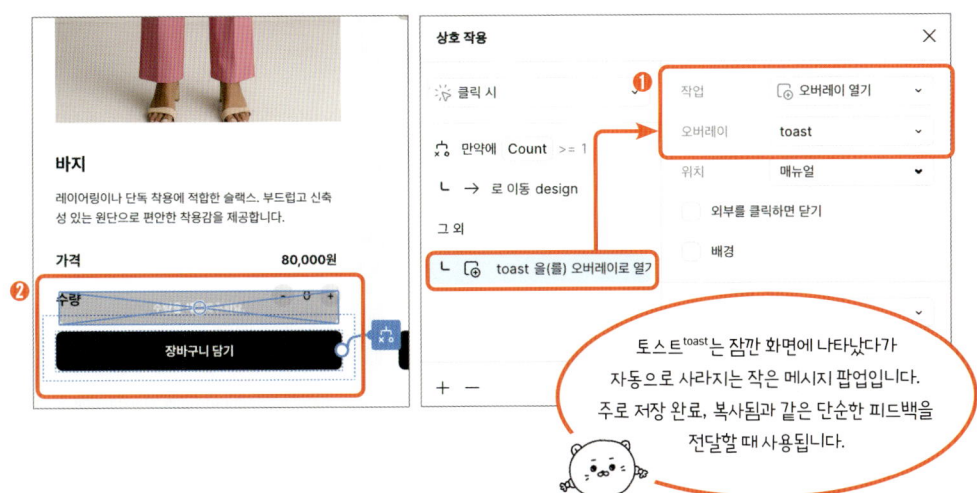

토스트toast는 잠깐 화면에 나타났다가 자동으로 사라지는 작은 메시지 팝업입니다. 주로 저장 완료, 복사됨과 같은 단순한 피드백을 전달할 때 사용됩니다.

10

Shift + Spacebar 를 눌러 미리보기를 실행합니다. 장바구니에 물건이 없을 경우(0개 이하) 경고 메시지가 나타나고, 물건이 있는 경우(1개 이상)에만 결제 페이지로 이동할 수 있는지 확인합니다.

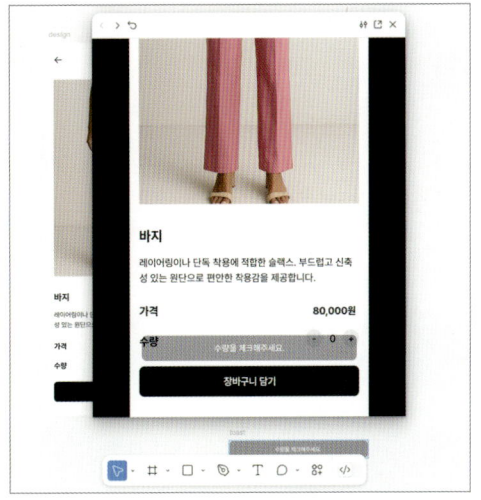

이러한 조건부 프로토타이핑은 단순한 화면 연결을 넘어, 사용자 행동에 따라 콘텐츠의 흐름이나 구성 요소를 동적으로 바꿔 보여 줄 수 있다는 점에서 특히 유용합니다. 피그마의 변수를 활용하면 사용자의 입력값을 저장하거나, 특정 조건을 기준으로 다른 콘텐츠를 보여 주는 설정도 가능합니다. 이를 통해 로그인/회원가입 흐름, 상품 필터링, 설문조사 화면처럼 분기와 조건이 복잡한 UI 흐름도 명확하게 시뮬레이션할 수 있습니다.

Part 09
팀원 모두와 협업하기

협업을 더 효율적으로
진행하고 싶어.

피그마야말로 최고의 협업 툴이야.
쉽고 빠르게 다양한
협업 관련 기능을 배울 수 있어.

내가 해당 분야를
잘 몰라도 괜찮을까?

그 분야를 모르더라도 괜찮아.
피그마가 각자의 눈높이에 맞게
다양한 기능을 제공하고 있으니까!

Lesson 01

팀 라이브러리로 협업하기

팀 라이브러리는 '프로페셔널' 이상인 계정에서 사용이 가능한 기능입니다. 팀 내 라이브러리를 통해 컴포넌트화 한 에셋을 팀원 모두가 사용 가능합니다. 이를 통해 일관된 디자인을 유지하고 공통화 된 에셋을 빠르게 사용해 높은 품질의 디자인 관리 및 유지가 가능합니다.

1. 팀 라이브러리 만들기

팀 라이브러리는 디자인 시스템에 사용되는 컴포넌트와 스타일을 모아 팀원들과 공유할 수 있는 기능으로 일관된 디자인을 유지하고 협업 효율을 높일 수 있습니다. 라이브러리를 발행하면 다른 파일에서도 불러와 사용할 수 있어 예를 들어 버튼이나 텍스트 스타일을 한 번에 적용하고 유지 관리할 수 있습니다.

➜ 팀 라이브러리 발행

01 홈 화면의 왼쪽 메뉴 패널에서 [모든 프로젝트] 탭을 클릭하고 오른쪽 상단의 [프로젝트]를 클릭합니다.

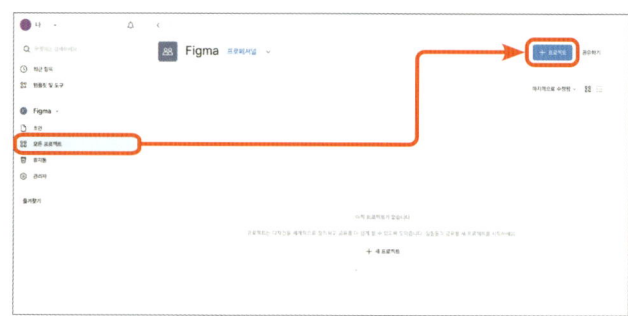

02 프로젝트 만들기 창이 나타나면 이름을 '라이브러리'로 입력하고 [계속]을 클릭합니다.

03 다음 '라이브러리에 사람 추가' 창이 나타나면 우선은 [프로젝트 만들기]를 클릭해 다음 단계로 넘어갑니다.

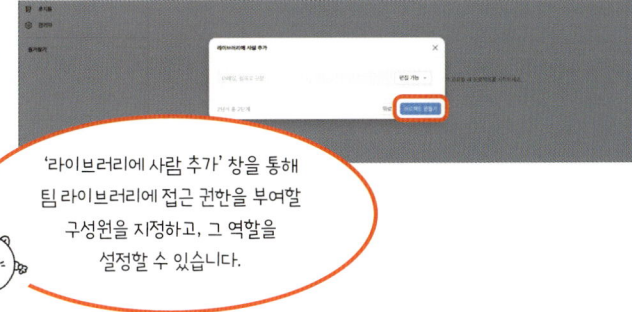

> '라이브러리에 사람 추가' 창을 통해 팀 라이브러리에 접근 권한을 부여할 구성원을 지정하고, 그 역할을 설정할 수 있습니다.

04 '라이브러리' 프로젝트가 완성되었습니다.

05 '라이브러리' 프로젝트 홈 화면에서 [만들기 - 가져오기]를 클릭해 예제 파일 '팀 라이브러리.fig'를 엽니다.

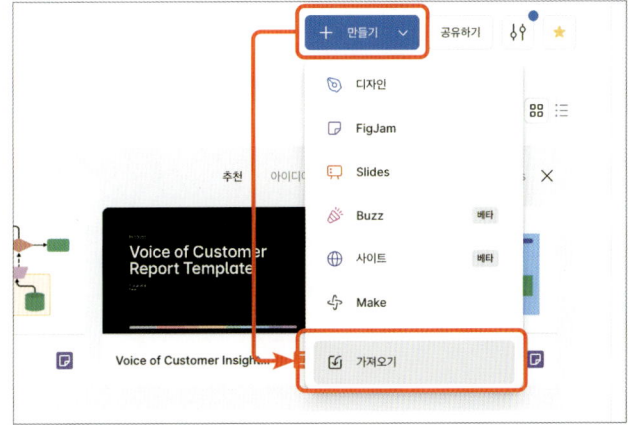

06 'Colors' 섹션의 왼쪽 핑크 사각형을 선택합니다.

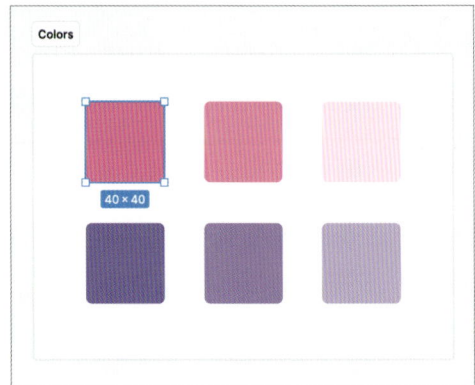

07 ❶ [스타일 및 변수 적용 (::) - 새 스타일 또는 변수(+) - 변수]를 클릭합니다. ❷ 스타일을 등록하는 창이 나타납니다. 이름에 'Pink/100'을 입력하고, [변수 만들기]를 클릭합니다.

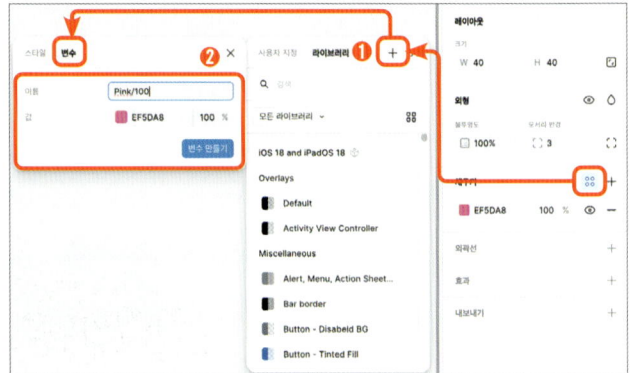

08 라이브러리에 색상 스타일 'Pink/100'이 추가됩니다.

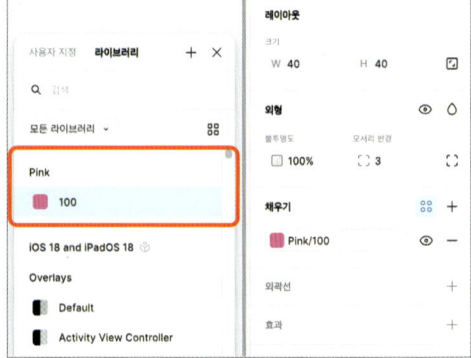

09 나머지 사각형들도 같은 방법으로 각각 이름을 'Pink/60', 'Pink/30', 'Purple/100', 'Purple/60', 'Purple/30'으로 설정합니다.

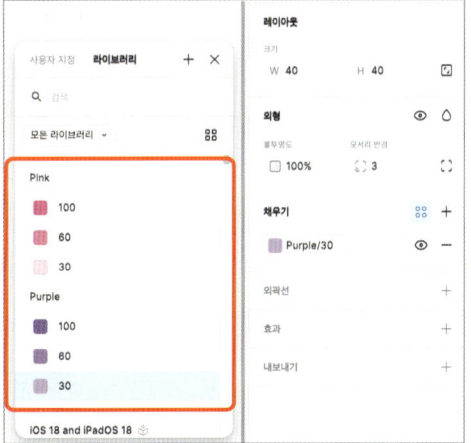

10 'Typography' 섹션의 텍스트 'Header 1'을 선택합니다.

11 ❶ 글씨체 섹션에서 [스타일 적용하기(∷) - 스타일 만들기(+)]를 클릭합니다. ❷ '새 텍스트 스타일 만들기' 창이 나타나면 이름에 'Header 1'을 작성한 뒤 [스타일 만들기]를 클릭합니다.

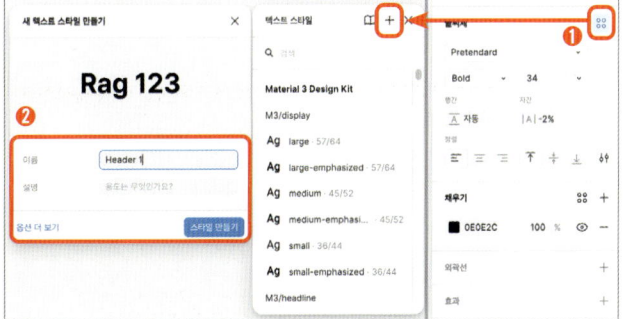

12 텍스트 스타일에 텍스트 스타일 'Header 1'이 추가됩니다.

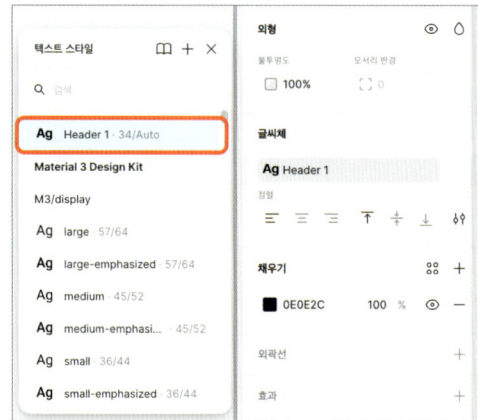

13 나머지 텍스트들도 같은 방법으로 각각 이름을 'Header 2', 'Body'로 설정합니다.

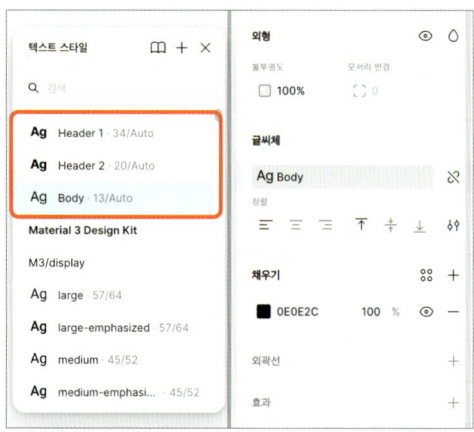

14 'Button' 섹션에서 '첫 번째 버튼'을 클릭하고 등록해 놓은 변수를 적용해 보겠습니다. 색상은 'Pink/100', 텍스트는 'Body'를 설정합니다.

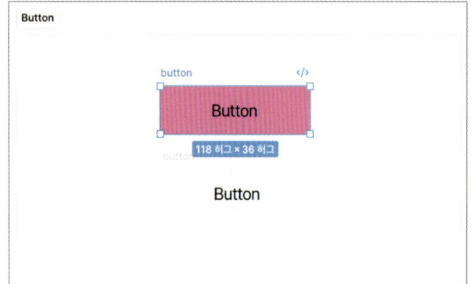  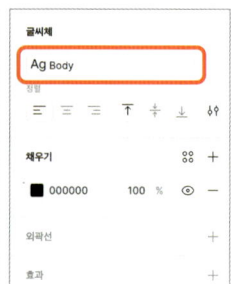

15 다음 '두 번째 버튼'을 클릭하고 색상은 'Pink/60', 텍스트는 'Header 2'를 설정합니다.

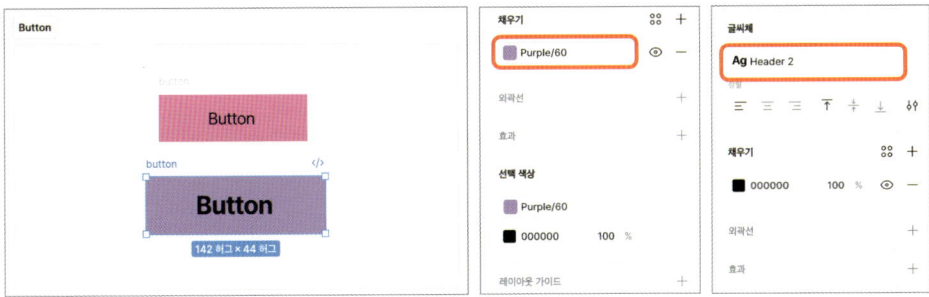

16 ❶ 드래그해 버튼을 모두 선택한 상태에서 ❷ 프레임 섹션의 [컴포넌트 옵션 만들기(∨) - 컴포넌트 세트 만들기]를 클릭합니다.

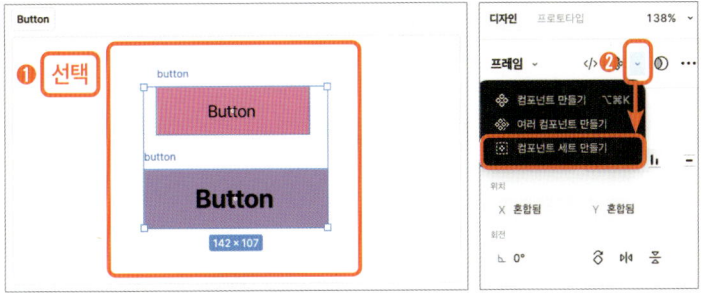

17 ❶ '첫 번째 버튼'을 선택하고 button 섹션에서 '속성 1' 이름을 'Small'로 설정합니다. ❷ 같은 방법으로 '두 번째 버튼'은 'Large'로 설정합니다.

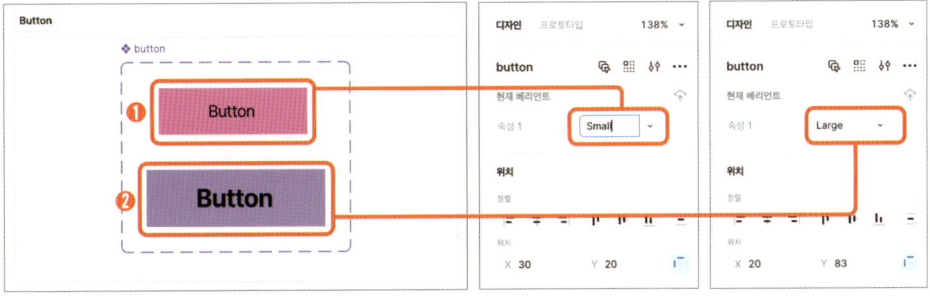

18 [탐색] 패널 상단 [에셋 - 라이브러리 📖]를 클릭하면 '라이브러리 관리' 창이 나타납니다. [게시]를 눌러 현재 페이지를 팀 라이브러리로 발행합니다.

이렇게 생성된 팀 라이브러리 파일은 해당 팀에 해당하는 모든 피그마 파일에서 공통으로 사용이 가능합니다. 다음으로는 라이브러리를 다른 파일에서 사용하는 방법을 알아보겠습니다.

➡ 팀 라이브러리를 다른 파일에서 사용

01 새로운 디자인 파일을 엽니다. [탐색] 패널 상단 [에셋 - 라이브러리 📖 - 팀 - 파일에 추가]를 클릭합니다.

02 [탐색] 패널 상단 [에셋]에 '팀라이브러리'가 추가됩니다. '팀라이브러리'를 클릭하고 'button' 컴포넌트를 드래그해 캔버스에 불러옵니다.

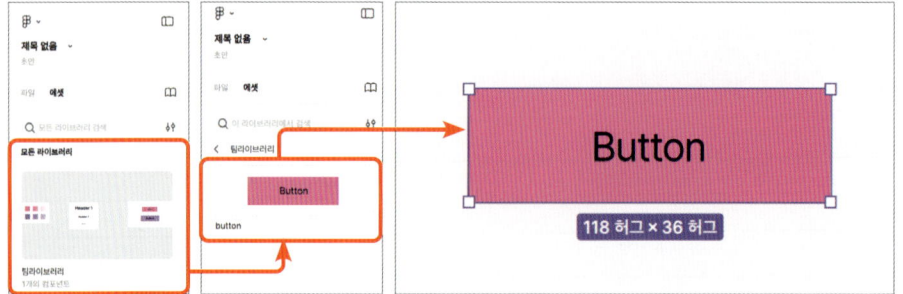

03
❶ '버튼'을 선택하고, ❷ 채우기 섹션에서 **[스타일 및 변수 적용(::) - 라이브러리 - Purple/30]**을 클릭합니다.

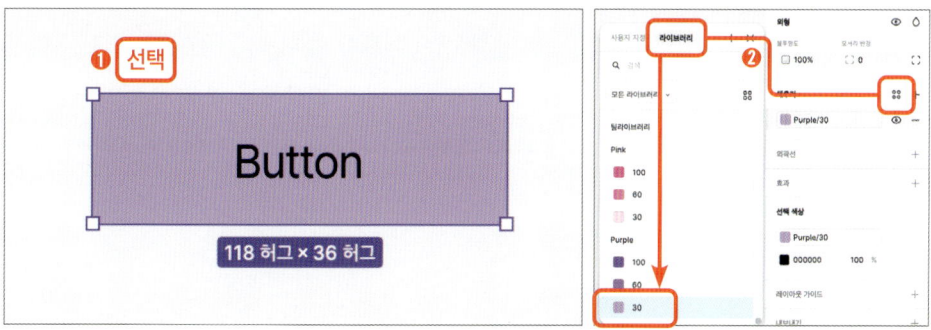

04
❶ 이번에는 'Button' 텍스트를 선택하고, ❷ 글씨체 섹션에서 **[텍스트 스타일 적용하기(::) - Header 1]**을 클릭합니다.

팀 라이브러리 기능을 이용해 새로운 파일에서도 동일한 스타일과 변수를 사용해 보았습니다. 이처럼 하나의 라이브러리를 생성하면 팀 내에서 동일한 디자인을 지속적으로 생성하고 유지할 수 있습니다.

2. 팀 라이브러리에 포함된 스타일을 문서화하기

더 명확하고 간결한 프로세스를 만들기 위해 제작한 라이브러리를 문서화하여 관리할 수 있습니다. 이를 통해 디자인 시스템에 대한 이해도를 높이고, 팀원 간의 커뮤니케이션 오류를 줄일 수 있습니다. 문서화는 단순히 사용법을 정리하는 것에 그치지 않고, 컴포넌트의 목적, 활용 예시, 금지 사례 등을 함께 기록함으로써 더 일관된 디자인 결과물을 만들어 내는 데 도움을 줍니다.

01 '프로젝트'에 저장한 예제 파일 **'팀 라이브러리.fig'** 로 돌아옵니다.
❶ Ctrl + K 를 눌러 [플러그인 및 위젯] 탭에서 'Design System Documentation'을 검색해 실행합니다. ❷ [Genarate Documentation]을 클릭합니다.

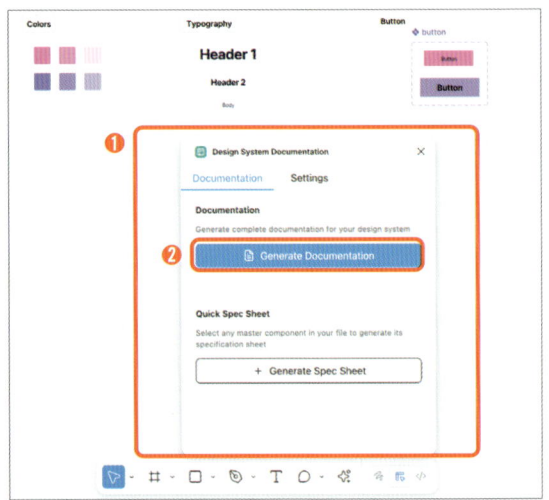

02 텍스트 스타일, 변수, 컴포넌트 등을 정의한 문서가 페이지에 추가됩니다.

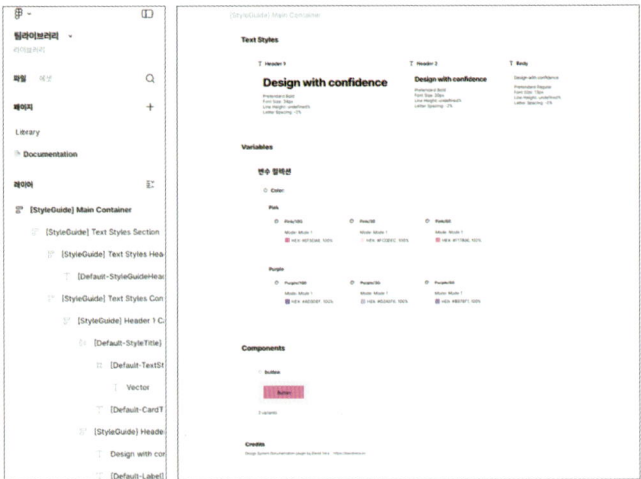

214   Part 09 팀원 모두와 협업하기

03 모든 내용은 수정이 가능하니 필요에 따라 내용을 삭제하거나 변경해 주세요.

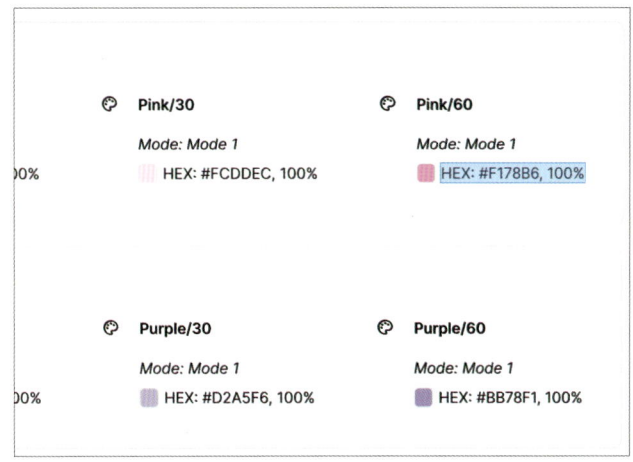

문서는 정보를 추가할 수도, 더 간략하게 정리할 수도 있습니다. 'Design System Documentation' 플러그인을 이용해 빠르게 만들 수 있다는 장점이 있지만, 원하는 구성이 있다면 자체적으로 제작해도 좋습니다. 중요한 점은 해당 시스템을 사용하는 인원들이 일관된 규칙을 공유하고 사용하며 지속된 협의를 통해 발전시켜 나가는 것입니다.

3. 팀 라이브러리 업데이트하기

게시한 팀 라이브러리는 지속적으로 업데이트하며 관리할 수 있습니다. 이렇게 하면 일일이 파일을 찾아 수정할 필요 없이, 디자인 시스템을 일관되고 효율적으로 유지할 수 있습니다.

01 직전 예제로 돌아옵니다. 'Button' 섹션에서 '첫 번째 버튼'을 선택하고, 채우기 섹션에서 '**색상: Purple/100**'으로 설정합니다.

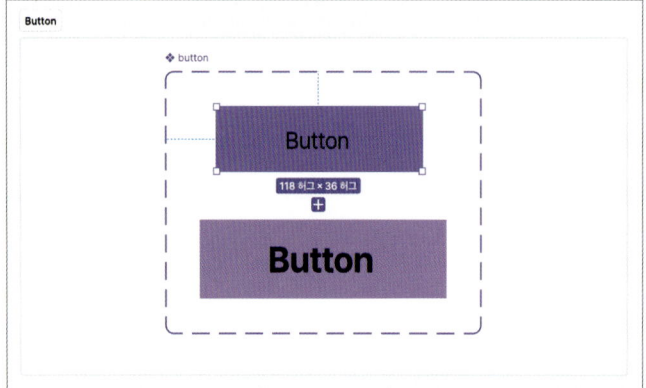

02 '라이브러리 📖'가 '게시되지 않은 변경사항 검토 📖•' 상태가 됩니다. ❶ '게시되지 않은 변경 토 📖•'를 클릭합니다. ❷ '라이브러리 관리' 창이 나타나면 다른 팀원들도 업데이트 내용 확인이 가능하도록 설명을 작성한 뒤 [게시]를 클릭합니다.

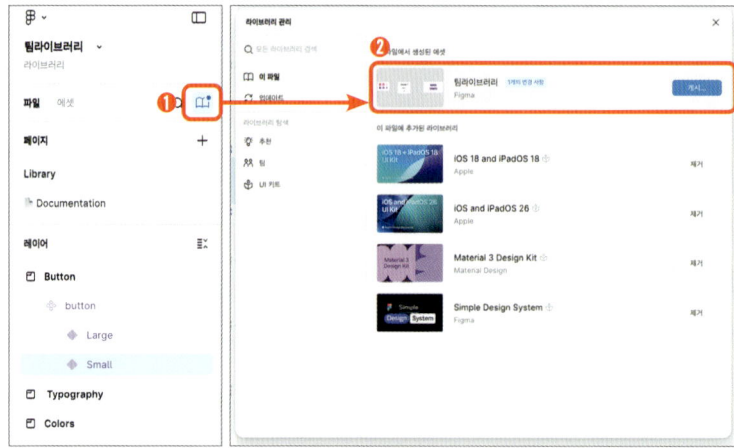

03 '라이브러리 게시' 창이 나타나면 다시 [게시]를 클릭해 마무리합니다.

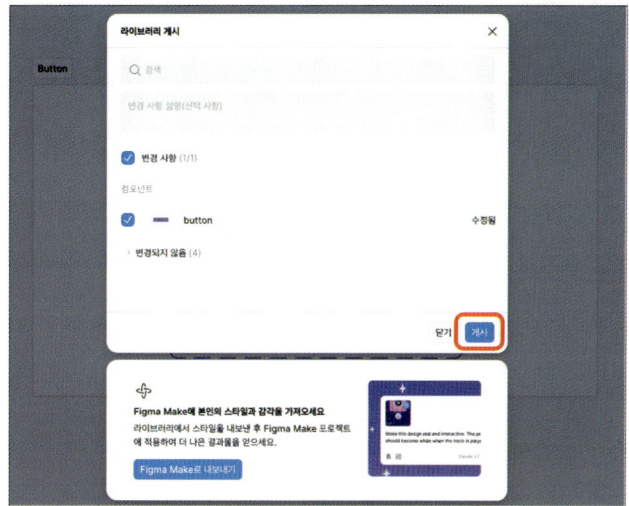

04 라이브러리가 업데이트되면, 다른 파일에 '**게시되지 않은 변경사항 검토**' 상태가 나타납니다. 이를 클릭하면 팀 라이브러리의 에셋을 이용한 다른 파일의 요소도 업데이트할 수 있습니다.

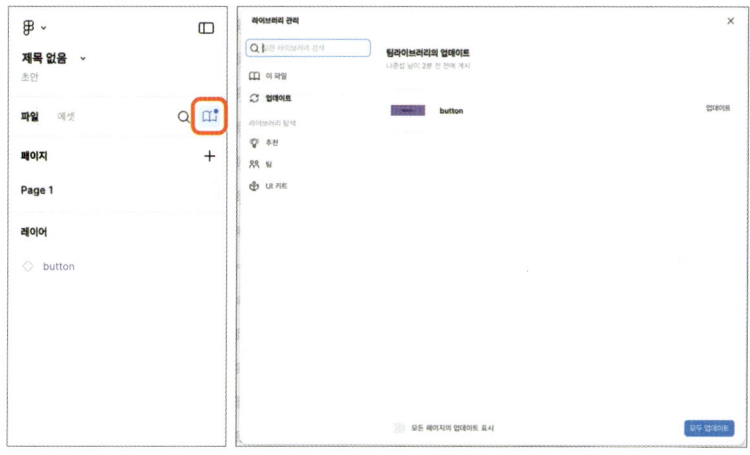

이와 같이 라이브러리에서 하나의 컴포넌트 값을 팀 변경했을 경우, 연결된 파일도 동일하게 반영되어 쉽게 디자인 품질을 유지할 수 있습니다.

Lesson 02
디자인 파일 안전하게 관리하기

피그마에서는 팀원 각자가 다양한 아이디어를 시도하고, 그 결과물을 자연스럽게 하나로 모아갈 수 있습니다. 실험은 자유롭게, 원본은 안전하게 유지할 수 있어 협업 속에서도 각자의 생각을 충분히 펼칠 수 있는 환경이 만들어집니다.

브랜치는 '오거니제이션' 요금제부터 사용 가능합니다.

1. 브랜치 시작하기

브랜치는 기존 디자인 파일에 영향을 주지 않고 별도로 작업할 수 있는 기능으로, 실험적인 수정이나 팀 작업을 안전하게 진행할 수 있습니다.

01 디자인 파일을 열고, 왼쪽 상단 메뉴에서 **[파일 편집 메뉴 (v) - 브랜치 만들기]**를 클릭합니다.

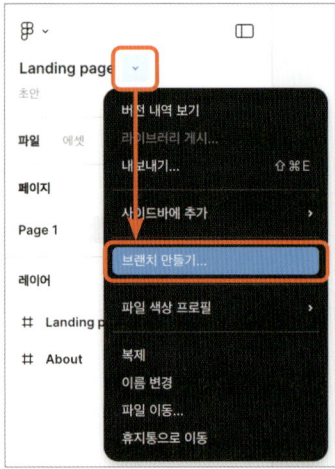

02 '브랜치 만들기' 창이 나타나면 이름을 입력하고, [만들기]를 클릭합니다.

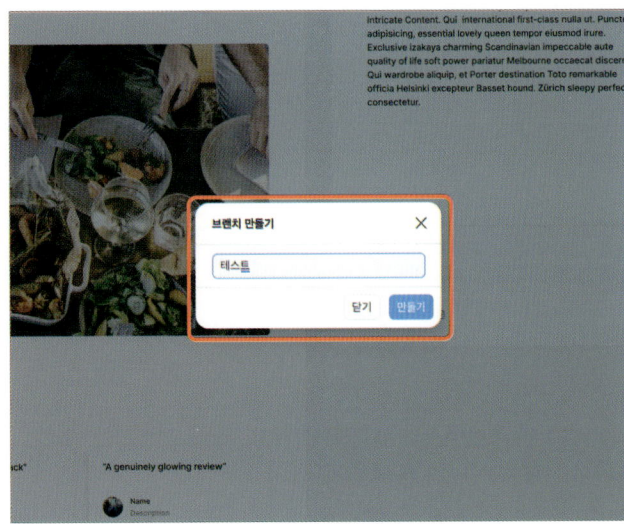

03 브랜치에서 원본을 수정하지 않으면서 자유롭게 디자인을 수정할 수 있습니다.

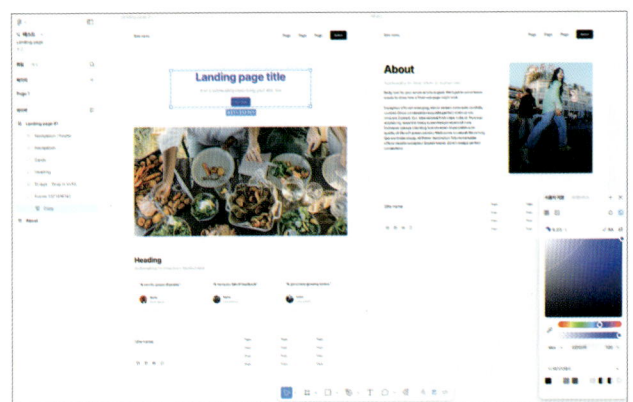

04 수정한 디자인을 원본 파일에 반영하기 위해 [파일 편집 메뉴(ⅴ) - 변경 사항을 검토하고 병합하기]를 클릭합니다.

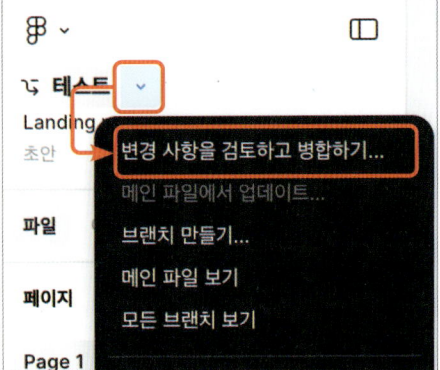

05 '브랜치 검토' 창에서 변경된 내용을 확인하고 문제가 없다면 [브랜치 병합]을 눌러 원본 디자인 파일과 합칩니다.

06 브랜치 파일은 [파일 편집 메뉴(∨) - 모든 브랜치 보기]에서 확인과 관리가 가능합니다.

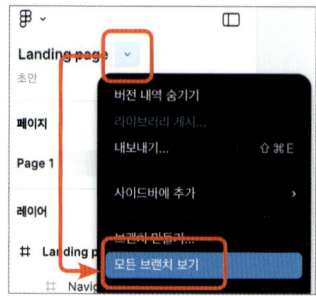

07 현재 브랜치 내에서 '활성' 상태와 '병합' 상태를 구분하여 관리할 수 있습니다. 모든 브랜치는 병합된 이후에도 아카이브 파일로 확인이 가능합니다.

> 아카이브 파일은 작업이 완료되었거나 더 이상 사용하지 않는 브랜치를 나중에 참고하거나 깔끔히 정리하기 위해 보관 상태로 전환한 파일을 의미합니다.

브랜치를 이용하면 다양한 버전의 디자인을 테스트할 수 있고, 최종 파일을 효율적으로 관리할 수 있습니다. 또한 연구중인 디자인은 지속적으로 확인 및 개발이 가능하며, 하나의 메인 디자인으로 프로젝트 목적에 따른 구분이 가능하기 때문에 직군이나, 팀 등으로 구분이 필요한 경우 유용하게 사용할 수 있습니다.

2. 파일 복원하기

피그마는 디자인 변경 내역을 자동으로 기록하며, 언제든 시간별 수정 정보를 확인할 수 있습니다. 필요한 시점의 버전을 다시 불러와 원래 상태로 복원하거나, 복제하여 별도 작업용으로 쓸 수도 있어, 실수나 급한 수정에도 디자인 안정성을 확보할 수 있습니다.

01 상단 메뉴에서 [파일 - 버전 내역 보기]를 클릭합니다.

02 캔버스 오른쪽 패널에서 '버전 내역' 섹션을 확인할 수 있습니다.

03

❶ '**버전 내역에 추가(+)**'를 클릭하고, ❷ 버전 설명과 내용을 적고 [저장]을 클릭하면 현재 버전을 저장할 수 있습니다.

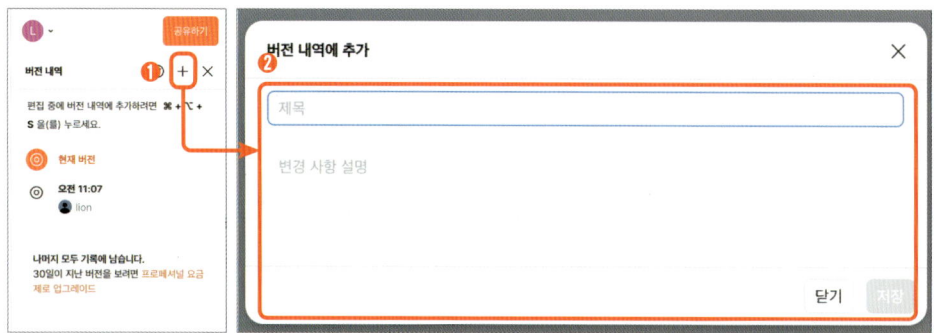

04

'버전 내역' 섹션에서 원하는 버전을 선택하고, [**옵션 더보기(...) - 이 버전 복원**]을 클릭하면 해당 시점의 파일로 복원할 수 있습니다. 파일 복원이 아닌, 해당 시점의 내용으로 별개의 파일로 만들고 싶을 경우 [**옵션 더보기(...) - 복제**]를 선택합니다.

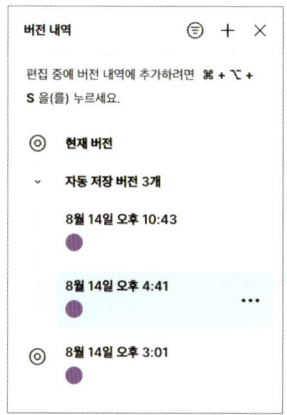

버전 내역은 디자인 작업의 흐름을 파악하는 데도 도움이 됩니다. 팀원들과의 협업에서 언제, 누가, 어떤 변경을 했는지 확인할 수 있어 소통과 책임 분담도 훨씬 수월해집니다.

3. 데브 모드 시작하기

데브 모드는 디자이너가 만든 컴포넌트를 개발자가 효율적으로 이해하고 구현할 수 있도록 도와주는 피그마의 개발자 전용 보기 모드입니다. 이 모드에서는 선택한 요소의 크기, 여백, 폰트, 색상 등 상세한 속성 정보를 바로 확인할 수 있으며, 코드 스니펫(CSS, iOS, Android 등)도 자동으로 제공되어 개발자의 해석 부담을 줄여줍니다. 데브 모드를 활용하면 별도 문서 없이도 디자인 의도를 정확히 전달할 수 있어, 디자인과 개발 사이의 소통 오류를 줄이고 협업 효율을 높일 수 있습니다.

> 코드 스니펫^{code snippet}은 디자이너가 만든 UI 요소를 선택하면, 그에 맞는 CSS 코드나 iOS용 Swift 코드, Android용 XML 코드 등을 바로 확인할 수 있는 기능입니다.

➔ 1. 데브 모드 시작하기

디자인된 요소들의 실제 CSS, iOS, Android 등의 코드를 데브 모드를 통해 간편하게 확인할 수 있습니다. 이러한 부분은 디자인에서 개발로 이어지는 과정을 매끄럽고 정확하게 만들어 줍니다.

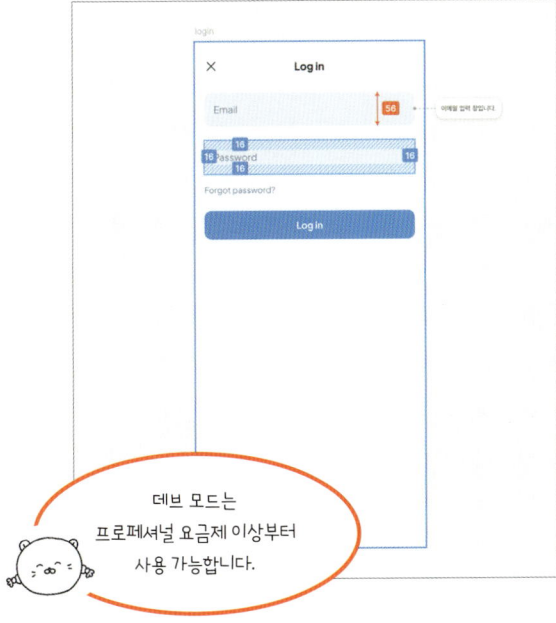

데브 모드는 프로페셔널 요금제 이상부터 사용 가능합니다.

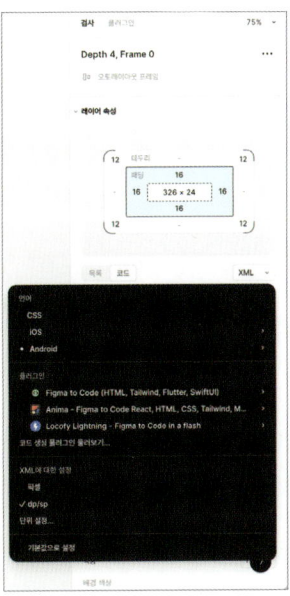

데브 모드에서 요소를 클릭하면 오른쪽 패널에 코드 정보가 자동으로 표시됩니다. 단순히 디자인을 보는 것에서 벗어나, 즉시 복사해서 개발에 활용할 수 있는 코드 형태로 추출할 수 있어 실제 구현에 유용합니다. 이 기능 덕분에 개발자는 디자인 시스템의 세부 스타일(예: 색상, 간격, 폰트 등)을 일일이 해석할 필요 없이, 정확한 코드 기반으로 구현할 수 있어 소통 오류를 줄일 수 있습니다.

데브 모드에서는 디자인 요소를 선택하면 검사 패널의 코드 화면에서 해당 요소의 스타일과 레이아웃 정보를 기반으로 CSS, SwiftUI, UIKit, Android XML 또는 Compose 코드 스니펫을 자동으로 생성하고 제공합니다. 무엇보다 여러 플랫폼에 맞는 코드 언어를 선택해 확인할 수 있어 각 플랫폼 개발 환경에 맞는 코드 구현을 빠르고 정확하게 진행할 수 있는 장점이 있습니다.

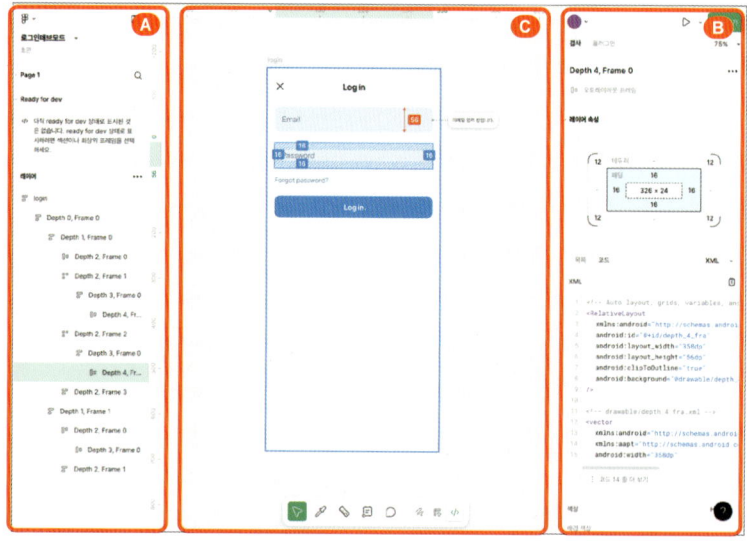

🅐 **탐색 패널**: 개발자가 디자인 파일을 보다 효율적으로 탐색하고, 개발 준비가 된 디자인 요소만 빠르게 확인할 수 있습니다.

🅑 **검사 패널**: 디자인 요소를 분석하고 구현에 필요한 정보를 제공합니다.

🅒 **캔버스**: 개발자가 실제 디자인을 시각적으로 검토하고 세부 요소를 직접 선택하며 구조를 파악할 수 있는 중심 공간입니다.

➜ 2. 디자인 요소 전달하기

데브 모드에서는 로그인 화면의 텍스트, 색상, 간격, 상태 등의 디자인 스펙을 개발자가 정확하게 확인할 수 있어, 별도 설명 없이도 의도한 디자인을 그대로 전달할 수 있습니다.

01 예제 파일 '로그인데브모드.fig'를 엽니다. 툴 바에서 'Dev Mode'를 선택하면, 데브 모드가 시작됩니다.

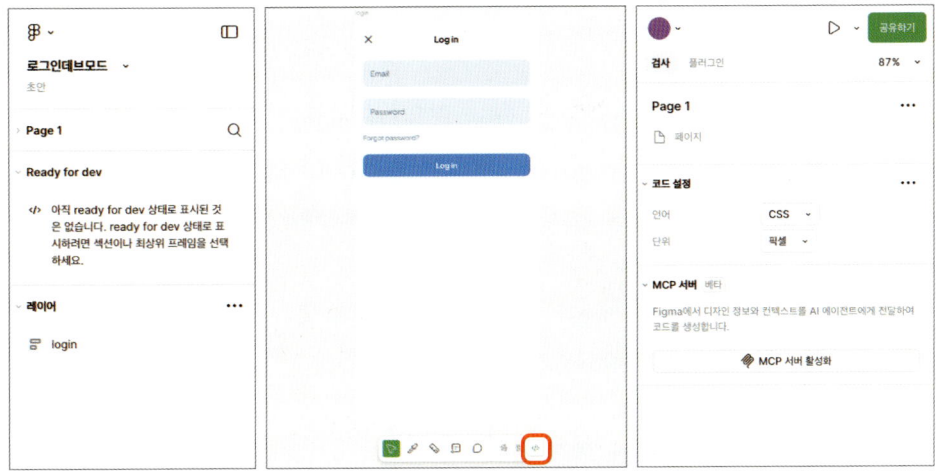

02 Shift + M 을 눌러 '측정값'을 선택합니다. 원하는 곳을 [클릭 - 드래그]하면 간격을 측정할 수 있습니다. 이미지와 같이 입력 창의 높이를 측정합니다.

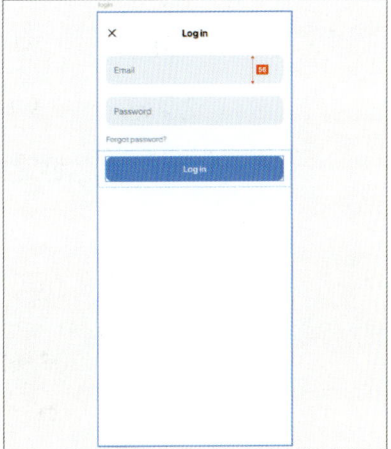

03 ⓨ를 눌러 '주석'을 선택합니다. 주석을 남기고자 하는 요소를 선택하면, 창이 나타나고 내용을 입력할 수 있습니다.

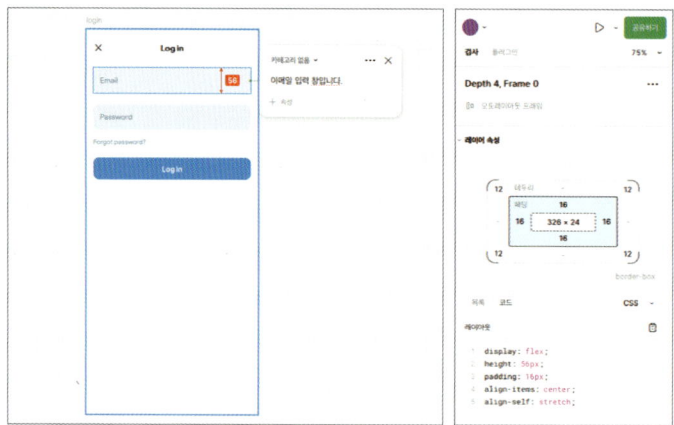

04 모든 과정이 완료되면 오른쪽 상단 [공유하기]를 클릭해, 개발자에게 공유할 수 있습니다.

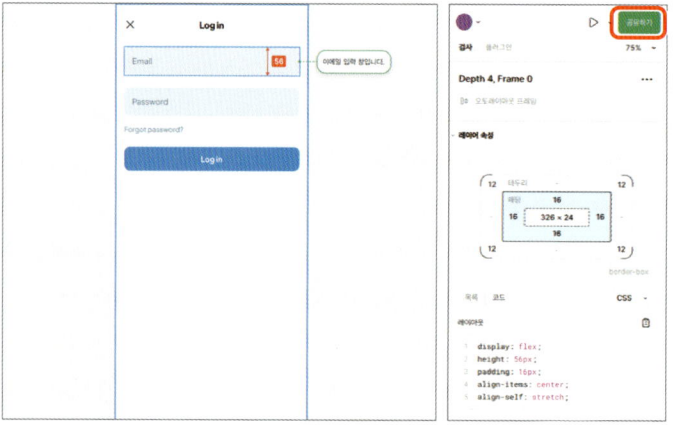

개발자에게 전달할 때는 모든 컴포넌트에 스타일과 변수 적용 여부를 다시 한번 확인하고, 상태별 화면을 명확히 나눠 전달하는 것이 중요합니다. 불필요한 레이어는 제거하고, 주석으로 인터랙션 의도나 예외 상황을 함께 설명하면 커뮤니케이션 오류를 줄일 수 있습니다.

부록

자주 사용하는 디자인 실무 플러그인 정리

피그마에서 반복 작업을 줄이고 효율을 높여 주는 실무용 플러그인들을 소개하겠습니다. 다양한 워크플로를 지원하는 플러그인들이지만, 무료 기능과 유료 기능이 나뉘어 있는 경우가 있으니 사용 전에 제공 범위를 꼭 확인해 보시기 바랍니다.

➔ 1. Material Symbols

구글에서 제공하는 아이콘 플러그인으로, 2,500개가 넘는 아이콘을 제공합니다.

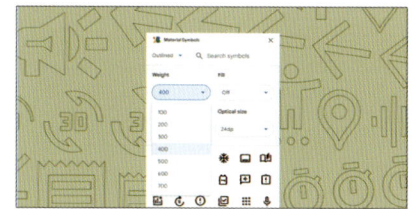

➔ 2. iconify

20만 개가 넘는 아이콘을 제공하는 플러그인입니다.

➔ 3. Feather Icon

깔끔한 선 스타일 아이콘을 제공하는 플러그인입니다.

➔ 4. Icons8

개성 있는 아이콘과 다양한 이미지를 제공하는 플러그인입니다.

➡ 5. Unsplash

디자인에 맞는 다양한 이미지를 찾을 수 있습니다.

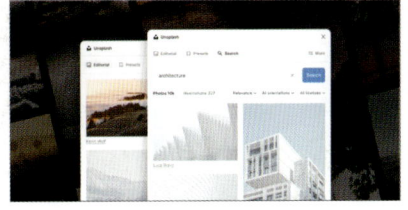

➡ 6. 한글더미

한글로 다양한 텍스트 더미를 생성할 수 있습니다.

➡ 7. QR Code Generator

QR 코드를 빠르게 생성할 수 있는 플러그인입니다.

➡ 8. Brandfetch

전 세계 브랜드의 로고, 색상, 폰트를 확인할 수 있습니다.

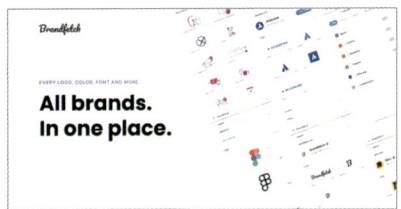

➡ 9. Neaticons

다양한 디자인 프로젝트에 바로 활용할 수 있는 벡터 아이콘 제공 플러그인입니다.

➡ 10. Split Shape

도형·텍스트·프레임 등을 여러 인스턴스로 분할해, 간격·여백을 지정하고, 컬럼·로우를 쉽게 생성할 수 있는 플러그인입니다.

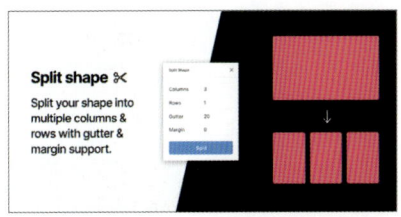

11. Content Reel

콘텐츠 제작에 필요한 더미 텍스트, 사용자명, 주소, 아바타, 아이콘 등 소스를 쉽게 찾고, 한곳에서 관리할 수 있도록 돕는 플러그인입니다.

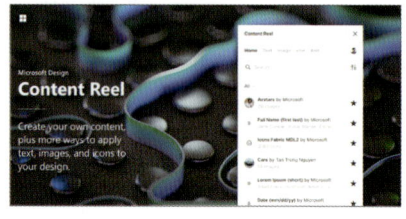

12. html.to.design

웹사이트의 HTML을 불러와 피그마에서 바로 편집 가능한 디자인으로 변환해, 요소를 처음부터 만들 필요 없이 빠르게 작업할 수 있는 플러그인입니다.

13. Figma to Webflow

피그마 디자인을 Webflow로 내보내 실제 HTML·CSS 웹사이트로 전환하고, 디자인 시스템까지 연동해 빠르게 프로덕션 사이트를 구축해 주는 플러그인입니다.

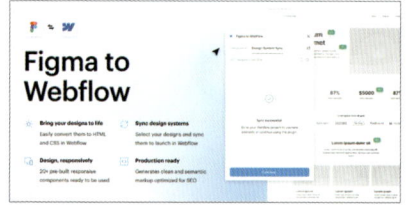

14. WireFrame

쉽고 빠르게 와이어프레임을 만들 수 있도록 다양한 라이브러리를 제공하는 플러그인입니다.

15. Remove BG

한 번의 클릭으로 이미지 배경을 자동으로 제거해 주는 플러그인입니다.

16. Autoflow

화살표를 쉽게 그릴 수 있는 플러그인입니다.

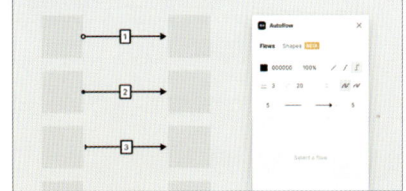

17. LottieFiles

피그마 안에서 바로 애니메이션을 만들어 주는 플러그인입니다.

18. Pitchdeck Presentation Studio

피그마에서 만든 디자인을 파워포인트 파일로 자동 변환해 주는 플러그인입니다.

19. ProtoPie Genie

피그마 프로토타입에 실감나는 인터랙션을 손쉽게 추가해 생동감 있는 프로토타입을 만들어 주는 플러그인입니다.

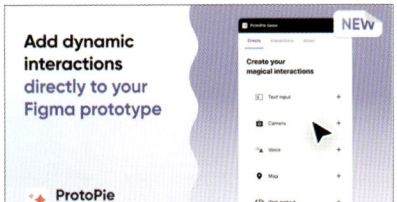

➜ 20. In-App Browser

브라우저를 열 필요 없이, 피그마 안에서 웹사이트를 탐색할 수 있는 플러그인입니다.

➜ 21. Ruri Shader

금속 텍스처, 셰이더 효과를 추가할 수 있는 플러그인입니다.

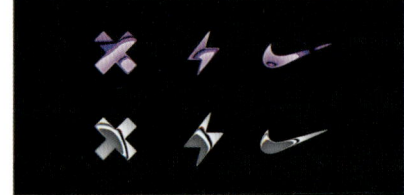

➜ 22. InFrame

클릭 한 번으로 다양한 기기의 프레임을 삽입할 수 있는 플러그인입니다.

➜ 23. Shapelax

마우스 움직임에 반응하는 패럴렉스 애니메이션을 만들어 주는 플러그인입니다.

➜ 24. Artif Fig AI

코딩 없이 AI로 내가 원하는 피그마 플러그인을 생성하는 플러그인입니다.

25. Design Lint

디자인 시스템이 일관되게 적용되었는지 검사하는 플러그인입니다.

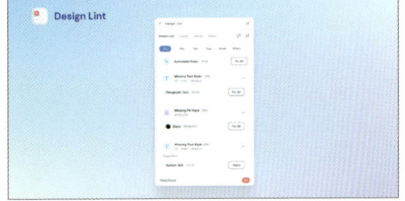

26. Similayer

같은 속성을 가진 모든 요소를 한 번에 선택해 작업 효율을 높여 주는 플러그인입니다.

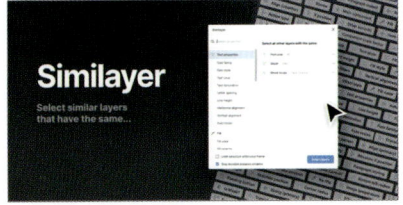

27. Tokens Studio for Figma: Onboarding (korea)

피그마에서 디자인 토큰을 생성하고 관리할 수 있도록 해 주는 플러그인입니다.

28. Mockup Plugin

이미지를 왜곡 및 변형하는 기능을 제공해 포토샵 없이도 목업을 만들 수 있는 플러그인입니다.

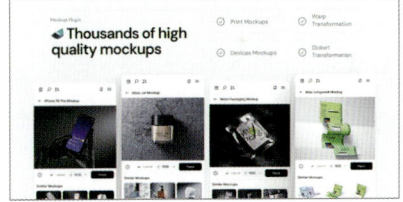

29. Auto Documentation

클릭 한 번으로 파일의 색상·폰트 스타일을 문서화 컴포넌트로 만들어 주는 플러그인입니다.

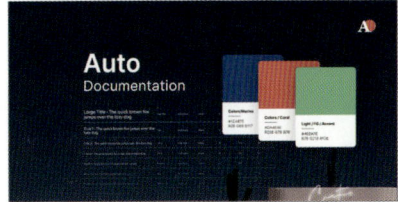

마치며

이 책을 통해 피그마의 주요 기능들을 모두 익히신 분들은 이제 이 기능들이 실제로 어떻게 활용될 수 있는지를 직접 경험할 차례입니다. 학습은 여기서 마무리되지만, 피그마를 통해 만들어 나갈 여러분의 여정은 지금부터 시작입니다.

아이데이션Ideation에서 실행까지, 피그마는 모든 순간에 함께하는 최고의 협업 플랫폼입니다. 피그마는 디자인 툴이라는 본연의 역할을 넘어 아이디어 구체화, 기획서 작성, 서비스 설계, 개발 등 웹과 앱 서비스를 발행하기 위한 모든 과정을 담아낼 수 있습니다. 직군이 달라도, 역할이 달라도 모든 사람이 같은 화면 안에서 의견을 주고받고, 더 나은 결과물을 향해 나아가는 것입니다.

이제 중요한 것은 여러분에게 달렸습니다. 이 책에서 배운 기능들을 어떻게 활용할 수 있을지 더 고민해 보시기를 바랍니다. 피그마를 통해 기획, 디자인, 개발, 공유, 발표 등 모든 과정을 자유롭게 넘나들며 경험을 쌓아 보세요. 그러다 보면 어느새 피그마 없는 삶은 상상할 수 없을 것입니다. 이 책에서 배운 피그마가 여러분이 더 넓은 세상으로 나아가는 발판이 되기를 바랍니다.

찾아보기

ㄱ
각도형 140
간격 98
고정 내비게이션 143
그리드 124
그림자 135

ㄴ
내부 그림자 135
내비게이션 바 101
노드 33
뉴스 기사 레이아웃 115
뉴스레터 구독 섹션 104

ㄷ
다이아몬드형 140
대시보드 127
댓글 화면 109
디자인 토큰 186
디자인 패널 21

ㄹ
라이트·다크 모드 186
레이아웃 가이드 51
레이어 흐림 135
로컬 폰트 16
롤 호버 155

ㅁ
마스크로 사용 44
메뉴 열림/닫힘 132
메인 컴포넌트 78
미러링 18

ㅂ
방사형 140
배경 흐림 135
버튼 클릭 132
베지어 곡선 33
벡터 12
변수 186
불리언 91
불리언 연산 38
블렌드 모드 45

ㅅ
사용자 인터페이스 19
색상 팔레트 64
선형 140
선 효과 135
스크롤 가능 영역 145

ㅇ
애니메이션 134
오버라이드 81
오버레이 149
온보딩 158
워크플로 13
인스턴스 78
인터랙션 핸들 137
일괄 만들기 174

ㅈ
작업 133
정렬 98
조건부 변수 200
중첩 컴포넌트 86

ㅋ
카드형 레이아웃 124
캔버스 21
컴포넌트 78
코드 스니펫 223
크기 조정 98
클라우드 11

ㅌ
탐색 패널 21
텍스트 스타일 71
툴 바 22
트리거 132
팀 라이브러리 206

ㅍ
패딩 98
페이지 스크롤 132
프로젝트 - 파일 - 페이지 23
프로토타입 132
플러그인 13
피그마 AI 179
픽셀 12

ㅎ
흐름 98

C
CTA 버튼 78

Q
Quick-add 172

■ 진솔한 서평을 올려 주세요!

이 책 또는 이미 읽은 제이펍의 책이 있다면, 장단점을 잘 보여 주는 솔직한 서평을 올려 주세요.
매월 최대 5건의 우수 서평을 선별하여 원하는 제이펍 도서를 1권씩 드립니다!

- **서평 이벤트 참여 방법**
  - ❶ 제이펍 책을 읽고 자신의 블로그나 SNS, 각 인터넷 서점 리뷰란에 서평을 올린다.
  - ❷ 서평이 작성된 URL과 함께 review@jpub.kr로 메일을 보내 응모한다.

- **서평 당선자 발표**

  매월 첫째 주 제이펍 홈페이지(www.jpub.kr)에 공지하고, 해당 당선자에게는 메일로 연락을 드립니다.
  단, 서평단에 선정되어 작성한 서평은 응모 대상에서 제외합니다.

독자 여러분의 응원과 채찍질을 받아 더 나은 책을 만들 수 있도록 도와 주시기를 바랍니다.